Zu diesem Buch

Dieses Buch gibt den Inhalt der Vorlesung "Grundlagen der Informatik" wieder, wie sie an der Fachhochschule Regensburg gehalten wird. Der Stoff dieses Buches wird dabei in den beiden ersten Semestern des Studiengangs Informatik gelehrt.

Dieses Buch soll und kann eine Vorlesung nicht ersetzen, sondern soll als Begleit- und Nachschlagewerk die Konzentration auf die Anwendung der aufgeführten Grundlagen und Beispiele fördern. Es wendet sich nicht nur an Studenten, sondern soll auch dem Praktiker helfen, indem er in diesem Buch die nötige Basis für eine theoretisch abgesicherte Arbeitsweise vorfindet.

Informatik für Ingenieure

Von Dipl.-Ing. Dipl.-Wi.-Ing. Jürgen Sauer
Professor an der Fachhochschule Regensburg

und Dr.-Ing. Ulf Krupstedt
Professor an der Fachhochschule Regensburg

Mit zahlreichen Abbildungen, Beispielen
und Übungsaufgaben

B. G. Teubner Stuttgart 1985

Prof. Dipl.-Ing., Dipl.-Wirtschaftsing. Jürgen Sauer

Geboren 1940 in Bad Hersfeld. Von 1960 bis 1966 Studium des Allgemeinen Maschinenbaus an der Technischen Hochschule Darmstadt und von 1966 bis 1968 Absolvierung des arbeits- und wirtschaftswissenschaftlichen Aufbaustudiums an der Technischen Universität München. Von 1969 bis 1978 Leitung mehrerer Projekte für den Einsatz von Rechnern bei der Fa. Siemens AG in München mit den Schwerpunkten: Systementwicklung, Computer Aided Design, Computer Aided Manufacturing, Produktionsplanung und Produktionssteuerung. Seit 1978 Hochschullehrer im Fachbereich "Allgemeinwissenschaften"/Fachrichtung "Informatik" der Fachhochschule Regensburg.

Prof. Dr.-Ing. Ulf Krupstedt

Geboren 1942 in Halle/Saale. Von 1962 bis 1968 Studium der Elektrotechnik/Fachrichtung Nachrichtentechnik an der Technischen Universität Braunschweig. Anschließend ein Jahr lang Mitarbeiter der "Deutschen Forschungs- und Versuchsanstalt für Luft- und Raumfahrt" (DFVLR) in Braunschweig. Von 1969 bis 1975 wiss. Assistent am "Institut für Datenverarbeitungsanlagen" der TU Braunschweig und Promotion. Von 1976 bis 1981 Entwicklung automatischer Meßeinrichtungen für elektronische Baugruppen und Geräte der Fa. TE KA DE, Fernmeldeanlagen GmbH Nürnberg - zuletzt Leiter der Abteilung "Qualitätsplanung". Seit 1981 Hochschullehrer im Fachbereich "Allgemeinwissenschaften"/Fachrichtung "Informatik" der Fachhochschule Regensburg

CIP-Kurztitelaufnahme der Deutschen Bibliothek

Sauer, Jürgen:
Informatik für Ingenieure / von Jürgen Sauer u.
Ulf Krupstedt. - Stuttgart : Teubner, 1985.
(Teubner-Studienskripten ; 103 : Informatik, Datenverarbeitung)
ISBN 3-519-00103-9

NE: Krupstedt, Ulf:; GT

Printed in Germany
Gesamtherstellung: Beltz Offsetdruck, Hemsbach/Bergstraße
Umschlaggestaltung: W. Koch, Sindelfingen

Vorwort

Dieses Buch gibt den Inhalt unserer Vorlesung "Grundlagen der Informatik" wieder, wie sie an der Fachhochschule Regensburg gehalten wird. Die steigende Anzahl der Informatik-Studenten, aber auch der dringende Wunsch vieler Praktiker, haben uns veranlaßt, dieses Buch zu veröffentlichen. Es handelt sich hier um eine Zusammenstellung vieler verschiedener Quellen, aus der unsere relativ junge, aber doch sehr weit verzweigte Fachwissenschaft schöpft. Der Stoff dieses Buches wird in den beiden ersten Semestern des Studiengangs Informatik gelehrt. Er ist inhaltlich voll abgestimmt mit der seit 1982 geltenden "Rahmenstudienordnung für den Fachhochschulstudiengang Informatik" (Fachrichtung Technik und Wirtschaft) des Bayerischen Kultusministeriums.

Den Abschnitten "Informationstheorie", "Codierung" und "Automaten" haben wir bewußt ein etwas größeres Gewicht verliehen als denjenigen, die in das Gebiet der Digital- bzw. Rechnertechnik fallen. Zum einen gibt es hierüber schon vergleichsweise viel Literatur und zum anderen hätte ein breiteres Eingehen auf diesen Teil der Informatik den Rahmen des Buches gesprengt.

Dieses Buch soll und kann eine Vorlesung nicht ersetzen, sondern soll als Begleit- und Nachschlagewerk die Konzentration auf die Anwendung der aufgeführten Grundlagen und Beispiele fördern. Hier wollen wir nicht nur dem Studenten sondern auch dem Praktiker helfen, indem er in diesem Buch die nötige Basis für eine theoretisch abgesicherte Arbeitsweise vorfindet. Eine Ergänzung bringt natürlich auch das Studium weiterführender Literatur. Ein umfangreiches Verzeichnis ist am Ende des Buches angegeben. Das Verständnis dieser Literatur soll das vorliegende Buch ermöglichen bzw. erleichtern. Somit wollen wir dem Studenten der Informatik sowie auch dem an einer tieferen Durchdringung seiner Probleme interessierten Praktiker einen hilfreichen Leitfaden in die Hand geben.

Wir danken Frau Anne Beck und Herrn Liuben Golemanov für ihre tatkräftige Unterstützung bei der Anfertigung des Manuskripts und der Bilder.

Trotz aller Sorgfalt ist es nicht ausgeschlossen, daß sich - insbesondere bei den längeren Formeln mit den vielen indizierten Ausdrücken - gelegentlich ein Fehler eingeschlichen hat. Für Hinweise darauf oder sonstige Verbesserungsvorschläge haben wir stets ein offenes Ohr.

Regensburg, im Oktober 1984

Jürgen Sauer
Ulf Krupstedt

Inhalt Seite

Seite

Seite

1. EINFÜHRUNG

1.1 DAS ARBEITSGEBIET DER INFORMATIK

Von je her hat der Mensch versucht, sich die Arbeit zu erleichtern, indem er sich geeignete Hilfsmittel zunutze machte. Die Erfindung des Rades war der Grundstein für die Erleichterung **körperlicher** Arbeit. Mit der Erfindung der Rechenmaschine hat sich der Mensch ein Werkzeug zur Erleichterung **geistiger** Arbeit geschaffen.

Die Entwicklung der Rechenmaschinen, die ihren Ursprung weit vor unserer Zeitrechnung hat (sog. "Rechenbretter", die mit Rechensteinen und -stäbchen betrieben wurden, waren schon um ca. 2000 v. Chr. bekannt; der ABAKUS ist der populärste Repräsentant dieser Geräte), begann bewußt etwa im 17. Jahrhundert. Sie verlief zunächst von mechanischen, kurbelgetriebenen Maschinen über elektromechanische Geräte bis hin zu den heute gebräuchlichen vollelektronischen, programmgesteuerten Anlagen der sog. "4. Generation". Diese Maschinen sind durch den Einsatz hochintegrierter elektronischer Schaltkreise gekennzeichnet und können inzwischen wesentlich mehr als nur **rechnen**, also Zahlen verarbeiten. Wenngleich dies auch ihr primärer Zweck war, so überwiegen heute die Anwendungen in der Verarbeitung **alphanumerischer** Daten. Demzufolge ist die Bezeichnung "Rechner" oder "Rechenmaschine" nicht mehr treffend, sondern wir wollen in der Folge von "Elektronischen Datenverarbeitungsanlagen" (EDVA) bzw. von "Computern" sprechen.

Computer sind heute ein nicht mehr wegzudenkendes Kommunikations- und Organisationsmittel unserer modernen Industriegesellschaft geworden. Die Erfindung der vollelektronischen Datenverarbeitungsanlagen wird drei Personen zugeschrieben: den Amerikanern **H.H. Aiken** und **John v. Neumann** sowie dem Deutschen **Konrad Zuse**.

Weitere Einzelheiten zur geschichtlichen Entwicklung der Rechenmaschinen sind in Lit./28/ zu finden.

Die vielseitigen Anwendungen von EDV-Anlagen in TECHNIK, WISSENSCHAFT, WIRTSCHAFT, VERWALTUNG und AUSBILDUNG führten zu einer eigenen Fachwissenschaft, der **INFORMATIK.** Das Wort "Informatik" wurde im Jahre 1968 von Bundesminister Dr. Gerhard Stoltenberg geprägt (franz.: "informatique"). Im angelsächsischen Sprachraum herrscht die Bezeichnung "Computer Science" vor. Gemeint ist die Fachwissenschaft vom Aufbau, von der Wirkungsweise und von der Anwendung von **Digitalrechnern.**

Prinzipiell gibt es drei Typen von EDV-Anlagen:

- Analogrechner
- Digitalrechner
- Hybridrechner

Bei **Analogrechnern** werden die Rechengrößen durch physikalische Größen simuliert, z.B. durch Stromstärke, Spannung, Widerstand oder durch Längen, Winkel, Wege (Rechenstab, Stromzähler). Jeder Zahl entspricht eine bestimmte physikalische Größe.
Einsatzgebiet: vornehmlich zum Lösen von Differentialgleichungen, z.B. bei Flugbahnberechnungen von Raketen und Satelliten, bei der Simulation analoger Systeme, etc.
Einsatzbreite: gering

Digitalrechner verwenden eine digitale, d. h. ziffernmäßige Darstellung der Rechengrößen. Zahlen werden durch Ziffernfolgen in einem bestimmten Zahlensystem dargestellt, z.B.

365 = Zahl mit 3 Ziffern (Dezimalsystem)
MCV = 1105 (römisches Zahlensystem)

Da sich alle Daten in Zahlen umschlüsseln lassen, sind Digitalrechner universell einsetzbar.
Einsatzbreite: groß

Hybridrechner vereinigen die Arbeitsweise von Analog- und Digitalrechnern. Sie werden nur in Sonderfällen verwendet.
Einsatzbreite: gering

Wenn im folgenden von EDV-Anlagen bzw. von Computern gesprochen wird, so sind ausschließlich Digitalrechner gemeint.

EDV-Anlagen enthalten elektronische Bauelemente wie Tansistoren, Dioden, integrierte Schaltkreise (IC), Widerstände, Kondensatoren und Spulen. Der **Einsatz von ICs** erlaubt wegen der sehr kurzen Verbindungswege zwischen den elektronischen Schaltelementen **hohe Verarbeitungsgeschwindigkeiten** und ergibt zusammen mit der riesigen Anzahl von Schaltelementen, die sich auf kleinstem Raum unterbringen lassen, die große Leistungsfähigkeit und Funktionsvielfalt der heutigen EDV-Anlagen. Die Steigerung der Arbeitsgeschwindigkeit einzelner Schaltelemente durch fortgesetzte Mikrominiaturisierung hat inzwischen eine gewisse Grenze erreicht. Eine bereits im Jahre 1971 gebaute Maschine (CDC Cyber) benötigt für die Addition zweier Zahlen (das ist eine Elementaroperation, die sich für Vergleichszwecke eignet) nur 50 ns = $50 \cdot 10^{-9}$ sec.; d.h. die Maschine bewältigt 20 Millionen Additionen in der Sekunde. Zum Vergleich die Lichtgeschwindigkeit:

$$300.000 \text{ km/sec} = 0{,}3\text{m/ns} = 30\text{cm/ns}$$

Die Ausbreitungsgeschwindigkeit elektrischer Signale auf Leitungen setzt, physikalisch bedingt, eine Grenze. Eine weitere signifikante Steigerung der Rechenleistung von EDV-Anlagen ist nur noch durch Parallelbetrieb mehrerer Rechenwerke zu erreichen (Multiprozessor-Betrieb).

1.2 DATEN UND DATENVERARBEITUNG

Grundlage des Rechnens ist das Zählen und das Verarbeiten von Zahlen. Jede noch so moderne EDV-Anlage kann in ihrem Inneren ausschließlich Zahlen verrechnen. Dennoch geht Datenverarbeitung heute weit über den Vorgang des Rechnens hinaus. Sämtliche Daten müssen zwar zur Bearbeitung durch die EDV-Anlage in die Form von Zahlen gebracht (verschlüsselt, codiert) werden, allgemein sind jedoch diese Daten Worte, Texte und Zahlen, also alles, was zur Lösung einer Aufgabe mit Hilfe einer EDV-Anlage anfällt.

Daten setzen sich aus **Ziffern, Buchstaben** und **Sonderzeichen** zusammen. So können Daten z.B. sein:

- Zahlen: 17, 13, 4, 4711, 3.14159, 10^3
- Wörter: Haus, Mauer, Regensburg
- Kombinationen aus Zahlen, Wörtern und Sonderzeichen:
  HUBER-WIRT, Xaver; geb.: HALLE/SAALE, 1942, 5.Oktober

Datenverarbeitung können folgende Vorgänge sein:

Vorgang	Beispiel
- RECHNEN	Ausführen arithmetischer Operationen
- VERGLEICHEN	Namen, Kontonummern, Artikelnummern
- SORTIEREN	in aufsteigender oder absteigender Folge
- ÄNDERN	von Bezeichnungen, Umordnen von Daten,
- TRENNEN	wesentlicher von unwesentlichen Daten
- MISCHEN	von verschiedenen Datensätzen
- CODIEREN	Verschlüsseln in andere Systeme

Das **Prinzip** der Datenverarbeitung ist dabei immer gleich:

1. **E** ingabe - vor der Verarbeitung müssen die Daten bekannt gemacht werden
2. **V** erarbeitung - der Daten gemäß Vorschrift (Programm)
3. **A** usgabe - nach der Verarbeitung wird ein Ergebnis ausgegeben

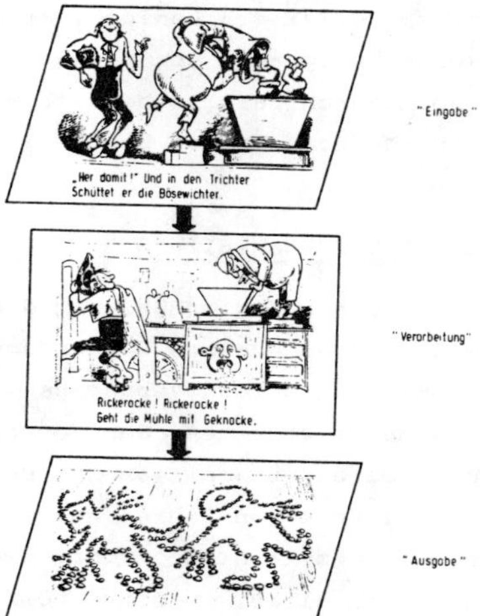

Abb. 1.1 Prinzip der Datenverarbeitung (EVA - Prinzip) am Beispiel von Max und Moritz

Die Verarbeitung der Eingabedaten unterliegt keinerlei Zufälligkeiten, sondern erfolgt nach einer eindeutigen Vorschrift, einem **Programm**. Dieses wurde zuvor ebenfalls in das EDV-System eingegeben. Wegen dieser "vorhersagbaren" Verhaltensweise gehören EDV-Anlagen systemtheoretisch zu den (komplexen) determinierten Systemen.

Auch jeder Mensch verarbeitet täglich eine große Menge von Daten. Hierbei gilt ebenfalls das EVA-Prinzip (ungeachtet dessen, daß die Verhaltensweise dabei nicht (immer) vorhersagbar ist). Allerdings sind Speicher- und Zugriffsmechanismen von Daten und Informationen im menschlichen Gehirn völlig anders als in einer EDV-Anlage. Im Gegensatz zum Computer gibt es beim menschlichen Gehirn fließende Zustände zwischen Wissen und Vergessen. Die Erinnerung kann dabei durch äußere Ereignisse aufgefrischt werden. Das Gehirn arbeitet assoziativ, das heißt **"inhalts-orientiert"**, der Computer dagegen **"adressen-orientiert"**.

EDV-Anlagen haben adressen-organisierte Speicher. Jede Speicherzelle hat eine bestimmte numerische Adresse (Abb. 1.2), woran sich der Zugriff auf den Speicher orientiert.

```
-------------------------------
I     Speicherzelle  0        I
-------------------------------
I     Speicherzelle  1        I
-------------------------------
I     Speicherzelle  2        I
I                    .        I
I                    .        I
I                    .        I
I     Speicherzelle  n        I
-------------------------------
```

Abb. 1.2 Adressen-organisierter Speicher

Neben diesem grundsätzlichen Unterschied gibt es aber auch prinzipielle Gemeinsamkeiten zwischen der "menschlichen" und der maschinellen Datenverarbeitung. Tab. 1.1 zeigt eine Gegenüberstellung. Weiteres zu diesem Thema ist in einem Buch des eingangs erwähnten EDV-Pioniers John von Neumann zu finden. Es hat den Titel "Die Rechenmaschine und das Gehirn" (4. Aufl.), München 1980.

Tab. 1.1 Vergleich zwischen der Datenverarbeitung beim Menschen und bei einer EDV-Anlage

MENSCH:	EDVA:
liest Arbeitsanweisung und Daten	bekommt Arbeitsanweisung (Programm) und Daten eingegeben
hat Sinnesorgane	hat Eingabegeraete
Sinnesreize werden vom Gehirn aufgenommen und dort verarbeitet	Programm und Daten werden vom Arbeitsspeicher aufgenommen; die Verarbeitung erfolgt mit Hilfe des Steuer- und Rechenwerkes
Gehirn ----->	Zentraleinheit (CPU)
Ergebnis wird sichtbar oder hoerbar gemacht	gibt Daten auf Bildschirm oder Drucker aus
zusaetzliche Daten werden besorgt, z.B. aus Nachschlagewerken, Listen, Buechern etc.	zus. Daten werden von externen Speichern in den Arbeitsspeicher geholt (Library)
zusaetzliche Daten werden durch Nachfrage bei Kollegen beschafft (Gespraech/Dialog)	Kommunikation ueber Dialoggeraete; ueber Bildschirm/Tastatur koennen Daten - angefordert - entgegengenommen - ausgegeben werden
	Kommunikation ueber ein Rechnernetz (Rechnerverbundsystem)

EDVA zeichnen sich aus durch:

- Speicherfaehigkeit fuer Milliarden von Daten
- Millionen von Additionen und Subtraktionen pro Sekunde
- Hunderttausende von Multiplikationen und Divisionen pro Sekunde (Hoehere Rechenarten werden auf die Addition zurueckgefuehrt)
- Schnelligkeit, Zuverlaessigkeit, Ermuedungsfreiheit
- beliebig oft reproduzierbare Verarbeitungsergebnisse (Software nutzt sich nicht ab !)

Das menschliche Gehirn arbeitet bezueglich des Zugriffs auf die Speicherzellen "inhalts-orientiert" (assoziativ)
eine EDVA dagegen "adressen-orientiert" (Speicherzellennumerierung)

Der MENSCH ist langsamer, dafuer aber <u>INTELLIGENT</u> und <u>KREATIV</u> !

1.3 AUFBAU UND FUNKTIONSWEISE VON EDV-ANLAGEN

Eine EDVA besteht grundsätzlich aus folgenden Komponenten:

- Zentraleinheit (CPU) = Rechenwerk, Steuerwerk, Arbeitsspeicher, E/A-Steuerung
- Eingabegeräte = } Schnittstelle Mensch - Maschine
- Ausgabegeräte = }

ggf. sind zusätzlich vorhanden:

- Externe Speicher (Magnetplatten, Magnetbänder, Floppy-Disk)
- Dialog-Geräte (Bildschirm-Terminals)

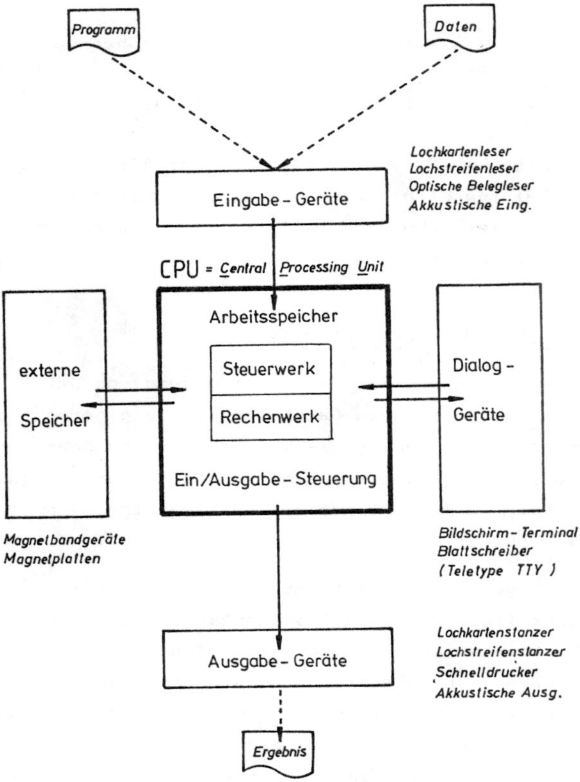

Abb. 1.3 Aufbau einer elektronischen Datenverarbeitungsanlage

Im Vergleich zu einer reinen "Rechenmaschine", die konstruktiv nur für spezielle numerische Anwendungen ausgelegt (**Hardware-orientiert**) und nicht oder nur begrenzt programmierbar ist, kann ein Computer fast jede "beliebige Aufgabe" übernehmen, die ihm durch ein **Programm**, das heißt durch eine Folge von Befehlen aufgetragen wird (**Software-orientiert**).

Ein Computer ist durch folgende Merkmale gekennzeichnet:

- Ein Programm- und Datenspeicher sowie ein steuerbares Eingabe/Ausgabe-System sind vorhanden.

- Es besteht die Möglichkeit, im Rahmen eines Befehlskataloges
  * Befehle und Daten zu speichern
  * mit den gespeicherten Werten Operationen durchzuführen
  * den Ablauf der Operationen zu kontrollieren und zu beeinflussen (z.B. unterbrechen, verzweigen)
  * Peripheriegeräte zu steuern.

Mikrocomputer erfüllen die gleichen Kriterien, sind aber weniger leistungsfähig hinsichtlich Arbeitsgeschwindigkeit und Programmierbarkeit sowie Größe des Zahlenbereichs und der Rechengenauigkeit.

1.4 DIE UMWANDLUNG VON DATEN

Bevor eine EDV-Anlage mit der Verarbeitung von Daten beginnen kann, müssen ihr die Daten verarbeitungsgerecht übergeben werden. Dazu müssen sie von der für den Menschen lesbaren Darstellung in die maschineninterne Form umgewandelt werden. Für die Ausgabe des Ergebnisses wird dann der umgekehrte Weg beschritten.

Ein-/Ausgabegeräte (Bildschirmterminals, Drucker, Lochkarten- und Lochstreifengeräte etc.) sollen möglichst unabhängig von einer bestimmten EDV-Anlage sein. Daher hat sich an der Schnittstelle zu E/A-Geräten eine einheitliche Darstellungsform der Daten, ein "Standard-Code", (s. nächster Abschn.) durchgesetzt. Die Umwandlung von diesem Standard-Code in die jeweils **maschinenspezifische interne Darstellung** - und umgekehrt - übernimmt die EDVA selbst.

1.4.1 GRUNDLAGEN ZUR MASCHINENINTERNEN DARSTELLUNG

EDV-Anlagen arbeiten mit elektrischen Impulsen; also müssen auch die Daten durch elektrische Impulse dargestellt werden können, z.B. durch Strom oder Spannung. Hierbei gibt es zwei Möglichkeiten:

- Strom fließt / Spannung vorhanden
- Strom fließt nicht / Spannung nicht vorhanden

Die Darstellung der Daten muß also mit Grundelementen realisiert werden, für die es nur 2 Zustände gibt; ein solches Grundelement heißt "Binäres Element" = **Bit** (**Bi**nary digi**t**). Die Bezeichnung der zwei Zustände sei " 0 " und " 1 ".

Für die Darstellung einzelner Zeichen (Ziffern, Buchstaben, Sonderzeichen) wird eine bestimmte Anzahl von bits benötigt. Diese wirkt sich auf die **Menge der darstellbaren Zeichen** und auf die **Genauigkeit der Zahlendarstellung** aus.

Einzelne Zeichen können durch definierte "Bitmuster" beschrieben werden. Dazu ist eine eindeutige Vorschrift notwendig, die jedem einzelnen Zeichen eines Zeichenvorrats, z.B. $ZV_{AlPhabet} = \{A,B,C,D,E,F, \ldots ,X,Y,Z,a,b,c,d, \ldots \}$ genau **eine** Bitmusterkombination des binären Zeichenvorrats $ZV_{binär} = \{0,1\}$ zuordnet (Codierung).

Ein in vereinbarter Reihenfolge geordneter Zeichenvorrat heißt **Alphabet.**

Ein **Code** legt eine eindeutige Zuordnungsvorschrift der Zeichen eines Zeichenvorrats zu denjenigen eines anderen Zeichenvorrats fest. Der am häufigsten verwendete Code an den Ein-/ Ausgabe-Schnittstellen von EDV-Anlagen ist der **ASCII-Code** (American Standard Code for Information Interchange). Dieser Code benutzt 7 bit zur Darstellung eines Zeichens und hat daher auch die Bezeichnung "ISO 7-Bit Code" (ISO = International Standardisation Organisation). Unter DIN 66003 ist er (1973) in die deutsche Normung übernommen worden.

Abb. 1.4 ASCII- Codetabelle (ISO 7-bit Code)

Bits b7 b6 b5 →					0 0 0	0 0 1	0 1 0	0 1 1	1 0 0	1 0 1	1 1 0	1 1 1
b4	b3	b2	b1	Row ↓ / Column →	0	1	2	3	4	5	6	7
0	0	0	0	0	NUL	DLE	SP	0	@	P	`	p
0	0	0	1	1	SOH	DC1	!	1	A	Q	a	q
0	0	1	0	2	STX	DC2	"	2	B	R	b	r
0	0	1	1	3	ETX	DC3	#	3	C	S	c	s
0	1	0	0	4	EOT	DC4	$	4	D	T	d	t
0	1	0	1	5	ENQ	NAK	%	5	E	U	e	u
0	1	1	0	6	ACK	SYN	&	6	F	V	f	v
0	1	1	1	7	BEL	ETB	'	7	G	W	g	w
1	0	0	0	8	BS ←	CAN	(	8	H	X	h	x
1	0	0	1	9	SKIP HT	EM	)	9	I	Y	i	y
1	0	1	0	A 10	LF ↓	SUB	*	:	J	Z	j	z
1	0	1	1	B 11	VT ↑	ESC	+	;	K	[	k	{
1	1	0	0	C 12	FF →	FS	,	<	L	\	l	¦
1	1	0	1	D 13	CR	GS	−	=	M	]	m	}
1	1	1	0	E 14	SO	HOME RS	.	>	N	^	n	~
1	1	1	1	F 15	SI	NEW LINE US	/	?	O	_	o	DEL RUB

D = 0100 0100 = $(44)_{16}$? = 0011 1111 = $(3F)_{16}$

Steuerzeichen:

SOH Start of Heading
STX Start of Text
ETX End of Text
EOT End of Transmission
ENQ Enquiry
ACK Acknowledge
BEL Bell
BS Backspace
HT Horizontal Tabulation
LF Line Feed
VT Vertical Tabulation
FF Form Feed
CR Carriage Return
SO Shift-out
SI Shift-in

DLE Data Link Escape
DC Device Control
NAK Negative Acknowledge
SYN Synchronous Idle
ETB End of Transmission Block
CAN Cancel
EM End of Medium
SUB Substitute Character
ESC Escape
FS File Separator
GS Group Separator
RS Record Separator
US Unit Separator
SP Space
DEL Delete (Rub out)

ASCII = American Standard Code for Information Interchange

Mit 7 bit ergeben sich $2^7 = 128$ Codierungsmöglichkeiten. Die beiden ersten Spalten der ASCII-Tabelle enthalten Zeichen, die zur Steuerung bei der Übertragung von Daten zwischen E/A-Geräten und der Zentraleinheit bzw. zwischen E/A-Geräten (sog. DEE = DatenEndEinrichtungen) untereinander dienen. Bei nur 7 bit sind damit die Codierungsmöglichkeiten vollständig ausgeschöpft.

EDV-Anlagen arbeiten gewöhnlich mit **Bytes** als kleinster ansprechbarer Einheit.

1 Byte = 8 Bit

Mit 8 Bit ergeben sich $2^8 = 256$ Codierungsmöglichkeiten. Falls nur 7 Bit zur Darstellung der Information benutzt werden, kann das 8. Bit zur Kontrolle auf Fehlerfreiheit bei der Datenübertragung dienen. Ein gebräuchliches Verfahren ist die "Paritätsbildung" (**Parity check**). Dabei gibt es zwei Möglichkeiten:

Even Parity: ergänzt die Anzahl der Einsen auf **geradzahlig**, z.B.

R =	**1**	1 0 1 0 0 1 0
A =	**0**	1 0 0 0 0 0 1

Odd Parity: ergänzt die Anzahl der Einsen auf **ungeradzahlig**, z.B.

R =	**0**	1 0 1 0 0 1 0
A =	**1**	1 0 0 0 0 0 1

Für jedes Zeichen (Buchstabe, Ziffer, Sonderzeichen) wird 1 Byte verwendet. Die Art der Paritätsbildung (even/odd) muß zwischen Sender und Empfänger abgestimmt sein. Auf diese Weise läßt sich pro Zeichen **ein** Übertragungsfehler erkennen.

Beispiel 1.4-1: Daten in ASCII, even parity

UWE:	**0** 1 0 1 0 1 0 1	**1** 1 0 1 0 1 1 1	**1** 1 0 0 0 1 0 1
	U	W	E
253:	**1** 0 1 1 0 0 1 0	**0** 0 1 1 0 1 0 1	**0** 0 1 1 0 0 1 1
	2	5	3

Ein anderer weit verbreiteter Code, der von vorn herein 8 Bit zur Darstellung eines Zeichens verwendet, ist der **EBCDI-Code** (Extended Binary Coded Decimal Interchange Code). Dieser Code eignet sich sowohl für die maschinenexterne wie unter bestimmten Voraussetzungen auch für die maschineninterne Datendarstellung (s. Abschn. 1.4.2). Das Wort "UWE" hat im EBCDI-Code folgende Form:

UWE: 1 1 1 0 0 1 0 0   1 1 1 0 0 1 1 0   1 1 0 0 0 1 0 1
U   W   E

linkes Halbbyte: hexadezimal	Bits	rechtes Halbbyte: 0	1	2	3	4	5	6	7	8	9	A	B	C	D	E	F
		0000	0001	0010	0011	0100	0101	0110	0111	1000	1001	1010	1011	1100	1101	1110	1111
0	0000																
1	0001					Steuerzeichen											
2	0010																
3	0011																
4	0100	blank										¢	.	<	(	+	|
5	0101	&										!	$	*	)	;	
6	0110	-	/									∧	,	%		>	?
7	0111											:	#	@	'	=	"
8	1000		a	b	c	d	e	f	g	h	i						
9	1001		j	k	l	m	n	o	p	q	r						
A	1010			s	t	u	v	w	x	y	z						
B	1011																
C	1100		A	B	C	D	E	F	G	H	I						
D	1101		J	K	L	M	N	O	P	Q	R						
E	1110			S	T	U	V	W	X	Y	Z						
F	1111	0	1	2	3	4	5	6	7	8	9						Ⅱ

$$D = 1100\,0100 = (C4)_{16}$$

$$? = 01101111 = (6F)_{16}$$

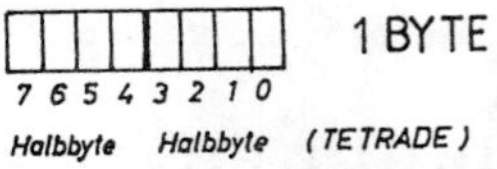

Abb. 1.5 EBCDI - Codetabelle

Neben ASCII- und EBCDI-Code gibt es eine Unmenge von Möglichkeiten, Daten EDV-gerecht zu verschlüsseln. Die Art des Codes hängt auch vom Datenträger ab. **Spezielle Codierungen** werden bei den verschiedenen Lochkartenarten (Ziffern-, Markierungs-, Mikrofilm-Lochkarte) verwendet, desgleichen auf Magnetkarten oder auf Handelsgütern (Streifen-Code = Bar-Code). Die Umformung in einen der Standard-Codes besorgt dann das jeweilige Dateneingabegerät und stellt somit Kompatibilität an der Schnittstelle zur Zentraleinheit her.

1.4.2 MASCHINENINTERNE ZAHLENDARSTELLUNG

1.4.2.1 DER EBCDI-CODE

Für Rechenwerke, die auf **dezimaler** Basis arbeiten, ist der EBCDI-Code auch zur maschineninternen Zahlendarstellung verwendbar. Je ein Halb-Byte (Tetrade) bildet den **Zonenteil** und den **Ziffernteil** einer Dezimalziffer. Die 10 Ziffern des dezimalen Zahlensystems lassen sich dann so darstellen:

Dezimal	Zonenteil	Ziffernteil	
0	1 1 1 1	0 0 0 0	
1	1 1 1 1	0 0 0 1	Die zehn
2	.	0 0 1 0	Ziffern unter-
3	.	0 0 1 1	scheiden
4	.	0 1 0 0	sich nur im
5	.	0 1 0 1	Ziffernteil
6	.	0 1 1 0	des Bytes
7	.	0 1 1 1	
8	.	1 0 0 0	
9	1 1 1 1	1 0 0 1	

Dezimalzahlen werden -wie gewohnt- durch eine Folge von Dezimalziffern dargestellt. Das **Vorzeichen** wird im Zonenteil der niederwertigsten Stelle der Zahl festgelegt. Dabei gelten folgende Vereinbarungen:

1. Zahlen mit dem normalen Zonenteil sind immer positiv

```
----- Byte ----    ----- Byte ----    ----- Byte ----
1 1 1 1 0 0 1 0    1 1 1 1 0 1 0 1    1 1 1 1 0 0 1 1
      2                  5                  3        = 253
```

2. Die niederwertigste Stelle einer positiven Zahl kann einen besonderen Zonenteil erhalten

```
1 1 1 1 0 0 1 0    1 1 1 1 0 1 0 1    1 1 0 0 0 0 1 1
      2                  5                 +3        = +253
```

3. Eine negative Zahl erhält einen besonderen Zonenteil in ihrer niederwertigsten Stelle

```
1 1 1 1 0 0 1 0    1 1 1 1 0 1 0 1    1 1 0 1 0 0 1 1
      2                  5                 -3        = -253
```

Gepackte und **entpackte** Form der Dezimalzahlen
Zur binären Darstellung der Dezimalziffern 0-9 benötigt man nur **eine** Tetrade. Für alle Rechenoperationen im Dezimalsystem benutzt man eine Darstellungsform der Zahlen, bei der der überflüssige Zonenteil der Ziffern entfällt. Das ist die sog. **gepackte** Form. In dieser Form nimmt ein Byte **zwei** Ziffern auf - das Vorzeichen steht dann immer in der rechten Hälfte des letzten Bytes.

```
----- Byte ----    ----- Byte ----
0 0 1 0 0 1 0 1    0 0 1 1 1 1 0 0
   2       5          3       +      = +253
```

In der **entpackten** Form erfordert die Zahl 253 **drei** Bytes.

Die Umwandlung zwischen beiden Formen erfolgt durch Anweisungen im Programm.

1.4.2.2 DAS SEDEZIMAL-SYSTEM (HEXADEZIMAL-SYSTEM)

(lat.: sedecim = 16, griech.: hexa = 6)

Benutzt man anstelle der 10 Ziffern des Dezimalsystems ein System mit 16 Ziffern (0..9,A..F), so kann man jeder der 16 binären Tetraden genau eine Ziffer zuordnen.

dezimal	sedezimal	binär (Tetrade)
0	0	0000
1	1	0001
2	2	0010
3	3	0011
4	4	0100
5	5	0101
6	6	0110
7	7	0111
8	8	1000
9	9	1001
10	A	1010
11	B	1011
12	C	1100
13	D	1101
14	E	1110
15	F	1111

Mit den Ziffern des Sedezimalsystems lassen sich Zahlen übersichtlicher darstellen als mit den binären Tetraden. Die sedezimale Schreibweise ist somit nur eine **Abkürzung** der binären Schreibweise. Sedezimalzahlen lassen sich leichter merken als Binärzahlen.

$(F2)_{16} = (\,1\;1\;1\;1\;0\;0\;1\;0\,)_2$

$(AFFE)_{16} = (\,1\;0\;1\;0\;1\;1\;1\;1\;1\;1\;1\;1\;1\;1\;1\;0\,)_2$

1.4.2.3 DAS DUAL-SYSTEM

Dezimal-, Sedezimal- und Dualzahlen gehören zur Gruppe der **"Polyadischen Zahlensysteme"** und gehorchen demselben Bildungsgesetz.

Beispiel 1.4-2: Dezimalzahl 714 als Dual- und Sedezimalzahl

$$714 = (7 * 100) + (1 * 10) + (4 * 1)$$
$$= 7 * \underline{10^2} + 1 * \underline{10^1} + 4 * \underline{10^0} \qquad \underline{\textbf{Stellenwert}}$$

Nach demselben Bildungsgesetz werden Dualzahlen und Sedezimalzahlen (Hexadezimalzahlen) interpretiert. Der **Stellenwert** einer Ziffer ergibt sich im Dezimalsystem aus einer Potenz zur **Basis 10**, im Dualsystem aus einer Potenz zur **Basis 2** und im Sedezimalsystem aus einer Potenz zur **Basis 16**.

Dualzahl:	1	0	1	1	0	0	1	0	1	0
	$1*2^9$	$0*2^8$	$1*2^7$	$1*2^6$	$0*2^5$	$0*2^4$	$1*2^3$	$0*2^2$	$1*2^1$	$0*2^0$
Stellenwert:	512	256	128	64	32	16	8	4	2	1
Wert:	512		+128	+64			+8		+2	= 714

$(714)_{10} = (1011001010)_2$

Sedezimalzahl:	2	C	A
	$2*16^2$	$C*16^1$	$A*16^0$
Stellenwert:	256	16	1
Wert:	2*256 +	12*16 +	10*1 = 714

$(2CA)_{16} = (714)_{10}$

Wenn die Zugehörigkeit einer Zahl zu einem bestimmten Zahlensystem eindeutig gekennzeichnet werden soll, empfiehlt sich die obige Schreibweise in Klammern mit tiefgestellter Basis. Der Wertebereich der Ziffern erstreckt sich allgemein von 0 bis (Basis -1).

Die Dezimalzahl 714 erfordert in binärer Darstellung 10 Bit. In Byte-Schreibweise werden die fehlenden vorderen Bitstellen durch Nullen aufgefüllt (sog. **Füllnullen**).

$(714)_{10} = (0\,0\,0\,0\,0\,0\,1\,0\;\;1\,1\,0\,0\,1\,0\,1\,0)_2 = (02CA)_{16}$

Allgemein sind für das Rechnen mit Dualzahlen in byteorientierten Rechnern feste Wortlängen zu 2, 4 oder 8 Byte (Halbwort, Ganzwort, Doppelwort) vorgegeben.

1.4.2.4 FESTPUNKT- UND GLEITPUNKT-DARSTELLUNG

In diesem Abschnitt soll die maschineninterne Darstellung von ganzen und gebrochenen Zahlen erklärt werden.

a) FESTPUNKTZAHLEN (INTEGER)

Abhängig von der jeweiligen Rechenanlage ist für die Zahlendarstellung eine bestimmte Anzahl von Bytes festgelelegt. Bei einer Wortlänge von z.B. 2 Byte läßt sich der folgende Zahlenbereich darstellen:

00000000 00000000 = 0 ---> kleinste Zahl

11111111 11111111 = 65535 ---> größte Zahl

Die größte Zahl errechnet sich aus: (Basis ^{Stellenzahl} -1), im vorliegenden Fall also Maxzahl = $2^{16} - 1$ = 65535. Sollen auch **negative** Zahlen eingeschlossen werden, so muß <u>ein</u> Bit zur Darstellung des Vorzeichens dienen. In byte-orientierten Maschinen sind die folgenden zwei **Formate** üblich:

Kurze Festpunktzahl: (16 Bit)

```
-----------------------------------
I V I            15 Bit           I
-----------------------------------
```

Zahlenbereich:

$- 2^{15}$ bis $+ 2^{15}-1$

- 32768 bis + 32767

Vorzeichenvereinbarung: V = 0 positive Zahl
V = 1 negative Zahl

Lange Festpunktzahl: (32 Bit)

```
---------//------------------------
I V I            31 Bit           I
---------//------------------------
```

Zahlenbereich:

$- 2^{31}$ bis $+ 2^{31}-1$

2^{31} = 2147483648

Abb. 1.6 zeigt, wie positive und negative ganze Zahlen systematisch den Bitmustern zugeordnet werden können. Diese Form heißt **2er-Komplement**-Darstellung; sie ist besonders gut für Rechenoperationen geeignet. Die "0" wird dabei zu den positiven Zahlen gerechnet. Dadurch ist die größte positive Zahl des darstellbaren Zahlenbereichs stets um 1 kleiner als die größte negative Zahl.

Negative Festpunktzahlen entstehen durch **Bildung des Zweierkomplements** aus der entsprechenden positiven Festpunktzahl. Zweierkomplementbildung bedeutet folgendes Verfahren:

1. Schritt: BITWEISES KOMPLEMENTIEREN
2. Schritt: ADDITION EINER 1 IN DER LETZTEN STELLE

Im 1. Schritt erhält man das "**unechte Komplement**" und im 2. Schritt das "**echte Komplement**".

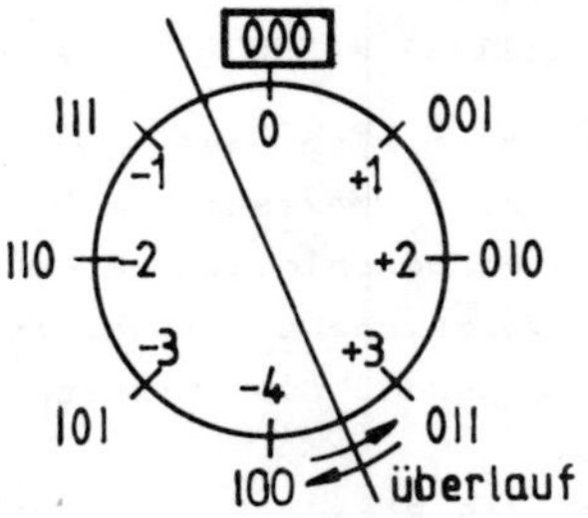

Abb. 1.6 Der Zahlenkreis (2er-Komplement Darstellung)

Die Umwandlung einer negativen in eine positive Festpunktzahl erfolgt ebenfalls durch Bildung des Zweierkomplements.

Beispiel 1.4-3: Umwandlung positive <---> negative Zahlen

Für die binäre Addition gelten folgende Regeln:

```
0 + 0 = 0
0 + 1 = 1
1 + 0 = 1
1 + 1 = 0 + Übertrag 1
```

```
          V
+ 10 =    0 0 0 0 1 0 1 0    Bitweise komplementieren

          1 1 1 1 0 1 0 1    unechtes Komplement
                        1    + 1
          ---------------
- 10 =    1 1 1 1 0 1 1 0    echtes Komplement
          ===============
```

Merke:

Durch die Beschränkung auf eine feste Stellenzahl kann bei Operationen mit Festpunktzahlen ein Ergebnis anfallen, das den definierten Zahlenbereich überschreitet (**Überlauf**). Das Rechenergebnis ist dann falsch! Dieser Sachverhalt kann jedoch maschinell überwacht und erkannt werden.

Beispiel: (vgl. Zahlenkreis, Abb. 1.6)

```
       V                            V
 3     0 1 1               -4       1 0 0
+2     0 1 0               -1       1 1 1
      ------                      |------
       1 0 1  = (-3)             1|0 1 1  = (+3)
```

a) Die Addition zweier positiver (negativer) Zahlen kann nie ein negatives (positives) Ergebnis haben !

b) Bei Addition von zwei Zahlen mit unterschiedlichem Vorzeichen wird der Zahlenbereich nie überschritten.

b) GLEITPUNKTZAHLEN (REAL)

Jede Zahl (Z) wird als Produkt aus einem Ziffernteil und einer Potenz dargestellt: $Z = m * b^e$

m = Mantisse b = Basis e = Exponent (Charakteristik)

m: umfaßt den ganzen Ziffernteil und soll vereinbarungsgemäß zwischen 0.1 und 1 liegen: $0.1 <= m < 1$

Eine solche Darstellung heißt **normalisiert**. Die Potenz b^e heißt **Maßstabsfaktor**.

Beispiel 1.4-4: Normalisierte Schreibweise

$Z1 = 0.000318 ---> 0.31800 * 10^{-3}$
$Z2 = - 1009.5 ---> - .10095 * 10^{4}$

Für m und e wird eine feste Anzahl von Bits des Maschinenworts vereinbart. Durch diese Beschränkung können **Rundungsfehler** und/oder **Abbruchfehler** auftreten. Sie sind umso kleiner, je mehr Ziffern des Bruches in m verschlüsselt werden können. Rechnet man eine gegebene Dezimalzahl in eine Hexadezimalzahl um, so kommt man mit einer geringeren Anzahl von Ziffern aus. Umgekehrt heißt das, daß sich bei einer vorgegebenen Stellenanzahl (Maschinenwort) ein größerer Zahlenbereich überdecken läßt. Im Hinblick auf die Mantisse folgt daraus, daß die Genauigkeit der Gleitpunktzahl größer ist (Rundungs- und Abbruchfehler kleiner), wenn als Basis b nicht 10, sondern 16 gewählt wird. (Der Wert 16 "paßt" ins Dualsystem !). Somit gilt für Gleitpunktzahlen folgende

Definition: $Z = m \times 16^e$

Beispiel 1.4-5: Aufbau einer Gleitpunktzahl

```
---------------------------------------------
I V I    Exponent   I       Mantisse       I
---------------------------------------------
/----- 1 Byte ------/----- 1 Byte ------/
```

Das höchstwertige Bit des ersten Byte repräsentiert das Vorzeichen der Zahl (0 = positiv, 1 = negativ). Der Exponent wird in den verbleibenden 7 Bit verschlüsselt.

Wenn nur 1 Byte für die Mantisse verwendet wird, ergibt sich folgender Wertebereich:

$$m_{min} = (0.10)_{16} = 1 * 16^{-1} = 1/16 = \underline{0.0625}$$

$$m_{max} = (0.FF)_{16} = 15 * 16^{-1} + 15 * 16^{-2} = 0.9375 + 0.058593 = \underline{0.996093}$$

Praktisch sind folgende zwei **Formate** üblich:

Kurze Gleitpunktzahl: (4 Byte)

```
----------------------------------------------------
I V I  Char.  I          Mantisse (3 Byte)         I
----------------------------------------------------
  0 1        7 8                                 31 Bit
```

Lange Gleitpunktzahl: (8 Byte)

```
-----------------------------------------------//-------
I V I  Char.  I          Mantisse (7 Byte)             I
-----------------------------------------------//-------
  0 1        7 8                                 63 Bit
```

Für die Verschlüsselung des Exponenten sind in beiden Fällen 7 Bit vorgesehen. Das ergibt den Zahlenbereich 0 ---- 127 . Um auch **negative** Exponenten verschlüsseln zu können, wurde der sog. **64-Excess-Code** vereinbart. Das heißt, der Exponent wird um die Zahl 64 erhöht und das Ergebnis in den vorgegebenen 7 Bit verschlüsselt. Damit ergibt sich für "e" ein Zahlenbereich von - 64 bis + 63.

e	64-Excess-Code	
-64	000 0000	b^e: $16^{-64} = 2^{-256} \approx 1,56 * 10^{-77}$
0	100 0000	
+63	111 1111	b^e: $16^{+63} = 2^{+252} \approx 4 * 10^{+75}$

Die Zahl 1.0 sieht als kurze Gleitpunktzahl wie folgt aus:

	V --- e --		----------	----------	---------- m	----------	----------	----------
binär	0 100	0001	0001	0000	0000	0000	0000	0000
Stellenwert:	$2^6 \ldots\ldots 2^0$		2^{-1}					2^{-24}
hexadezimal	4	1	1	0	0	0	0	0
Stellenwert:			16^{-1}	16^{-2}	16^{-3}	16^{-4}	16^{-5}	16^{-6}

Als **Grenzwerte** für kurze Gleitpunktzahlen ergeben sich:

7 F	F F	F F	F F	---->	$16^{63} * (1 - 2^{-24})$
F F	F F	F F	F F		
0 0	1 0	0 0	0 0	---->	$16^{-64} * 16^{-1} = 16^{-65}$
8 0	1 0	0 0	0 0		

Weitere Beispiele für kurze Gleitpunktzahlen und ihre Umrechnung in die entsprechende Dezimalzahl zeigt Tabelle 1.2.

Genauigkeit der Gleitpunktzahlen:

Die letzte Stelle der Mantisse bestimmt die Genauigkeit. Mit der Beziehung $2^{10} > 10^3$ erhält man folgende Werte:

a) Kurze Gleitpunktzahl: (3 Byte für die Mantisse)

$16^{-6} = 2^{-24} = 2^{-20} * 2^{-4} < 10^{-6} * 2^{-4} = 1/16 * 10^{-6} < \underline{\underline{10^{-7}}}$

d.h. die siebente Stelle nach dem Komma ist noch genau.

b) Lange Gleitpunktzahl: (7 Byte für die Mantisse)

$16^{-14} = 2^{-56} = 2^{-50} * 2^{-6} < 10^{-15} * 2^{-6} = 1/64 * 10^{-15} < \underline{\underline{10^{-16}}}$

d.h. die sechzehnte Stelle nach dem Komma ist noch genau.

Tab. 1.2 Beispiele für die Darstellung von Gleitpunktzahlen

	Hexadezimale Darstellung	Binaere Darstellung: Exponent	Binaere Darstellung: Mantisse	Dezimal
	C1 10 00 00	1100 0001	0001 0000 0000 0000 0000 0000	-1.0
*	41 98 00 00	0100 0001	1001 1000 0000 0000 0000 0000	9.5
	C0 80 00 00	1100 0000	1000 0000 0000 0000 0000 0000	-0.5
	43 2A 30 00	0100 0011	0010 1010 0011 0000 0000 0000	675.0
	40 19 99 99	0100 0000	0001 1001 1001 1001 1001 1001	~0.1
	C0 6B 00 74	1100 0100	0110 1011 0000 0000 0111 0100	-0.41797...

```
 !  !
 !  !
 !  !____ 1 - F -----> normalisierte Form
 !        0     -----> nicht normalisiert
 !
 !
 !_______ 0 - 7 -----> positive Zahl
          8 - F -----> negative Zahl
```

Umrechnung hexadezimaler Zahlen ins Dezimalsystem:

1. Vorzeichen und Exponent (64-Exzess-Darstellung) ermitteln
2. Wert der Mantisse ermitteln
3. Zahl zusammensetzen und ausrechnen

* Beispiel:

```
41 98 00 00 = 16↑1 x (9x16↑-1 + 8x16↑-2) = 9 + 8/16 = 9.5
!! !!_________________!__________!                    ===
!! !__________________!
!!___
!    !
0100 0001 = 65
!          -64 (64-Exzess-Darstellung)
!          ---
L- =pos      1 ---> e=1
```

Weitere Beispiele:

Hexadezimal	Dezimal
43 4A 00 00	1184.00
C2 63 10 00	-99.0625
40 48 00 00	0.28125
C0 FF FF FF	-0.99999994...
40 10 00 00	0.0625

1.4.2.5 UMRECHNUNG VON DEZIMALZAHLEN IM GLEITPUNKTZAHLEN

Die Umwandlung einer gebrochenen Dezimalzahl in eine Gleitpunktzahl erfolgt nach folgendem Schema:

1. Schritt: Die Dezimalzahl wird in eine ganze und in eine gebrochene Zahl unterteilt, z.B. 182.375 = 182 + 0.375. Die ganze Zahl wird in ihren Dualwert umgewandelt,z.B. 182 = $(10110110)_2$. Die gebrochene Zahl wird ebenfalls in ihren Dualwert umgewandelt, z.B. 0.375 = $(0.011)_2$. Die beiden Dualwerte werden addiert --> 10110110 + 0.011 = 10110110.011

2. Schritt: Verschiebe den Dezimalpunkt um je 4 Stellen nach links/rechts und erhöhe/erniedrige dabei den Exponenten von 16 jeweils um 1. Wiederhole Schritt 2, solange links vom Dezimalpunkt noch eine 1 steht, bzw. bis rechts vom Dezimalpunkt wenigstens eines der ersten 4 Bit von 0 verschieden ist. (Normalisierte Form !)

3. Schritt: Wandle den ermittelten Exponenten von 16 in die 64-Excess-Darstellung um.

4. Schritt: Füge Vorzeichen, Exponenten- und Mantissenteil zu einer Gleitpunktzahl zusammen.

Beispiel 1.4-6: Umwandlung von +182.375 in eine kurze GleitPunktzahl

1. Schritt: 1 0 1 1 0 1 1 0 . 0 1 1 = 182.375

2. Schritt: 1 0 1 1 0 1 1 0 . 0 1 1 * 16^0
= 1 0 1 1 . 0 1 1 0 0 1 1 * 16^1
= . 1 0 1 1 0 1 1 0 0 1 1 * 16^2 ---> e = 2

3. Schritt: 2 + 64 = 66 ---> 1 0 0 0 0 1 0

4. Schritt: 0 1000010 10110110 01100000 00000000
V

hexadezimal: $(182.375)_{10} = (42\ B6\ 60\ 00)_{16}$

Beispiel 1.4-7: Umwandlung von - 0.0047625 in eine kurze GleitPunktzahl

1. Schritt: . 0 0 0 0 1 1 (.03175 + .015875 = .0047625)

2. Schritt: . 0 0 0 0 1 1 $*$ 16^0
= . 1 1 $*$ 16^{-1} ---> e = -1

3. Schritt: -1 + 64 = 63 ---> 0 1 1 1 1 1 1

4. Schritt: 1 0111111 11000000 00000000 00000000
V

hexadezimal: $(-\ 0.0047625)_{10} = (\text{BF C0 00 00})_{16}$
====================================

Regeln für die Gleitpunkt-Arithmetik:

1. Vor Addition oder Subtraktion zweier Zahlen ist eine Exponenten-Angleichung erforderlich.
2. Bei Multiplikation / Division werden die Werte der Exponenten addiert / subtrahiert und die Mantissen multipliziert/dividiert.
3. Resultate werden normalisiert abgeliefert.

Beispiel 1.4-8: Rechnen mit Gleitpunktzahlen

$Z1 = m1 * 16^{e1}$

$Z2 = m2 * 16^{e2}$

$Z1 + Z2 = (m1 + m2') * 16^{e1} = (m1' + m2) * 16^{e2}$

$Z1 * Z2 = (m1 * m2) * 16^{e1+e2}$

$Z1 / Z2 = (m1 / m2) * 16^{e1-e2}$

m1' und m2' sind die jeweils an den anderen Exponenten angeglichenen Mantissen.

1.4.2.6 DAS MASCHINENWORT

Die technisch am häufigsten vorgesehene Bitgruppe ist das Byte. Die Zusammenfassung von Bits zu einer konstruktiven Einheit innerhalb der Maschine nennt man Maschinenwort (oder auch kurz "Wort"). Ein Wort ist allgemein länger als ein Byte. Sehr häufig ist ein Maschinenwort ein ganzzahliges Vielfaches eines Byte. Derartige Maschinen werden "byte-orientiert" genannt, da sich in der Regel einzelne Bytes adressieren lassen.
Für besondere Fälle (Zahlendarstellung) sind in byte-orientierten EDV-Anlagen auch Wortadressierungen vorgesehen. Tab. 1.3 zeigt gängige Datenformate für byte-orientierte Maschinen.

Im Gegensatz zu byte-orientierten Maschinen ist bei **Großrechnern** das Maschinenwort im allgemeinen kein Vielfaches eines Byte. Hier gibt es je nach Maschinengröße erhebliche Unterschiede in der Wortlänge.

Beispiele:

		Wortlänge (Bit)
TELEFUNKEN TR 440	-->	52
Serie 1100 von SPERRY UNIVAC	-->	36
Großrechner von CONTROL DATA	-->	60
INTERDATA 6/16	-->	16
Microcomputer		4/8/16/32

Fazit: Bei der internen Darstellung von Daten (Zahlen) existieren maschinenspezifische Festlegungen !

Tabelle 1.3 Datenformate für byte-orientierte EDV-Anlagen

A. <u>ZEICHEN</u> (je 1 BYTE)

Buchstaben	Ziffern	Sonderzeichen	Binaermuster

B. <u>ZAHLEN</u>

** Entpackte Dezimalzahl:

Zone:Ziffer	Zone:Ziffer	....	VZ ! Ziffer

** Gepackte Dezimalzahl:

Ziffer:Ziffer	Ziffer:Ziffer	....	Ziffer : VZ

** Festpunktzahl (Halbwort): 2 BYTE

```
[VZ|          |            ]
15          8;7            0   Bit
```

** Festpunktzahl (Ganzwort): 4 BYTE

```
[VZ|          |            |            |            ]
31          24!23        16!15         8!7       Bit   0
```

** Gleitpunktzahl (kurz): 4 BYTE

```
[VZ| (Exponent) |            |            |            ]
                !-----------Mantisse (3 BYTE) ----------!
```

** Gleitpunktzahl (lang): 8 BYTE

```
[VZ| (Exponent) |            |............|            ]
                !---------- Mantisse (7 BYTE) ----------!
```

2. ZAHLENSYSTEME

2.1 DEZIMALDARSTELLUNG GANZER UND REELLER ZAHLEN

Ganze Zahlen lassen sich als Summe von Potenzen zur Basis 10 darstellen - mit den Koeffizienten a_i:

(2.1-1) $Z = a_n*10^n + ... + a_2*10^2 + a_1*10^1 + a_0*10^0$

mit $a_i = \{0,1,2,3,4,5,6,7,8,9\}$ und $0<i<n$

Abgekürzt schreibt man nur die Koeffizienten auf:

$Z = a_n a_{n-1}........a_2 a_1 a_0$ (Dezimaldarstellung); z.B. 45326

Reelle Zahlen entstehen aus einem Bruch zweier ganzer teilerfremder Zahlen. Dabei kann es sich um **rationale** oder **irrationale** Zahlen handeln.

Merke:

1. Der Dezimalbruch einer rationalen Zahl ist endlich oder Periodisch.
2. Die irrationalen Zahlen entsprechen dann genau den nicht Periodischen, unendlichen Dezimalbrüchen.
3. Jede Dezimalzahl läßt sich allgemein mit Hilfe des folgenden Polynoms darstellen:

(2.1-2) $Z = a_{n-1}*10^{n-1} + ... + a_1*10^1 + a_0*10^0 + ...$

$... + a_{-1}*10^{-1} + ... + a_{-m}*10^{-m}$

Z ... beliebige Dezimalzahl

a_i ... eine Ziffer im dezimalen Zahlensystem

10^i ... Stellenwert der Ziffer a_i

n ... Anzahl der Ziffern vor dem Komma

m ... Anzahl der Ziffern nach dem Komma

Kurzschreibweise: $Z = a_{n-1}a_{n-2}....a_1a_0 , d_{-1}d_{-2}....d_{-m}$

z.B. 1,25 = 5/4 oder 0,33333 = 1/3 (rational)

z.B. e = 2.718281829... (irrational)

Der **Fehler**, der durch Ersetzen eines unendlichen durch einen endlichen Dezimalbruch $Z = +a_n a_{n-1}...a_0 , d_{-1}d_{-2}...d_{-r}$ entsteht, ist kleiner als 10^{-r} (gemäß Zahlenkonstruktion).

2.2 DIE POLYADISCHEN ZAHLENSYSTEME

Die bisher ausgeführten Überlegungen gelten auch, wenn man anstelle der Basis b=10 irgendeine natürliche Zahl b>2 wählt. Derartig aufgebaute Zahlensysteme heißen "polyadisch". Jede Zahl Z_b eines beliebigen polyadischen Zahlensystems läßt sich allgemein in der Form des folgenden Polynoms darstellen:

(2.2-1) $$Z_b = a_{n-1}b^{n-1} + \ldots + a_2b^2 + a_1b^1 + a_0b^0 + \ldots \ldots + a_{-1}b^{-1} + a_{-m}b^{-m} = \sum_{i=-m}^{n-1} a_ib^i$$

Z_b = Zahl eines beliebigen polyadischen Zahlensystems

b = Basis des Zahlensystems

a_i = Ziffer $0 < a_i < b-1$

b^i = Stellenwert der Ziffer a_i

n = Anzahl der Stellen vor dem Komma

m = Anzahl der Stellen nach dem Komma

Als Beispiele für polyadische Zahlensysteme sind uns bereits bekannt: das Dezimal-, das Sedezimal-, und das Dualsystem.

Beispiel 2.2-1: Weitere polyadische Zahlensysteme

Basis	Name	Ziffernvorrat
b = 2	Dualsystem	0,1
b = 3	Trial "	0,1,2
b = 4	Quartal "	0,1,2,3
b = 8	Oktal "	0,1,2,3,...7
b = 10	Dezimal "	0,1,2,3,...9
b = 16	Sedezimal "	0,1,2...9,A,B,C,D,E,F

$(123)_{10} = (1111011)_2 = (11120)_3 = (1323)_4 = (173)_8 = (7B)_{16}$

2.3 UMWANDELN VON DEZIMALZAHLEN MIT DER RESTWERT-METHODE (Horner Schema)

2.3.1 UMWANDELN GANZER DEZIMALZAHLEN

Gemäß dem Konstruktionsprinzip polyadischer Zahlensysteme läßt sich eine Zahl folgendermaßen schreiben:

$$Z = \ldots + a_5 b^5 + a_4 b^4 + a_3 b^3 + a_2 b^2 + a_1 b^1 + a_0 b^0$$

Durch fortgesetztes Ausklammern von b erhält man allgemein:

$$(2.3\text{-}1) \quad Z = (((\ \ldots\ (a_{n-1} b + a_{n-2}) b + \ldots + a_2) b + a_1) b + a_0$$

Für die Umrechnung einer ganzen Dezimalzahl in ein b-adisches System existiert ein einfacher Algorithmus:

Fortgesetzte Division durch b liefert die Koeffizienten **a_i als Divisionsrest** ---> (Restwert-Methode)

1. Division:	$(((\ldots(a_{n-1}b + a_{n-2})b + \ldots + a_2)b + a_1$	-->	a_0
2. " :	$(((\ldots(a_{n-1}b + \ldots\ldots + a_3)b + a_2$	-->	a_1
.			
.			
n. " :	0	-->	a_{n-1}

Letzter Schritt: Der Dividend ist < b, und damit verbleibt als letzter Divisionsrest die Ziffer a_{n-1}.

Beispiel 2.3-1: Anwendung der Restwert-Methode

$(42)_{10} = (???)_2$

42 : 2 =	21	Rest	0	--> a_0
21 : 2 =	10	"	1	--> a_1
10 : 2 =	5	"	0	--> a_2
5 : 2 =	2	"	1	--> a_3
2 : 2 =	1	"	0	--> a_4
1 : 2 =	0	"	1	--> a_5

$(42)_{10} = (1\ 0\ 1\ 0\ 1\ 0)_2$

$(18797)_{10} = (???)_{16}$

18797 : 16 =	1174	Rest	13	--> a_0
1174 : 16 =	73	"	6	--> a_1
73 : 16 =	4	"	9	--> a_2
4 : 16 =	0	"	4	--> a_3

$(18797)_{10} = (496D)_{16}$

2.3.2 UMWANDLUNG GEBROCHENER DEZIMALZAHLEN

Das Verfahren besteht aus 2 Schritten:

1. Der ganzzahlige Teil wird gemäß Kap. 2.3.1. umgewandelt
2. Der Dezimalbruch wird separat umgewandelt

Mit Hilfe des Horner-Schema ergibt sich für den Dezimalbruch folgende allgemeine Darstellung:

(2.3-2) $\ldots ,b^{-1}(a_{-1} + b^{-1}(a_{-2} + b^{-1}(a_{-3} + \ldots + b^{-1}a_{-m})\ldots)))$

Analog zu Abschn. 2.3.1 folgt hieraus, daß sich die Ziffern a_{-1} bis a_{-m} durch **fortgesetzte Multiplikation** mit b ergeben.

1. Multiplikation: $a_{-1} + b^{-1}(a_{-2} + \ldots + b^{-1}a_{-m})\ldots)))$
a_{-1} wird abgespalten und der Rest wieder mit b multipliziert

2. Multiplikation: $a_{-2} + b^{-1}(a_{-3} + \ldots + b^{-1}a_{-m})\ldots)))$
a_{-2} wird abgespalten usw.

Dieses Verfahren setzt man solange fort, bis eine ausreichende Stellenzahl erreicht ist, oder bis durch die Multiplikation mit b eine Ziffer des Ziel-Zahlensystems **ohne Rest** entsteht.

Beispiel 2.3-2:

a) $(42,625)_{10} = (42,625 = 42 + 0,625)_{10} = (???)_2$

$42 = (101010)_2$ (gemäß Beispiel 2.3-1)

```
0,625 * 2 = 1,250   --> 1 abspalten
0,250 * 2 = 0,500   --> 0    "
0,500 * 2 = 1,000   --> 1    "          (Rest 0)
```

Abbruch des Verfahrens, wenn kein Rest mehr bleibt.

$(42,625)_{10} = (101010,101)_2$

b) $(0,2)_{10} = (???)_2$

```
0,2 * 2 = 0,4     0
0,4 * 2 = 0,8     0
0,8 * 2 = 1,6     1
0,6 * 2 = 1,2     1
          ---------------- ab hier periodisch !
0,2 * 2 = 0,4     0     usw.
```

$(0,2)_{10} = (0,00110011.....)_2$

c) $(0{,}825)_{10} = (???)_{16}$

```
0,825 * 16 = 13,2   --> 13 abspalten
0,200 * 16 =  3,2   -->  3    "
0,200 * 16 =  3,2   -->  3    "
     usw.
```

$(0{,}825)_{10} = (0{,}D33....)_{16}$

2.3.3 ZWEIERPOTENZEN ALS BASISZAHLEN

2.3.3.1 MULTIPLIKATIONS- UND DIVISIONSREGELN

Wegen des gleichen Bildungsgesetzes polyadischer Zahlensysteme sind auch die Rechenregeln analog denen des gewohnten Dezimalsystems; z.B. bedeutet eine Kommaverschiebung:

Komma n Stellen nach rechts ---> Multiplikation mit b^n
" n " nach links ---> Division durch b^n

Beispiel 2.3-3:

dual:	$(1011{,}01)_2$	--> $(10110{,}1)_2$	Multiplikation mit 2
		--> $(10{,}1101)_2$	Division durch 4
oktal:	$(537{,}26)_8$	--> $(5372{,}6)_8$	Multiplikation mit 8
		--> $(5{,}3726)_8$	Division durch 64
sedez.:	$(B3F7{,}A4)_{16}$	--> $(B3F7A{,}4)_{16}$	Multiplikation mit 16
		--> $(B{,}3F7A4)_{16}$	Division durch 4096

Die Verschiebung des Kommas ist ein **relativer** Vorgang. Zum gleichen Ergebnis kommt man, wenn man das Komma an einer fiktiven Stelle festhält und stattdessen die Zahl verschiebt. Dieses Prinzip wird in EDV-Anlagen angewendet ("Zahlenshift").

2.3.3.2 UMFORMUNGSREGELN

Für Zahlensysteme, deren Basis jeweils eine Potenz einer gemeinsamen Grundzahl ist, ergeben sich besonders einfache Umformungsregeln. Diese Verhältnisse liegen beim Dualsystem ($b=2^1$), Oktalsystem ($b=2^3$) und Sedezimalsystem ($b=2^4$) vor.

Regeln:

Eine Dualzahl wird in eine Oktalzahl (Sedezimalzahl) umgeformt, indem man

1. Vom Komma aus nach beiden Seiten Gruppen von je 3 (4) Ziffern bildet und
2. diese durch äquivalente Ziffern aus dem Oktalsystem (Sedezimalsystem) ersetzt.
3. Unvollständige Dreiergruppen (Vierergruppen) mit Nullen auffüllt.

Für die Umwandlung von Oktal- und Sedezimalzahlen in Dualzahlen gilt das obige Verfahren sinngemäß umgekehrt; d.h., jede einzelne Oktal- bzw. Sedezimalziffer wird in eine äquivalente Dualziffernfolge umgeformt.

Sollen Oktal- in Sedezimalzahlen (und umgekehrt) umgewandelt werden, muß in einem Zwischenschritt zunächst in die entsprechende Dualzahl umgeformt werden.

Beispiel 2.3-4:

$(110110111{,}1011)_2 = (110\ 110\ 111\ ,\ 101\ 100)_2 = (667{,}54)_8$

$(110110111{,}1011)_2 = (0001\ 1011\ 0111\ ,\ 1011)_2 = (1B7{,}B)_{16}$

$(705{,}5)_8 = (111\ 000\ 101\ ,\ 101)_2 = (1C5{,}A)_{16}$

$(10{,}F4)_{16} = (0001\ 0000\ ,\ 1111\ 0100)_2 = (20{,}75)_8$

2.4 BINÄRE ARITHMETIK

2.4.1 GRUNDOPERATIONEN

Wenn man die Rechenregeln für Binärziffern beachtet, läßt sich mit Dualzahlen ebenso rechnen wie mit Dezimalzahlen. Der Grund liegt auch hier wieder im gleichartigen Aufbau der Zahlensysteme.

a) Addition

Operation	Ergebnis	Übertrag in die nächste Stelle
0 + 0	0	0
0 + 1	1	0
1 + 0	1	0
1 + 1	0	1

Beispiel 2.4-1:

```
                  1101   (13)          110,110  (6,750)
                + 1111   (15)        + 100,011  (4,375)
     Übertrag    1111                  1  1 1
                 -----                 --------
                 11100   (28)          1011,001  (11,125)
                 =====                 ========
```

In einer Rechenanlage werden i.a. immer nur 2 Zahlen zur Zeit addiert. Manuell lassen sich beliebig viele Zahlen addieren; dabei können dann auch **mehrere** Überträge auftreten.

b) **Subtraktion**

Operation	Ergebnis	Übertrag in die nächste Stelle	
0 - 0	0	0	
0 - 1	1	-1	--> "Borgbit"
1 - 0	1	0	
1 - 1	0	0	

Beispiel 2.4-2:

```
                  1100   (12)        110,101   (6,625)
                - 1011   (11)      -  11,011   (3,375)
     Borgbit       11                 11  1
                  ----              --------
                  0001    (1)         11,010   (3,250)
                  ====                ======
```

Mehrere Subtrahenden wird man zunächst alle addieren und dann in einem Schritt zusammen vom Minuenden abziehen.

c) **Multiplikation**

Operation	Ergebnis
0 * 0	0
0 * 1	0
1 * 0	0
1 * 1	1

Beispiel 2.4-3:

```
    1 1 0 1   *   1 0 1 1        (13 * 11)
    ---------------------
    1 1 0 1
      0 0 0 0
        1 1 0 1
          1 1 0 1
  ---------------
  1 0 0 0 1 1 1 1                (143)
  ===============


    1 1 , 0 1   *   0 , 1 0 1    (3,25) * (0,625)
    -------------------------
    1 1 0 1
      0 0 0 0
        1 1 0 1
  -------------
  1 0,0 0 0 0 1                  (2,03125)
  =============
```

d) **Division**

Auch hier kann grundsätzlich das gleiche Verfahren wie im dezimalen Bereich angewendet werden. Falls die Operanden Kommastellen enthalten, müssen diese zuvor durch entsprechende beiderseitige Multiplikation beseitigt werden.

Beispiel 2.4-4:

```
          1 0 0 , 1  :  1 , 0 1         (4,5) : (1,25) = (3,6)

          1 0 0 1 0 : 1 0 1      = 1 1 , 1 0 0 1 1 0 0 ......
        -   1 0 1
        -------
            1 0 0 0   ---------
            - 1 0 1           !
            -------           !
                1 1 0         !      periodisch weiter !
              - 1 0 1         !
                -----         !
                    1 0 0 0   --------
                  -   1 0 1
                    -------
                        1 1 0
```

2.4.2 ZURÜCKFÜHRUNG DER GRUNDRECHENARTEN AUF DIE ADDITION

Mit elektronischen Mitteln läßt sich in einfacher Weise lediglich eine **Addier**schaltung realisieren (vgl. Abschn. 5). Im innersten Kern können EDV-Anlagen prinzipiell nur addieren. Alle anderen arithmetischen Operationen müssen auf die Addition zurückgeführt werden und dauern entsprechend länger.

Multiplikation = fortgesetzte Addition

Division = fortgesetzte Subtraktion

Subtraktion = <u>Addition des Komplements</u> !

Höhere Rechenarten bauen wiederum auf den Grundrechenarten auf.

Definition des Komplements einer <u>Zahl</u>: Unter der komplementären Zahl $\bar{Z}$ einer Zahl Z versteht man die Ergänzung der Zahl Z zum nächst höheren Stellenwert des betreffenden Zahlensystems.

Beispiel 2.4-5: $Z = (23)_{10} \rightarrow \bar{Z} = (77)_{10}$

```
Z =  23
    +77  = Z̄
    ---
    100  ---> nächst höherer Stellenwert
```

(Forts.) $Z = (1100)_2 \rightarrow \bar{Z} = (0100)_2$

```
Z =  1100
     0100   = Z̄
    -----
    10000   ---> nächst höherer Stellenwert
```

Das Verfahren der Komplementbildung von Dualzahlen ist aus Abschn. 1.4 bekannt:

1. Bitweises komplementieren ---> unechtes Komplement
2. + 1 in der letzten Stelle ---> echtes Komplement

```
Z = 1100  --->   0011   ---> unechtes Komplement
               +    1
                 ----
            Z̄ =  0100   ---> echtes Komplement
```

Das unechte Komplement wird auch "Stellenkomplement" genannt.

Definition des Komplements einer __Ziffer__**:** Unter der komplementären Ziffer $\bar{a}_i$ einer Ziffer a_i versteht man allgemein die Ergänzung der Ziffer a_i zu der um 1 verminderten Basis b des betreffenden Zahlensystems. Es gilt:

$$a_i + \bar{a}_i = b-1$$

$$\bar{a}_i = (b-1) - a_i$$

z.B.: b=10: $a_i=3 \rightarrow \bar{a}_i=6$

b=2 : $a_i=1,0 \rightarrow \bar{a}_i=0,1$

Folgerung: Bildet man nacheinander die Stellenkomplemente einer Zahl, so erhält man das unechte Komplement dieser Zahl. Durch Addition einer 1 ergibt sich das echte Komplement.

Natürlich läßt sich auch im Dezimalsystem eine Subtraktion durch Addition des Komplements ausführen.

Beispiel 2.4-6: Subtraktion durch Addition des Komplements

a) 27 - 13 = 14

	b=10	**b=2**	
	n=4	n=8	(Stellenzahl)
	----	--------	
(1) Minuend	0027	00011011	
(2) Subtrahend	0013	00001101	
(3) Stellenkompl.	9986	11110010	
(4) Zahl 1	0001	00000001	
(5) (3)+(4) Kompl.	9987	11110011	
(6) (5)+(1)	0014	00001110	

Die Differenz ist wieder n-stellig. Ein **Übertrag** in (6) entfällt; er tritt immer dann auf, wenn das **Ergebnis Positiv** ist.

b) 13 - 22 = -9

	b=10 n=2	b=2 n=5
(1)	13	01101
(2)	22	10110
(3)	77	01001
(4)	01	00001
(5)	78	01010
(6)	* 91	* 10111

Da **kein Übertrag** aufgetreten ist (*), ist das **Ergebnis negativ** und muß zur InterPretation rückkomPlementiert werden.

	91	10111
Stellenkomplement:	08	01000
	+ 1	+ 1
Ergebnis:	- 9	- 1001

Die Komplementbildung bei Dualzahlen läßt sich elektronisch leicht realisieren. Zur Ziffernkomplementierung benutzt man **Inverter**, die als integrierte Schaltkreise zur Verfügung stehen. Die Addition der Zahl 1 erfolgt in einem Addierwerk, und zwar im gleichen Schritt wie die Addition von Minuend und Stellenkomplement des Subtrahenden (näheres s. Abschn. 5.6.2).

2.4.3 DIE ZWEIERKOMPLEMENT-ARITHMETIK

Die Zweierkomplement-Arithmetik benutzt zur Darstellung des negativen Wertes einer Zahl das Zweierkomplement. In Rechenanlagen (vgl. Abschn. 1.4.2.4) ist dafür eine fest vorgegebene Stellenzahl vorgesehen. Zur Unterscheidung positiver und negativer Zahlenwerte ist dann noch ein weiteres Bit nötig. Damit ergibt sich folgende Darstellung für die Zahlen einer Tetrade (5 Bit Wortlänge einschließlich Vorzeichenbit, siehe nächste Seite):

Positive Zahlen erkennt man also an der "0" und negative Zahlen an der "1" in der werthöchsten Stelle.

In dieser Form wird nicht nur die Subtraktion erleichtert, sondern es ist auch möglich, beliebige Zahlen unabhängig von ihrem Vorzeichen zu addieren und zu subtrahieren.

Tetraden-Darstellung		
positive Zahlenwerte	negative Zahlenwerte	
0 0 0 0 0	(0 0 0 0 0)	0
0 0 0 0 1	1 1 1 1 1	1
0 0 0 1 0	1 1 1 1 0	2
0 0 0 1 1	1 1 1 0 1	3
0 0 1 0 0	1 1 1 0 0	4
0 0 1 0 1	1 1 0 1 1	5
0 0 1 1 0	1 1 0 1 0	6
0 0 1 1 1	1 1 0 0 1	7
0 1 0 0 0	1 1 0 0 0	8
0 1 0 0 1	1 0 1 1 1	9
0 1 0 1 0	1 0 1 1 0	10
0 1 0 1 1	1 0 1 0 1	11
0 1 1 0 0	1 0 1 0 0	12
0 1 1 0 1	1 0 0 1 1	13
0 1 1 1 0	1 0 0 0 1	14
0 1 1 1 1	1 0 0 0 1	15

Beispiel 2.4-7: Addition und Subtraktion von Bytes mit Vorzeichenbit

1. $(76 - 44)_{10} = (01001100 - 00101100)_2$

```
   01001100
 + 11010011    ZweierkomPlement
 +        1
  |--------
 1|00100000  =  (00100000)2  =  (32)10
                 ========
   !
   !___ Vorzeichenbit = 0  (Ergebnis positiv)
```

2. $(-22 - 33)_{10} = (00010110 - 00100001)_2$

```
   11101001
 +        1
 + 11011110
 +        1
  |--------
 1|11001001
   !___ Vorzeichenbit = 1  (Ergebnis negativ)
```

Das tatsächliche dezimale Ergebnis ist dann die Differenz zur höchsten Dualstelle, hier also zu $(1000\ 0000)_2 = (128)_{10}$ Diese Differenz kann unmittelbar durch abermalige Komplementbildung bestimmt werden (Rück-Komplementierung).

```
   11001001

   00110110
 +        1
   --------
   00110111 = (55)10
```

Es ergibt sich somit der richtige dezimale Wert **- 55.**

3. $(-14 + 33)_{10} = (-00001110 + 00100001)_2$

```
   00100001
 + 11110001
 +        1
  |--------
 1|00010011 = (00010011)2 = (19)10
               ========
  !
  !___ Vorzeichenbit = 0  (Ergebnis positiv)
```

2.4.4 DIE BCD - ADDITION

Neben den rein binären Rechenwerken gibt es auch solche, mit denen sich BCD-codierte Dezimalzahlen verarbeiten lassen. Jede Ziffer einer Dezimalzahl wird hierbei durch eine BCD-Tetrade dargestellt. Die nicht benötigten Tetraden nennt man "Pseudotetraden".

BCD - Tetraden	Dezimalziffer
0 0 0 0	0
0 0 0 1	1
0 0 1 0	2
0 0 1 1	3
0 1 0 0	4
0 1 0 1	5
0 1 1 0	6
0 1 1 1	7
1 0 0 0	8
1 0 0 1	9
1 0 1 0	
.	Pseudotetraden
1 1 1 1	

z.B.: 365

0011 0110 0101

Die BCD-Addition wird für jede Tetrade durchgeführt - ggf. ist ein Übertrag in die nächsthöhere Dezimalstelle zu berücksichtigen. **2 Fälle** sind zu unterscheiden:

a) Tritt ein **16er-Überlauf** auf, so muß dieser zur nächsthöheren Tetrade addiert werden; zusätzlich muß die übergelaufene Tetrade durch Aufaddieren einer $6=(110)_2$ korrigiert werden. Grund: 6 ist die Differenz zwischen dem Tetradenumfang 16 und der BCD-Basis 10.

Beispiel 2.4-8: BCD-Addition mit 16er-Überlauf

```
         1 0 0 1    (9)
       + 1 0 0 1    (9)
      ---------------
       1  0 0 1 0   (12)
           1 1 0    (6)     Korrektur-Addition
 ----------------------
 0 0 0 1  1 0 0 0   (18)
 ======================
```

b) Der Wert des Ergebnisses einer Stelle liegt im Bereich der **Pseudotetraden** (10-15). In diesem Fall muß ebenfalls eine Korrektur-Addition von $(110)_2$ durchgeführt werden, bei der dann ein **Übertrag** in die nächsthöhere Tetrade **generiert** wird.

Beispiel 2.4-9: BCD-Addition mit Pseudotetrade

```
          1 0 0 0    (8)
        + 0 1 0 1    (5)
      ---------------
          1 1 0 1   (13)   Pseudotetrade
            1 1 0    (6)   Korrektur-Addition
        1 1                generierter Übertrag
 ----------------------
 0 0 0 1  0 0 1 1   (13)
 ======================
```

Das Ergebnis einer Korrektur-Addition fällt niemals in den Bereich der Pseudotetraden.

Beispiel 2.4-10: 4099 + 7391 = 11490

```
       0100  0000  1001  1001
     + 0111  0011  1001  0001
                1                Übertrag Fall a)
     ------------------------
       1011  0100  0010  1010
                    110          Korrektur-Addition Fall a)
     ------------------------
       1011  0100  1000  1010
        110               110    Korrektur-Addition Fall b)
    1                1           generierter Übertrag
 ----------------------------
 0001  0001  0100  1001  0000    = 11490
 ============================
```

2.5 ZUM ZAHLENVORRAT IN DER DATENVERARBEITUNG

2.5.1 GRUNDLAGEN

Bei jeder ziffernmäßigen Rechnung ist eine Beschränkung auf eine **endliche Stellenzahl** erforderlich, d.h. es kann nur mit rationalen Zahlen gearbeitet werden. (maschinell / manuell!) Durch maschinelle Hilfsmittel läßt sich zwar eine große Stellenzahl erfassen, der Zahlenvorrat bleibt aber stets beschränkt. Er ist immer endlich und in Abhängigkeit von der Länge des Maschinenwortes und der gewählten Codierung vorgegeben. Die Stellenzahl ist so zu vereinbaren, daß für den größten Teil der praktischen Anwendungen eine hinreichende Genauigkeit der Ergebnisse erzielt werden kann.

Die Mächtigkeit der im Rechner zur Verfügung stehenden Zahlen ist also stets endlich und durch die Wortlänge und die Basis gegeben (vgl.Abschn. 1.4.2.4). Das damit maschinell erfaßbare Zahlenintervall wird von diskreten, äquidistanten Werten überdeckt, d.h.

- Je zwei benachbarte Werte haben konstanten Abstand voneinander (d)
- Dieser Abstand ist die kleinste maschinell erfassbare Größe und repräsentiert somit die **Genauigkeit**

```
(**)                        (*)                         (**)
   /                     /       /                     /
---/--+---+---+---+---+--/---0---/--+---+---+---+---+--/---
   /          +-d-+      /-x-+-x-/      +-d-+          /
```

Abb. 2.1 Darstellung diskreter Zahlen (Zahlengerade)

Innerhalb von d liegen unendlich viele Zahlenwerte, d.h. die überwiegende Menge der Zahlen kann nur **näherungsweise** erfaßt werden. Der nicht darstellbare Bereich sehr kleiner Zahlen um den Wert Null (x) heißt "**Unterlauf**". Bei Festpunktzahlen ist x=d; bei normierten Gleitpunktzahlen ist x>d, weil die erste Stelle der Mantisse #0 sein muß. Den nicht erfaßbaren Bereich sehr großer Zahlen (**) nennt man "**Überlauf**".

2.5.2 FESTPUNKT-ZAHLEN

Das **Kontinuum** (Zahlenbereich 0 ... 1) kann zunächst auch als Grundintervall für die maschinelle Datenverarbeitung angesehen werden. Das Format der Zahlen einschließlich Vorzeichen sei:

$$\text{V} \underbrace{\text{x x x x x x}}_{k} \qquad (\text{V} = \text{Vorzeichen})$$

- Die Stellenzahl k legt -in Verbindung mit der Basis b des Zahlensystems- die Dichte fest, mit der dieses Intervall von rationalen Zahlen überdeckt wird.
- Der äquidistante Abstand d von je 2 Nachbarn ist: $d = b^{-k}$ und die Zahlenmenge: $m = 2*b^{k}$ (mit Vorzeichen)
- Der größte darstellbare Zahlenwert ist: $1-d = 1-b^{-k}$

Bezogen auf das Kontinuum steht das gedachte Kommma vor der höchstwertigen Stelle. Eine **Verschiebung des Kommas** um 1 Stelle nach rechts bewirkt eine **Bereichsänderung** mit folgenden Konsequenzen:

- Es wird ein b-facher Bereich des Grundintervalls diskret mit rationalen Zahlen überdeckt.
- Die äquidistanten Abstände für benachbarte Zahlen vervielfachen sich um b auf: $b^{-(k-1)}$, d.h.
- die Genauigkeit (Maschinengenauigkeit) ist gegenüber dem Grundintervall um eine Stelle kleiner geworden.
- Die Gesamtmenge der darstellbaren Zahlen bleibt auch im erweiterten Intervall: $m = b^{k}$, bzw. $2*b^{k}$ (pos.+ neg.).

Für eine bestimmte Stellenzahl k kann das (gedachte) Komma sukzessive jeweils um eine Position nach rechts verschoben werden, bis es **nach** der niederwertigsten Stelle (LSD) steht. Es existieren also (k+1) Intervalle mit jeweils $2*b^{k}$ Zahlen. Um die Gesamtmenge **verschiedener** Festpunktzahlen anzugeben, muß man berücksichtigen, daß zwischen je zwei benachbarten Intervallen Zahlen-Überlappungen auftreten. Die Anzahl dieser Überlappungen ist: $b^{(k-1)}$

Somit ist die Gesamtmenge verschiedener Festpunktzahlen:

$$M = 2 * ((k+1)*b^{k} - k*b^{(k-1)})$$

In elektronischen Rechenanlagen sind praktisch nur zwei Kommalagen üblich:

- nach der niederwertigsten Stelle ---> ganze Zahlen
- vor der höchstwertigsten Stelle ---> echte Brüche

2.5.3 GLEITPUNKT-ZAHLEN

Skalenfaktoren

Die Zahl 0.000 000 000 000 000 000 001 073 741 824 wäre in vielen für Festpunkt-Zahlen gebräuchlichen Formaten nicht mehr darstellbar. Die Verwendung eines Skalenfaktors bildet die Basis für den Einsatz von Gleitpunkt-Zahlen. Für die o.g. Zahl gilt auch:

$$0.1073741824*10^{-20} = 1.073741824*10^{-21} = 1073741824*10^{-30}$$

Darstellung von Gleitpunkt-Zahlen

Vereinbarungsgemäß liegt hier das Stellenkomma vor der höchstwertigsten Ziffer ungleich Null. Dann befindet sich die mit einem Skalenfaktor versehene Zahl im Grundintervall, z.B.: $0.1073741824 * 10^{-20}$

Mantisse Exponent

Die Darstellung einer Zahl Z in der Form $Z = M * b^e$ ($b>1$, $0<M<1$, e ist ganzzahlig) heißt **halblogarithmisch** und ist für Gleitpunkt-Zahlen charakteristisch. Die Basis ist vom Hersteller der Rechenanlage fest vorgegeben.

Für die Darstellung der Gleitpunkt-Zahlen sind zwei Strukturen üblich. Entweder verwendet man das bereits aus Abschn. 1.4.2.4 bekannte Format:

```
---------------------------------------------------------
! V !  Charakteristik  !           Mantisse             !
---------------------------------------------------------
  !___ Vorzeichen der Gleitpunkt-Zahl
```

oder man gibt folgendes Schema vor:

```
---------------------------------------------------------
! V1 !  Exponent e  ! V2 !         Mantisse             !
---------------------------------------------------------
  !___ Vorzeichen      !___ Vorzeichen
       des Exponenten       der Mantisse
```

Die Charakteristik wird aus dem Exponenten durch Addition einer geeigneten Konstanten gebildet. Die Konstante wird so gewählt, daß nur positive Werte für die Charakteristik auftreten.

Die Festlegung der Stellenzahl für Charakteristik und Mantisse muß bei allen EDV-Anlagen (ob byte-orientiert oder nicht) einem Kompromiß hinsichtlich folgender Gesichtspunkte genügen:

- möglichst hohe Genauigkeit bei numerischen Rechnungen (Stellenzahl der Mantisse)

- ausreichend großer Zahlenbereich (Stellenzahl des Exponenten)

- unkomplizierte Verarbeitungsmöglichkeit innerhalb der EDVA

Die Stellenzahl der Mantisse bestimmt die **Rechengenauigkeit.** Ebenso wie bei den Festpunkt-Zahlen ist damit, zusammen mit der Basis b, der äquidistante Abstand zweier benachbarter Zahlen festgelegt. Er ist jedoch für jeden der möglichen Maßstabsfaktoren verschieden. Bildet man alle derart darstellbaren Zahlen auf einer Zahlengeraden ab, so erhält man eine **halblogarithmische Verteilung.** Auch hierbei gibt es Überschneidungen zwischen den Zahlengruppen, die zu verschiedenen Maßstabsfaktoren gehören.

Die Gesamtmenge **verschiedener** Gleitpunktzahlen eines bestimmten Formats zu bestimmen (mit und ohne Normierung), sei dem Leser zur Übung überlassen.

3. INFORMATIONSTHEORIE

3.1 EINFÜHRUNG UND DEFINITIONEN

"Nachricht" und **"Information"** sind Grundbegriffe der Informatik. Ihre technische Bedeutung deckt sich nicht vollständig mit dem umgangsprachlichen Gebrauch. Daher werden sie als nicht weiter definierbare **Grundbegriffe** eingeführt. Aus der Redewendung: "Diese Nachricht gibt mir keine Information" werden einige Beziehungen ersichtlich:

- Die **konkrete** Nachricht ist Träger der **abstrakten** Information
- Die Zuordnung zwischen Nachricht und Information ist nicht eindeutig, d.h.:
  - verschiedene Nachrichten können die gleiche Information vermitteln, z.B. Nachrichten in verschiedenen Sprachen.
  - Dieselbe Nachricht kann verschiedenen Empfängern unterschiedliche Informationen geben, z.B. Zeitungsartikel, Wetterbericht; selbst die Betonung kann bei gleichem Wortlaut der Nachricht zu einem anderen Informationsgehalt führen.

Dieselbe Nachricht kann also verschieden interpretiert werden. Zur Erzielung der Eindeutigkeit müssen Absender und Empfänger eine Interpretationsvorschrift vereinbaren.

Nachricht (N) ---> **Interpretationsvorschrift** ---> Info (I)

Besonders deutlich wird dies in der Kryptologie. Niemand soll der übermittelten Nachricht eine Information entnehmen können, es sei denn, er kennt den Schlüssel, also die Interpretationsvorschrift.

Eine Nachricht kann wichtige (**relevante**) und unwichtige (**irrelevante**) Teile sowie weitschweifige (**redundante**) und notwendige (**nicht redundante**) Teile enthalten. Der redundante Teil ist dem Empfänger stets bekannt; er enthält keine Information und könnte im Sender unterdrückt werden. Aber: <u>Redundanz kann der Übertragungssicherheit dienen !</u>

Beispiele:

- Komme heute nacht - mit dem Fahrrad (Telegramm)
- Ohne Flei_ kein Prei_ ; Quelle; ck
- komme heute na(i)cht ---> Störung bei der Übertragung

Eine Nachrichten- bzw. Informationsübertragung im technischen Bereich muß eine konkrete Basis haben und darf nicht von subjektiven Interpretationen abhängig sein. Es gelten daher folgende **Definitionen:**

- eine Nachricht besteht aus einer Menge von Signalen
- Signale sind (meßbare) physikalische Größen (Druck, Strom, Spannung, Schallstärke usw.), deren Bedeutung zwischen Sender und Empfänger einer Nachricht vereinbart wurden. Der Empfänger mißt den Signalzustand und leitet daraus die Bedeutung ab.
- der Austausch von Nachrichten erfolgt stets zwischen einer Nachrichten**quelle** und einer Nachrichten**senke**.

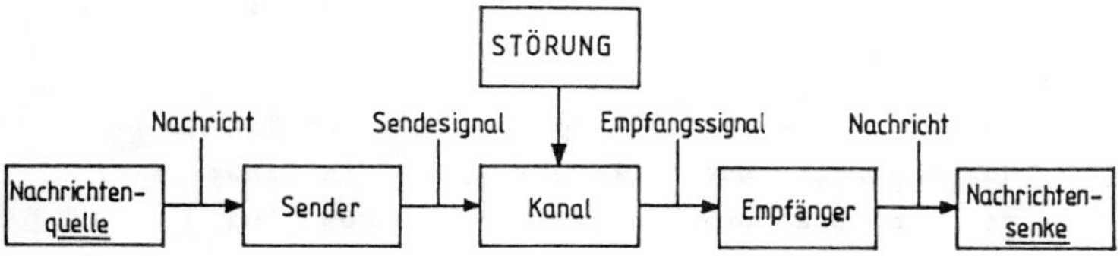

Abb. 3.1 Schema einer Nachrichtenübertragungsstrecke

Die Informationstheorie ermöglicht die Angabe mathematischer Zusammenhänge und damit die Bestimmung von **Zahlenwerten** für die in einer Nachricht enthaltene Information. Ausgangspunkt hierzu ist die **Auftrittswahrscheinlichkeit** der Ereignisse (Zeichen, Signale), aus denen sich eine Nachricht zusammensetzt. Allgemein soll gelten:

- Der Informationsgehalt eines Ereignisses ist dann hoch, wenn die Wahrscheinlichkeit für das Eintreffen dieses Ereignisses gering ist, d.h. je **überraschender** ein Ereignis für die Senke auftritt, um so größer ist die Information, die es enthält.
- Der Informationsgehalt redundanter Nachrichtenteile ist 0.

Beispiel: Sendet eine Quelle ständig die Nachricht "AAA.....A" und irgendwann zwischendurch plötzlich "B", so ist der Überraschungswert und damit der Informationsgehalt für den Empfänger hoch.

Die **quantitative** Bestimmung des Überraschungswertes läßt sich aus dem **statistischen Verhalten der Signalquelle** vornehmen.

3.2 INFORMATIONSGEHALT DISKRETER EREIGNISSE

3.2.1 STATISTISCH UNABHÄNGIGE EREIGNISSE

Zunächst sollen einige Begriffe definiert werden.
Diskretes Ereignis X(i) ist das Auftreten eines ganz bestimmten Ereignisses (Vorgangs) aus einer Menge möglicher Ereignisse, z.B.

- das Würfeln einer "3" (bei 6 möglichen Ziffern)
- das Auftreten des Buchstabens "F" (in einem Text)
- das Auftreten des Tones "a" (in einem Lied)

Statistisch unabhängige Ereignisse liegen vor, wenn aus der Kenntnis eines Ereignisses X(i) nicht auf folgende Ereignisse X(i+k) geschlossen werden kann.

Der gesamte Informationsgehalt einer Folge von n derartigen Ereignissen ist:

(3.2-1) $I(ges) = I(X1) + I(X2) + ... + I(Xn)$

Entscheidungsgehalt - Der wesentliche Schritt beim Eintreffen eines Zeichens (einer vereinbarten Menge) am Empfangsort besteht in der Entscheidung (Identifikation), **welches** der vorgegebenen Zeichen vorliegt. Die Vorgehensweise bei dieser Entscheidungsfindung untersucht die "Shannonsche Informationstheorie" (nach dem Mathematiker C. Shannon, 1948). Grundgedanke ist dabei: Die Mindestmenge notwendiger Entscheidungen zur Identifikation eines Ereignisses (Zeichen, Nachricht) entspricht dem Informationsgehalt dieses Ereignisses.

Entscheidungsgehalt = Informationsgehalt

Ein Maß für den Informationsgehalt ist die Auftrittswahrscheinlichkeit "p" des betreffenden Ereignisses. Je größer die Wahrscheinlichkeit p für das Eintreffen eines bestimmten Ereignisses Xi ist, desto geringer ist der damit verbundene Informationsgehalt I; z.B. I = 0, wenn p = 1 (d.h. Gewißheit, absolute Sicherheit über das Auftreten des Ereignisses).

3.2.1.1 GLEICHWAHRSCHEINLICHE EREIGNISSE

Ein Beispiel hierfür ist der Würfel. Alle Ziffern sind unabhängig voneinander und gleichwahrscheinlich. (vorausgesetzt, der Würfel ist nicht "gezinkt"!)

Wenn N mögliche Ereignisse Xi existieren, dann ist die Wahrscheinlichkeit für das Eintreffen eines dieser Ereignisse:

(3.2-2) $p(Xi) = 1/N$

Gemäß dem Elementarsatz der Wahrscheinlichkeitslehre ist die Summe aller p(Xi) über alle Ereignisse N gleich 1:

(3.2-3) $$\sum_{i=1}^{N} p(Xi) = 1$$

Definition: Der Informations- bzw. Entscheidungsgehalt eines Ereignisses Xi ist:

(3.2-4) $I(Xi) = \log_a (1/p(Xi)) = -\log_a p(Xi)$

a...Anzahl der Zustände, die eine Nachrichtenquelle annehmen kann, auch "Entscheidungsgrad" genannt

I(Xi) erfüllt die eingangs erhobenen Forderungen:

- Der Informationsgehalt eines Ereignisses ist umso größer, je seltener es auftritt
- Für p(Xi) = 1 ist I(Xi) = 0 (weil: $a^0 = 1$)

Merke:

Für den Entscheidungsgrad gilt ab jetzt ausschließlich **a=2**, d.h. es gibt nur **zwei** Möglichkeiten. Das sind:

"ja/nein" oder "1/0" ---> Elementarentscheidung

Eine solche Alternativentscheidung wird in "bit" gemessen. **bit** ist die Einheit der Entscheidung zwischen 2 Binärzeichen.

Aus Gl.(3.2-4) wird damit

(3.2-5) $I(Xi) = \mathrm{ld}\ (1/p(Xi)) = -\mathrm{ld}\ p(Xi)$ bit

Beispiel 3.2-1: Betrachtet wird ein Meßgerät für Spannungen bis 0,1 Volt, das mit einem mV-Maßstab versehen ist. Welcher Enscheidungsgehalt steckt in der Ablesung, wenn nur ganze mV-Werte abgelesen werden können ?

Insgesamt lassen sich N = 101 verschiedene (gleichwahrscheinliche) Spannungswerte ablesen ---> (0 ... 100).

$p(Xi) = 1/N$ $\quad 1/p(Xi) = N$ $\quad I(Xi) = \mathrm{ld}\ (1/p(Xi)) = \mathrm{ld}\ N$

$I(Xi) = \mathrm{ld}\ 101 = 6{,}65$ bit $\quad$ Informationsgehalt: 6,65 bit
========

Hinweis: Sollen die Meßwerte auf einer Lochkarte abgespeichert werden, so benötigt man praktisch 7 Lochmöglichkeiten für einen Meßwert. Die Angabe von Kommastellen bei I hat folgende Bedeutung: Für die Speicherung von 100 Meßwerten braucht man theoretisch (d.h. bei optimaler Codierung) 100*6,65 Bit = 665 Bit, d.h. im Mittel 6,65 Bit pro Meßwert.

Beispiel 3.2-2: Informationsgehalt je Ereignis für eine Quelle mit 2 gleichwahrscheinlichen Zuständen X1 und X2 (Binärquelle):

"0" = X1 "1" = X2 $p(X1) = p(X2) = 0,5$

$I(Xi) = ld\ (1/0,5) = ld\ 2 = 1$ bit

Der Informationsgehalt eines Bit (Binary Digit) ist <u>1 bit.</u>

Beispiel 3.2-3: Auswahl eines Ereignisses aus einem Ereignissvorrat 0 ... 7

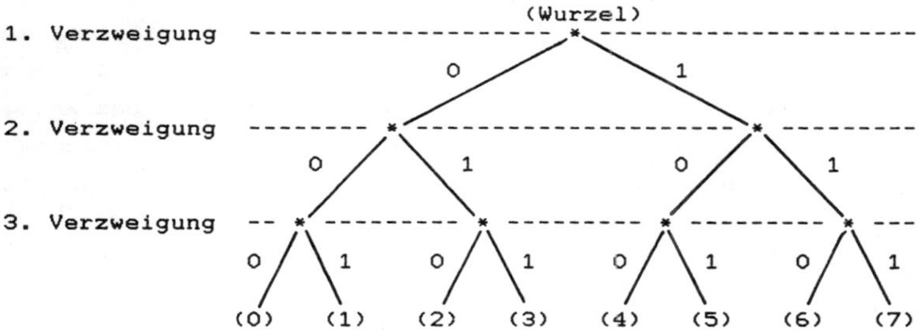

Die Auswahl eines Ereignisses erfordert 3 Elementarentscheidungen an 3 Verzweigungen des dargestellten Entscheidungsbaumes, d.h. es müssen 3 Bit gesendet werden, z. B. für (2) die Bits "0-1-0".

Die **Wortlänge** "L" zur Übermittlung eines der obigen Ereignisse beträgt also L = 3 Bit. Einem Ereignis Xi mit der Wahrscheinlichkeit p(Xi) entspricht allgemein ein Wort der Länge:

(3.2-6) $Li = ld\ (1/p(Xi))$ Bit

Bei gleicher Auftrittswahrscheinlichkeit der 8 obigen Zeichen ($p = 1/8$) ergibt sich: --> $L = ld\ 8 = 3$ Bit

Merke:

- Nicht gleichwahrscheinliche Zeichen haben unterschiedliche Wortlänge.
- Falls sich für L ein gebrochener Wert errechnet, entspricht die Wortlänge der nächst größeren ganzen Zahl.

3.2.1.2 NICHT GLEICHWAHRSCHEINLICHE EREIGNISSE (aber statistisch unabhängig)

Entropie einer Nachrichtenquelle

Der Informationsgehalt eines einzelnen Zeichens mit geringer Auftrittswahrsscheinlichkeit ist groß im Vergleich zu dem anderer Zeichen mit größerer Auftrittswahrscheinlichkeit. Der Beitrag zum Informationsgehalt einer Nachricht (aus mehreren Zeichen) ist jedoch im Mittel gering, da ja das betreffende Zeichen nur selten auftritt. Aufgrund dieser Tatsache wird die Definition des **"mittleren Informationsgehaltes"** pro Zeichen "$\bar{I}$" abgeleitet. Wegen der formalen Ähnlichkeit der folgenden Gleichung mit einer von Boltzmann (B., Ludwig, Physiker, 1844 - 1906) angegebenen Beziehung aus der Thermodynamik wird $\bar{I}$ auch als **Entropie** bezeichnet und mit dem Buchstaben "H" benannt.

(3.2-7) $$\bar{I} = H = \sum_{i=1}^{N} p(Xi) * I(Xi) = \sum_{i=1}^{N} p(Xi) * ld\ (1/p(Xi))$$

$$= - \sum_{i=1}^{N} p(Xi) * ld\ p(Xi)$$

Die Entropie für N gleichwahrscheinliche Ereignisse ist:

(3.2-8) $$H = \bar{I} = N * (1/N) * I(Xi) = I(Xi)$$

$I(Xi) = \bar{I}$ Informationsgehalt pro Zeichen = mittlerer Informationsgehalt pro Zeichen

Beispiel 3.2-4: Entropie einer Binärquelle mit den Zeichen X1 und X2 gleicher Wahrscheinlichkeit p(X1) = p(X2) = 0,5:

$$H = \bar{I} = 0{,}5 * ld\ (1/0{,}5) + 0{,}5\ ld\ (1/0{,}5) =$$
$$= 0{,}5 * ld\ 2 + 0{,}5 * ld\ 2 = \underline{\underline{1\ bit/Zeichen}}$$

Das Maximum der Entropie:

H ist eine Funktion der Wahrscheinlichkeiten der Einzelereignisse p(Xi). Für welche Wahrscheinlichkeit p(Xi) wird der mittlere Informationsgehalt einer Binärquelle maximal ?

Die Quelle sende die Zeichen X1 und X2 mit der Auftrittswahrscheinlichkeit p(X1) und p(X2).

$$\sum_{i=1}^{2} p(X_i) = 1 \quad \longrightarrow \quad p(X2) = 1-p(X1)$$

Damit ergibt sich:

$$H = -p(X1)*ld\, p(X1) - p(X2)*ld\, p(X2)$$
$$= -p(X1)*ld\, p(X1) - (1-p(X1))*ld\, (1-p(X1))$$

Mit der Vereinfachung p(X1) = p erhält man

(3.2-9) $H = -p*ld\, p - (1-p)*ld\, (1-p)$ **Shannon Funktion**

Extremwertbedingung für die Bestimmung des Maximums:

$$\frac{dH}{dp} = 0 \longrightarrow \frac{dH}{dp} = -ld\, p - \frac{p*ld\, e}{p} + ld\, (1-p) + \frac{(1-p)*ld\, e}{(1-p)}$$

$$\frac{dH}{dp} = -ld\, p + ld\, (1-p) = 0$$

Somit: $ld\, p = ld\, (1-p) \longrightarrow p = 1-p \longrightarrow \underline{\underline{p = 0,5}}$

Der mittlere Informationsgehalt je Ereignis wird maximal für gleiche Auftrittswahrscheinlichkeit der Ereignisse --->
p(X1) = p(X2) = 0,5

$H_{max} = -0,5*ld\, 0,5 - 0,5*ld\, 0,5 = 0,5 + 0,5 = \underline{\underline{1\ \text{bit/Zeichen}}}$

Kontrolle: $d^2H/dp^2 < 0$ muß erfüllt sein (Maximumbedingung)

$$\frac{d^2H}{dp^2} = -\frac{1}{p*\ln 2} + \frac{1}{(1-p)*(-1)*\ln 2} =$$

$$= -\frac{1}{p*\ln 2} - \frac{1}{(1-p)*\ln 2} \underline{\underline{< 0}} \longrightarrow \text{Maximum existiert!}$$

Ergebnis: (allgemein)
Eine (Binär-)Quelle liefert umso mehr Informationen, je gleichwahrscheinlicher die ausgesandten Ereignisse sind.

Beispiel 3.2-5: Eine binäre Nachrichtenquelle sende die Ereignisse (Buchstaben) A ... H mit unterschiedlicher Einzelwahrscheinlichkeit aus.
Durch Messungen wurden folgende Häufigkeiten h(i) bestimmt:

h(A)	h(B)	h(C)	h(D)	h(E)	h(F)	h(G)	h(H)		
4	4	2	2	1	1	1	1	-->	=16

Für die Auftrittswahrscheinlichkeiten p(i) ergibt sich daraus:

$$(3.2\text{-}10) \quad p(i) = h(i) \,/\, \sum_{i=A}^{H} h(i)$$

p(A)	p(B)	p(C)	p(D)	p(E)	p(F)	p(G)	p(H)
1/4	1/4	1/8	1/8	1/16	1/16	1/16	1/16

Mittlerer Informationsgehalt je Ereignis (Buchstabe):

$$\bar{I} = H = 1/4 \cdot \mathrm{ld}\,4 + 1/4 \cdot \mathrm{ld}\,4 + 1/8 \cdot \mathrm{ld}\,8 + 1/8 \cdot \mathrm{ld}\,8 + 4 \cdot 1/16 \cdot \mathrm{ld}\,16$$
$$= 0{,}5 + 0{,}5 + 0{,}75 + 1 = \underline{\underline{2{,}75 \text{ bit/Zeichen}}}$$

(Bei gleicher Auftrittswahrscheinlichkeit der 8 Ereignisse wäre der mittlere Informationsgehalt $\bar{I}$ = 3 bit/Zeichen. In diesem Fall ist das Maximum der Entropie erreicht.)

"Ungewißheit" eines Systems

Beispiel 3.2-6:

System	1		2		3	
Ereignisse	X1	X2	X1	X2	X1	X2
P(Xi)	1/2	1/2	9/10	1/10	99/100	1/100

Die Entropien der 3 Systeme errechnen sich zu:

H1 = 1 bit/Ereignis

H2 = 0,47 " " $(9/10 \cdot \mathrm{ld}\,10/9) + 1/10 \cdot \mathrm{ld}\,10) =$
$= 0{,}137 + 0{,}332 = \underline{0{,}47}$

H3 = 0,08 " " $(99/100 \cdot \mathrm{ld}\,100/99) + 1/100 \cdot \mathrm{ld}\,100) =$
$= 0{,}0148 + 0{,}0664 = \underline{0{,}08}$

Wenn alle Ereignisse gleichwahrscheinlich sind, gibt es nicht die geringste "Gewißheit" über ein bevorstehendes Ereignis, d.h. System 1 ist ungewisser als System 2, wo eines der zwei Ereignisse mit 90 %-iger Wahrscheinlichkeit auftritt. Analog ist System 2 ungewisser als System 3.

Regel:
Je höher der mittlere Informationsgehalt pro Zeichen ist, umso höher ist die Ungewissheit eines Systems.

Beispiel 3.2-7: In zwei Trommeln sind je 20 Kugeln enthalten:
1. Trommel: 10 weiße, 5 schwarze, 5 blaue Kugeln
2. Trommel: 8 weiße, 8 schwarze, 4 rote Kugeln

Welches System ist mit der geringeren Ungewißheit behaftet, d.h. in welche Trommel kann man hineingreifen und mit der größeren Gewißheit eine bestimmte Kugel herausziehen ?

H1 = -1/2*ld 1/2 - 1/4*ld 1/4 - 1/4*ld 1/4 = 1,5 bit/Ereign.

H2 = -2/5*ld 2/5 - 2/5*ld 2/5 - 1/5*ld 1/5 = 1,528 " "

Das erste System ist also dasjenige mit der geringeren Ungewißheit !

3.2.2. STATISTISCH ABHÄNGIGE EREIGNISSE

3.2.2.1 ALLGEMEINE BEMERKUNGEN

Voraussetzung zur Bestimmung der Entropie war bisher die statistische Unabhängigkeit der Ereignisse. In Wirklichkeit existieren dagegen oft statistische Bindungen, z.B. in der deutschen Sprache: Der Buchstabe "c" kommt vor "h" und "k" viel häufiger vor als vor anderen Buchstaben.

Annahme: Bei Berücksichtigung statistischer Bindungen sind zur Übertragung einer Information **weniger** bit pro Zeichen notwendig.

Anstelle der Einzelwahrscheinlichkeiten sind nun die sog. **"Verbundwahrscheinlichkeiten"** der verschiedenen Ereignisse zu berücksichtigen.

Beispiel 3.2-8: Bestimmung der Entropie der deutschen Sprache
26 Buchst. + 1 Zwischenraum = 27 Zeichen

a) bei gleicher WS: H = ld 27 = 4,75 bit/Zeichen

b) bei unterschiedlicher WS von Einzelbuchstaben:

	p(Xi) (nach /3/)
Zwischenräume/Interpunktion	0,151
e	0,147
n	0,088
r	0,068
i	0,064
s	0,054
.	
.	
.	
x	0,0001

H = 4,1 bit/Zeichen

c) bei unterschiedlicher WS von Buchstabenpaaren und -tripeln:
(Werte in % aus 10.000 Buchstaben Normaltext)

Paare		Tripel	
en	4,47	ein	1,22
er	3,40	ich	1,11
ch	2,80	nde	0,89
nd.	2,58	die	0,87
.	.	.	.
.	.	.	.
.	.	.	.
sz	0,10	tet	0,1

H = 1,6 ... 0,9 bit/Zeichen

Allein in den einzelnen Worten der Sprache (ohne Berücksichtigung der Semantik) besteht eine hohe Redundanz. "**Redundanz**" ist als Differenz zwischen Wortlänge und Informationsgehalt definiert:

(3.2-11) $R = L - H$

Bezieht man die Redundanz auf die Wortlänge, so erhält man die **relative Code-Redundanz**:

(3.2-12) $r = 1 - H/L$

3.2.2.2 DIE EMPIRISCHE BEDEUTUNG DER WAHRSCHEINLICHKEIT (Das Gesetz der großen Zahl)

Bei einer sehr großen Zahl von Versuchen (Stichproben) tritt dasjenige Ereignis, das man erwartet, mit einer relativen Häufigkeit "f" auf, die der Auftrittswahrscheinlichkeit (WS) sehr nahe kommt:

f = Zahl der erwarteten Ereignisse/Gesamtzahl der Ereignisse

Wenn die Anzahl der Versuche gegen unendlich geht, entspricht die relative Häufigkeit f der WS: $f(X_i) ===> p(Xi)$

Beispiel 3.2-9: Würfeln: Erst nach sehr vielen Würfen wird f für die 6 Ziffern etwa gleich und betragsmäßig ca. 1/6 sein.

Beispiel 3.2-10: Es werden unter gleichen Voraussetzungen N Versuche durchgeführt, wobei die Ereignisse A und B auftreten können. Folgende Fälle sind möglich:

nur A tritt auf und B nicht:	$A*\bar{B}$	---> n1 mal
nur B tritt " " A " :	$\bar{A}*B$	---> n2 mal
A und B treten beide auf :	$A*B$	---> n3 mal
weder A noch B tritt auf :	$\bar{A}*\bar{B}$	---> n4 mal

Zahl der auftretenden Fälle: N = n1 + n2 + n3 + n4
Daraus ergeben sich die folgenden relativen Häufigkeiten:

f(A) =(n1+n3)/N	rel.H. für das Ereignis A unabhängig von B
f(B) =(n2+n3)/N	rel.H. für das Ereignis B unabhängig von A
f(A*B)=n3/N	rel.H. für das gleichzeitige Auftreten beider Ereignisse (Verbundhäufigkeit)
f(A+B)=(n1+n2+n3)/N	rel.H. für das Ereignis A oder B oder für beide gleichzeitig
f(A/B)=n3/(n2+n3)	rel.H. für das Auftreten des Ereign. A unter der Bedingung, daß Ereignis B aufgetreten ist. (Bedingte Häufigkeit A/B)
f(B/A)=n3/(n1+n3)	rel.H. für das Auftreten des Ereign. B unter der Bedingung, daß Ereignis A aufgetreten ist. (Bedingte Häufigkeit B/A)

Für eine sehr große Anzahl von Versuchen ($N\text{-->}\infty$) erhält man daraus die entsPrechenden Auftrittswahrscheinlichkeiten:

p(A), p(B), p(A+B), p(A*B), p(A/B), p(B/A)

Aus den obigen Formeln lassen sich leicht einige Beziehungen zwischen den Häufigkeiten untereinander herleiten:

$$f(A+B) = f(A) + f(B) - f(A*B)$$
$$f(A*B) = f(A) * f(B/A) = f(B) * f(A/B)$$

Damit gilt analog für die Wahrscheinlichkeiten:

(3.2-13) $p(A+B) = p(A) + p(B) - p(A*B)$

(3.2-14) $p(A*B) = p(A) * p(B/A) = p(B) * p(A/B)$

Hinweis: Wenn sich die Ereignisse A und B ausschließen, so ist die Menge $A*B=0$ und daher auch $p(A*B)=0$.

Gleichung (3.2-14) stellt den Zusammenhang zwischen der Verbundwahrscheinlichkeit und den bedingten Wahrscheinlichkeiten her. Löst man nach den bedingten Wahrscheinlichkeiten auf, erhält man:

(3.2-15) $p(A/B) = p(A*B) / p(B)$

$p(B/A) = p(A*B) / p(A)$

Beispiel 3.2-11: In einer Urne befinden sich n=100 Lose. Jedes der Lose hat eine der Farben weiß, rot, grün und ist mit einem der Buchstaben a, b oder c beschriftet. Es gebe:

30 weiße Lose, davon tragen	12	ein a
	8	ein b
	10	ein c
20 rote Lose, davon tragen	6	ein a
	10	ein b
	4	ein c
50 grüne Lose, davon tragen	14	ein a
	16	ein b
	20	ein c

Das Ziehen eines Loses ist ein Elementarereignis. Alle Elementarereignisse sind gleichwahrscheinlich. "R" ist das Ereignis, ein rotes Los zu ziehen, "B" das Ereignis ein mit "b" beschriftetes Los zu ziehen, etc.
Ein Los wird gezogen. Es wird festgestellt, daß es rot ist (Ereignis R). Wie groß ist die WS, daß dieses rote Los mit "b" beschriftet ist ? ---> Bestimmung von p (B/R) !

Aus der Kenntnis, daß von 20 roten Losen 10 Stück mit "b" beschriftet sind, läßt sich das Ergebnis unmittelbar angeben:

$$p(B/R) = 10/20 = 1/2$$

Das gleiche Resultat muß sich auch aus Gl.(3.2-15) ergeben:

$$p(B/R) = p(B*R)/p(R) = (10/100)/(20/100) = 1/2$$

Grafische Darstellung der Wahrscheinlichkeiten:

$$p(A) = 16/64 = 1/4$$

$$p(B) = 12/64 = 3/16$$

$$p(A*B) = 6/64 = 3/32$$

$$p(B/A) = \frac{p(A*B)}{p(A)} = \frac{3/32}{1/4} = 3/8$$

$$p(A/B) = \frac{p(A*B)}{p(B)} = \frac{3/32}{3/16} = 1/2$$

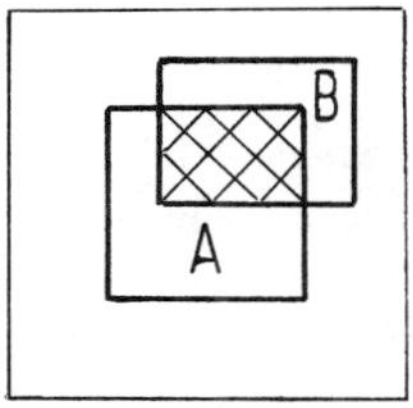

Den bedingten Wahrscheinlichkeiten entspricht das Verhältnis der Flächeninhalte, die durch (A*B) und A bzw.B dargestellt werden. Das Verhältnis ist gleich 1, wenn A=B ist, und es ist gleich 0, wenn A und B unvereinbar sind.

Achtung: Um Verwechselungen mit dem algebraischen Multiplikationszeichen zu vermeiden, wird in der Folge für die Verbundwahrscheinlichkeit anstelle von **p(A*B)** die Schreibweise **p(A,B)** verwendet.

3.2.2.3 ÜBERGANGSWAHRSCHEINLICHKEIT

Für die Verbundwahrscheinlichkeit von **mehr** als zwei Ereignissen gilt:

$$\textbf{(3.2-16)}\quad p(A1,A2,..,An) = p(A1)*p(A2/A1)*p(A3/A1,A2)* \ldots \ldots *p(An/A1,A2,...,An-1)$$

Diese Gleichung ist eine Erweiterung von Gl.(3.2-14) auf n statistisch abhängige Ereignisse und stellt eine sehr komplizierte Beziehung dar. Für den einfacheren Fall der **statistischen Unabhängigkeit,** d.h. die auftretenden Ereignisse werden nicht durch vorangegangene Ereignisse beeinflußt, reduziert sich Gl.(3.2-16) zu

(3.2-17) p(A1,A2,...,An) = p(A1)*p(A2)* ... *p(An)

und es gilt:

p(A2/A1) = p(A2)

p(A3/A1,A2)= p(A3)

p(An/A1,A2,...,An-1) = p(An)

Dagegen gilt bei statistischer Abhängigkeit allgemein:

p(Ai/A1,...,A(i-1)) <> p(Ai) für i = 1...n

Um diesen Sachverhalt rechnerisch leichter erfaßbar zu machen, wird folgende Vereinfachung eingeführt: Das System kann n Zustände annehmen. Jeder Zustand Ai hängt aber nur von dem **vorhergehenden** Zustand A(i-1) ab. Es gilt dann:

(3.2-18) p(Ai/A1,...,A(i-1)) = p(Ai/A(i-1))

Ein solches System heißt **MARKOV'SCHES SYSTEM 1. ORDNUNG.** (A.A. Markov, sowjetischer Mathematiker)

Unter dieser Voraussetzung lassen sich die Verbundwahrscheinlichkeiten und die bedingten Wahrscheinlichkeiten inform von Matrizen schreiben.

Beispiel 3.2-12: Eine Quelle sendet die 3 Zeichen a, b und c (z.B. Morse-Alphabet ---> . - Pause). Zur Beschreibung wird eine Markov'sche Kette 1. Ordnung verwendet. Die Matrix der Verbundwahrscheinlichkeiten sei gegeben:

p(Xi,Yj):

		Yj: a	b	c
Xi	a	0	4/15	1/15
	b	8/27	8/27	0
	c	1/27	4/135	1/135

Interpretation:

p(a,a) = 0 ist die WS für das Auftreten der Zeichenfolge (a,a)
p(b,a)= 8/27 ist die WS für das Auftreten der Zeichenfolge (b,a)

Achtung: p(b,a) <> p(a,b),z.B. Morse-Alphabet p(- .)<>p(. -)

Aus den Verbundwahrscheinlichkeiten lassen sich die Auftrittswahrscheinlichkeiten der Einzelereignisse ausrechnen.

(3.2-19) $p(Xi) = \sum_{j} p(Xi,Yj)$ (zeilenweise) --> j

(3.2-20) $p(Yj) = \sum_{i} p(Xi,Yj)$ (spaltenweise) --> i

Gl.(3.2-19) entspricht einer **zeilenweisen** Addition und Gl.(3.2-20) einer **spaltenweisen** Addition der Terme in der Verbundwahrscheinlichkeiten-Matrix.

Für Beispiel 3.2-12 ergibt sich:

(1) p(a) = p(a,a) + p(a,b) + p(a,c) = 0 +4/15 +1/15 =5/15 =1/3
(2) p(b) = p(b,a) + p(b,b) + p(b,c) = 8/27 +8/27 + 0 =16/27
(3) p(c) = p(c,a) + p(c,b) + p(c,c) = 1/27 +4/135 +1/135 =2/27
(1) p(a) = p(a,a) + p(b,a) + p(c,a) = 0 +8/27 +1/27 =9/27 =1/3
(2) p(b) = p(a,b) + p(b,b) + p(c,b) = 4/15 +8/27 +4/135 =16/27
(3) p(c) = p(c,a) + p(b,c) + p(c,c) = 1/15 + 0 +1/135 = 2/27

Unabhängig davon, ob zeilen- oder spaltenweise aufsummiert wird, muß sich für das betreffende Einzelereignis jeweils dieselbe Auftrittswahrscheinlichkeit ergeben. Gemäß (3.2-3) gilt außerdem:

$$\sum_{i} p(Xi) = \sum_{j} p(Yj) = 1$$

	a	b	c
p(Xi)	1/3	16/27	2/27
p(Yj)	1/3	16/27	2/27

Berechnung der bedingten WS: Gemäß Gl.(3.2-15) gilt

$$p(Yj/Xi) = \frac{p(Xi,Yj)}{p(Xi)} \quad \text{und} \quad p(Xi/Yj) = \frac{p(Xi,Yj)}{p(Yj)}$$

Damit errechnen sich $p(Y_j/X_i)$ und $p(X_i/Y_j)$ zu:

$p(Y_j/X_i)$:

		Y_j: a	b	c			
X_i	a	0	4/5	1/5	p(a/a)	p(b/a)	p(c/a)
	b	1/2	1/2	0	p(a/b)	p(b/b)	p(c/b)
	c	1/2	2/5	1/10	p(a/c)	p(b/c)	p(c/c)

$p(X_i/Y_j)$:

		Y_j: a	b	c			
X_i	a	0	9/20	9/10	p(a/a)	p(a/b)	p(a/c)
	b	8/9	1/2	0	p(b/a)	p(b/b)	p(b/c)
	c	1/9	1/20	1/10	p(c/a)	p(c/b)	p(c/c)

Analog zu Gl.(3.2-3) gilt auch für die bedingten Wahrscheinlichkeiten:

(3.2-21) $$\sum_j p(Y_j/X_i) = 1$$

(3.2-22) $$\sum_i p(X_i/Y_j) = 1$$

Gl.(3.2-21) entspricht einer **zeilenweisen** Addition der Terme in der Matrix von $p(Y_j/X_i)$, und Gl.(3.2-22) entspricht einer **spaltenweisen** Addition der Terme in der Matrix $p(X_i/Y_j)$. Das Aufsummieren der bedingten Wahrscheinlichkeiten hat nur dann einen Sinn, wenn die "Bedingung" (das Bezugsereignis) dabei **konstant** bleibt.

Die obigen Zusammenhänge lassen sich sehr anschaulich anhand von Graphen darstellen. Abb. 3.2 zeigt den Graphen für die Verbundwahrscheinlichkeiten. Die den Zeilen- bzw. Spaltensummen der Verbundwahrscheinlichkeiten-Matrix entsprechenden Werte für $p(X_i)$ und $p(Y_j)$ erhält man als Summe der von einem Zustand (Knoten) X_i bzw. Y_j **wegführenden oder hinführenden Kanten.** Die Zeilen-Summe entspricht den wegführenden und die Spalten-Summe den hinführenden Kanten des Graphen.

z.B. $p(a) = \underbrace{p(a,a)+p(a,b)+p(a,c)}_{\text{wegführende Kanten}} = \underbrace{p(a,a)+p(b,a)+p(c,a)}_{\text{hinführende Kanten}}$

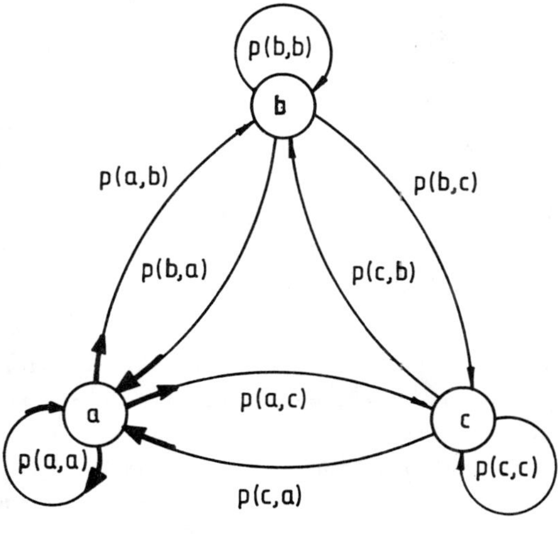

Abb. 3.2 Graph für die Verbundwahrscheinlichkeiten

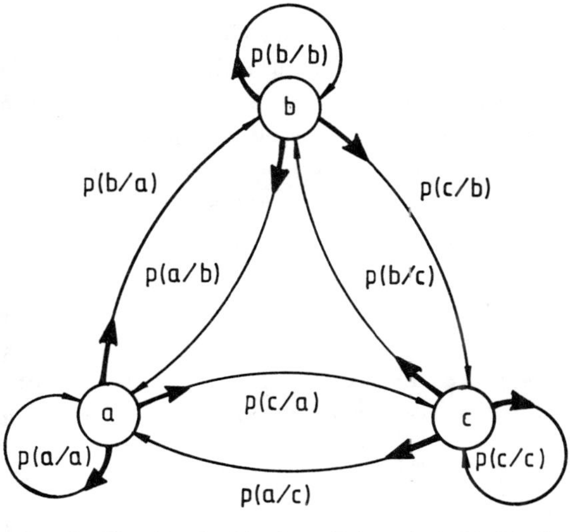

Abb. 3.3 Graph für die bedingten Wahrscheinlichkeiten

Für die bedingten Wahrscheinlichkeiten gilt nach Gl.(3.2-21):

$$\sum_j p(Y_j/X_i) = 1 \qquad \sum_i p(X_i/Y_j) = 1$$

$$p(a/a) + p(b/a) + p(c/a) = 1$$

$$p(a/b) + p(b/b) + p(c/b) = 1$$

$$p(a/c) + p(b/c) + p(c/c) = 1$$

Das entspricht der Summe der **wegführenden** Kanten des Graphen an dem jeweiligen Knoten. Eine Aufsummierung der hinführenden Kanten hat in diesem Fall keinen Sinn.

Interpretiert man die Ereignisse einer Markov-Kette 1. Ordnung als Systemzustände, so repräsentieren die Knoten des Graphen die Zustände und die Kanten die jeweilige Wahrscheinlichkeit für den Übergang von einem Zustand in einen anderen. Daher resultiert die Bezeichnung **Übergangswahrscheinlichkeiten.**

3.2.2.4 MITTLERER INFORMATIONSGEHALT STATISTISCH ABHÄNGIGER EREIGNISSE

Analog zur Definition der Entropie einer Quelle mit unabhängigen Einzelereignissen (s. Gl.3.2-7) kann man für eine Quelle mit statistisch abhängigen Ereignissen eine sog. **Verbundentropie** (oder auch **Gesamtentropie**) definieren. Wir beziehen uns dabei wieder auf die Markov-Kette 1. Ordnung und betrachten jeweils nur zwei unmittelbar aufeinanderfolgende Ereignisse:

(3.2-23) $$H(X,Y) = - \sum_i \sum_j p(X_i,Y_j) * ld\, p(X_i,Y_j)$$

Hieraus läßt sich der Zusammenhang der Verbundentropie mit den beiden **bedingten Entropien** $H(Y/X)$ und $H(X/Y)$ errechnen. Mit $p(X_i,Y_j) = p(X_i) * p(Y_j/X_i)$ (s. Gl.3.2-14) ergibt sich:

$$H(X,Y) = - \sum_i \sum_j p(X_i,Y_j) * ld\, (p(X_i) * p(Y_j/X_i))$$

$$= - \sum_i \sum_j p(X_i,Y_j)*ld\, p(X_i) - \sum_i \sum_j p(X_i,Y_j)*ld\, p(Y_j/X_i)$$

$$\sum_i \sum_j p(Xi)*p(Yj/Xi)*ld\ p(Xi) = \sum_i p(Xi)*ld\ p(Xi) \sum_j p(Yj/Xi)$$

Mit $\sum_j p(Yj/Xi) = 1$ ergibt sich:

$$H(X,Y) = -\sum_i p(Xi)*ld\ p(Xi) - \sum_i p(Xi) \sum_j p(Yj/Xi)*ld\ p(Yj/Xi)$$

Für die Verbundentropie H(X,Y) und die bedingte Entropie H(Y/X) ergibt sich somit:

(3.2-24) $H(X,Y) = H(X) + H(Y/X)$

(3.2-25) $H(Y/X) = -\sum_i \sum_j p(Xi,Yj)*ld\ p(Yj/Xi)$

$$= -\sum_i p(Xi) \sum_j p(Yj/Xi)*ld\ p(Yj/Xi)$$

Die Zusammenhänge zwischen den verschiedenen Entropien verdeutlicht die folgende Abbildung.

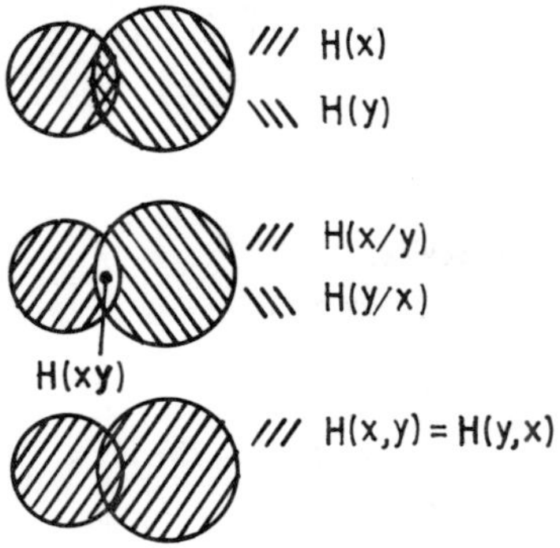

Abb. 3.4 Entropien bei statistisch abhängigen Ereignissen

Der Schnittbereich der beiden Kreisflächen in Abb. 3.4 stellt die Entropie des einen Wahrscheinlichkeitsfeldes bezüglich des anderen dar. Diese Größe ist bei der Informationsübertragung von Bedeutung (s. Abschn. 3.2.2.5). Sie hat von dort her die Bezeichnung "**Mittlerer Transinformationsgehalt**" H(XY).

Die bedingte Entropie $H(X/Y)$ läßt sich analog zu $H(Y/X)$ herleiten. Im folgenden werden die Berechnungsgleichungen der Entropien und die gegenseitigen Beziehungen summarisch zusammengestellt.

a) Entropie der Symbole X

$$H(X) = - \sum_i p(Xi) * \mathrm{ld}\, p(Xi)$$

b) Entropie der Symbole Y

$$H(Y) = - \sum_j p(Yj) * \mathrm{ld}\, p(Yj)$$

c) Gesamtentropie der Symbole X und Y

$$H(X,Y) = - \sum_i \sum_j p(Xi,Yj) * \mathrm{ld}\, p(Xi,Yj)$$

Zusammenhänge mit anderen Entropien:

$$\begin{aligned} H(X,Y) &= H(X) + H(Y/X) \\ &= H(Y) + H(X/Y) = H(Y,X) \\ &= H(X/Y) + H(Y/X) + H(XY) \\ &= H(X) + H(Y) - H(XY) \end{aligned}$$

d) Entropie eines Wahrscheinlichkeitsfeldes bezüglich eines anderen (mittlerer Transinformationsgehalt)

$$\begin{aligned} H(XY) &= H(X) - H(X/Y) \\ &= H(Y) - H(Y/X) \\ &= H(X) + H(Y) - H(X,Y) \end{aligned}$$

e) Bedingte Entropie $H(Y/X)$

$$\begin{aligned} H(Y/X) &= - \sum_i p(Xi) \sum_j p(Yj/Xi) * \mathrm{ld}\, p(Yj/Xi) \\ &= - \sum_i \sum_j p(Xi,Yj) * \mathrm{ld}\, p(Yj/Xi) \end{aligned}$$

Zusammenhänge mit anderen Entropien:

$$\begin{aligned} H(Y/X) &= H(X,Y) - H(X) \\ &= H(Y) - H(XY) \end{aligned}$$

f) Bedingte Entropie $H(X/Y)$

$$\begin{aligned} H(X/Y) &= - \sum_j p(Yj) \sum_i p(Xi/Yj) * \mathrm{ld}\, p(Xi/Yj) \\ &= - \sum_j \sum_i p(Xi,Yj) * \mathrm{ld}\, p(Xi/Yj) \end{aligned}$$

Zusammenhänge mit anderen Entropien:

$$\begin{aligned} H(X/Y) &= H(X,Y) - H(Y) \\ &= H(X) - H(XY) \end{aligned}$$

Sonderfälle:

1. Bei Unabhängigkeit zwischen den Ereignissen X und Y gilt:

   $H(X,Y) = H(X) + H(Y)$

   $H(XY) = 0$

2. Bei vollständiger Abhängigkeit gilt:

   $H(X) = H(Y) = H(X,Y) = H(XY)$

Der Fall teilweiser Abhängikeit liegt zwischen den beiden extremen Fällen:

$H(X), H(Y) < H(X,Y) < H(X) + H(Y)$

Beispiel 3.2-13: Folgende Verbundhäufigkeit $h(X_i,Y_j)$ der 3 Grauwerte (weiß, grau, schwarz) wurden bei einer Bildvorlage gemessen (ausgezählt):

		Y_j			
		w	gr	s	
	w	360	108	72	
Xi	gr	36	180	108	$= h(X_i,Y_j)$
	s	144	36	252	

Daraus ergibt sich die Matrix der Verbundwahrscheinlichkeiten gemäß $p(X_i,Y_j) = 1/1296 * h(X_i,Y_j)$

10/36	3/36	2/36	
1/36	5/36	3/36	$= p(X_i,Y_j)$
4/36	1/36	7/36	

Die Einzelwahrscheinlichkeiten lassen sich aus den Spalten- bzw. Zeilensummen errechnen:

$p(X1) = 15/36 \quad p(Y1) = 15/36$

$p(X2) = 9/36 \quad p(Y2) = 9/36$

$p(X3) = 12/36 \quad p(Y3) = 12/36$

Aus $p(X_i) = p(Y_j)$ folgt unmittelbar ---> $\underline{H(X) = H(Y)}$

Aus den Einzel- und Verbundwahrscheinlichkeiten lassen sich nach Gl.3.2-15 die bedingten Wahrscheinlichkeiten errechnen. Es gilt:

$$p(Y_j/X_i) = \frac{p(X_i,Y_j)}{p(X_i)} \qquad p(X_i/Y_j) = \frac{p(X_i,Y_j)}{p(Y_j)}$$

p(Yj/Xi):

10/15	3/15	2/15
1/9	5/9	3/9
4/12	1/12	7/12

p(Xi/Yj):

10/15	3/9	2/12
1/15	5/9	3/12
4/15	1/9	7/12

Kontrolle: $\sum_j \longrightarrow \overset{!}{=} 1$ $\qquad \sum_i \longrightarrow \overset{!}{=} 1$

a) Mittlerer Informationsgehalt H(X):

$$H(X) = -\sum_i p(X_i) \cdot ld\, p(X_i) = H(Y)$$

$$= (15/36 \cdot ld\, 36/15) + (9/36 \cdot ld\, 36/9) + (12/36 \cdot ld\, 36/12)$$

$$= \underline{\underline{1{,}55 \text{ Bit/Zeichen}}}$$

b) Bedingte Entropie H(Y/X):

Es gilt: $H(Y/X) < H(X)$. Zwei Berechnungsmöglichkeiten:

1. aus $H(X,Y) = H(X) + H(Y/X) \longrightarrow H(Y/X) = H(X,Y) - H(X)$

   mit $H(X,Y) = -\sum_i \sum_j p(X_i,Y_j) \cdot ld\, p(X_i,Y_j)$

2. aus $H(Y/X) = -\sum_i \sum_j p(X_i,Y_j) \cdot ld\, p(Y_j/X_i)$

Nach 2. ergibt sich:

$$\begin{aligned} H(Y/X) &= 10/36 \cdot ld\, 15/10 + 3/36 \cdot ld\, 15/3 + 2/36 \cdot ld\, 15/2 \\ &\quad + 1/36 \cdot ld\, 9/1 + 5/36 \cdot ld\, 9/5 + 3/36 \cdot ld\, 9/3 \\ &\quad + 4/36 \cdot ld\, 12/4 + 1/36 \cdot ld\, 12/1 + 7/36 \cdot ld\, 12/7 \\ &= \underline{\underline{1{,}28 \text{ bit/Zeichen}}} \end{aligned}$$

Da in diesem Fall H(X) = H(Y) ist, folgt:

$$H(X/Y) = H(Y/X) = \underline{\underline{1{,}28 \text{ bit/Zeichen}}}$$

c) Alle weiteren Entropien lassen sich nun durch einfache Rechnungen (vgl. Abb. 3.4) ermitteln.

$H(XY) = H(Y) - H(Y/X)$ mittlerer Transinformationsgehalt

$H(X,Y) = H(X) + H(Y/X)$ Verbundentropie

$H(XY) = 1,55 - 1,28 = \underline{\underline{0,27 \text{ bit/Zeichen}}}$

$H(X,Y) = 1,55 + 1.28 = \underline{\underline{2,83 \text{ bit/Zeichen}}}$

3.2.2.5 INFORMATIONSÜBERTRAGUNG

Jetzt soll die Bedeutung der verschiedenen Entropien bei der Informationsübertragung erklärt werden. Die im folgenden fett gedruckten Bezeichnungen leiten sich von dort her ab.

Eine Nachrichtenquelle sendet Symbole Xi aus. Ihr kann damit eine Entropie H(X) zugeordnet werden. ---> **Eingangsentropie Quellenentropie**

Am Ausgang des Übertragungssystems (z.B. beim Empfänger) kommen Symbole Y_j an. Ihnen kann die Entropie H(Y) zugeordnet werden. ----------------------------------> **Ausgangsentropie**

Bei störungsfreier Übertragung ist $X_i = Y_j$. Wegen Störungen auf dem Übertragungsweg gilt diese Gleichheit in der Praxis meistens nicht, sondern es ist $X_i \neq Y_j$.

Eingangs- und Ausgangssymbole haben zusammengenommen die Entropie H(X,Y). --------------------------> **Gesamtentropie**

Bei der Informationsübertragung bzw. Informationsverarbeitung geht Quelleninformation verloren. Von der Quellenentropie H(X) wird nur der Teil H(XY) dem Empfänger übermittelt. ------------------------> **Mittlerer Transinformationsgehalt**

Die verbleibende "mittlere Unsicherheit" nach Empfang der Nachricht ist die Entropie H(X/Y). ----> **Rückschlußentropie**

Infolge von Störungen kommt am Ausgang des Übertragungskanals Information an, ohne je gesendet worden zu sein. Das ist die Entropie H(Y/X). ----------------------> **Irrelevanz**

H(XY) soll bei der Informationsübertragung möglichst groß sein (s. Abb. 3.4). Ein **Grenzfall** ist die fehlende Abhängigkeit von X und Y, d.h. Quelle und Empfänger sind nicht durch einen Kanal miteinander verbunden. In diesem Fall gilt:

$$H(XY) = 0$$

$$H(X) = H(X/Y)$$

$$H(Y) = H(Y/X)$$

$$H(X,Y) = H(X) + H(Y)$$

Abb. 3.5 veranschaulicht die Zusammenhänge der verschiedenen Entropien bei der Informationsübertragung.

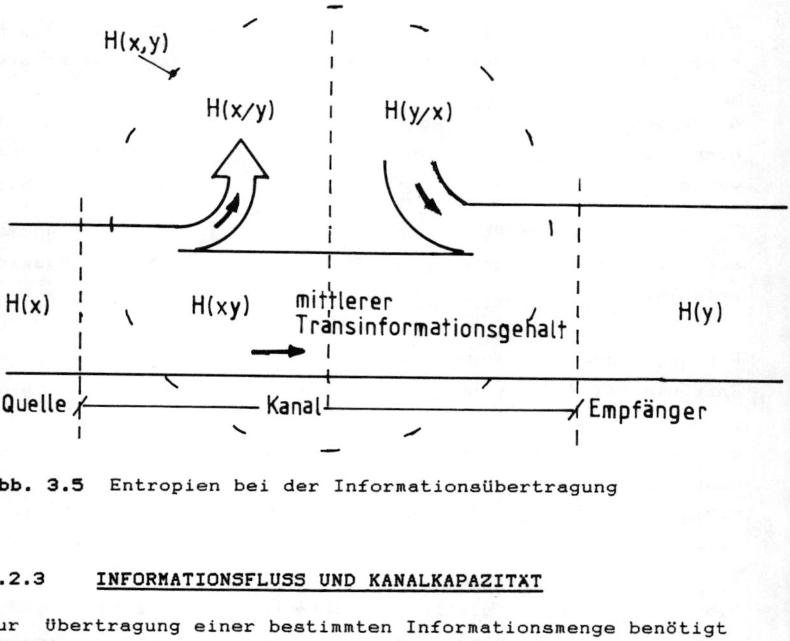

Abb. 3.5 Entropien bei der Informationsübertragung

3.2.3 INFORMATIONSFLUSS UND KANALKAPAZITÄT

Zur Übertragung einer bestimmten Informationsmenge benötigt man eine gewisse Zeit t. Diese hängt von den Eigenschaften des Übertragungskanals ab. **Informationsfluß** ist die pro Zeiteinheit übertragene Information.

(3.2-26) $C = 1/t * H$ bit/Sekunde

Die **Kanalkapazität** C_t gibt den größtmöglichen übertragbaren Informationsfluß für einen gegebenen Kanal an. Für H ist dabei der größtmögliche Wert des Transinformationsgehalts H(XY) einzusetzen. Dieser wird unter der Voraussetzung optimaler Codierung (s. Kapitel 4) erreicht.

Beispiele für Kanalkapazitäten (bit/sec):

Fernsehkanal:	$130 * 10^6$	menschl. Ohr:	$5*10^4$
Fernsprechnetz:	$50 * 10^3$	" Auge:	$5*10^6$
Telexnetz:	$0,64 * 10^3$	" Gehirn:	0.1-10

Beispiel 3.2-14: Vergleich verschiedener Informationsflüsse

a) **Schreibmaschine** mit 200 Anschlägen je Minute

Bei Berücksichtigung der verschiedenen Auftrittswahrscheinlichkeiten der Zeichen ist der mittlere Informationsgehalt H=4,1 bit/Zeichen (ohne Berücksichtigung von Verbundwahrscheinlichkeiten).

$$C = \frac{200 \text{ Zeichen}}{60 \text{ sec}} * 4,1 \text{ bit/Zeichen} = \underline{13,6 \text{ bit/sec}}$$

b) **Schnelldrucker,** z.B. Walzendrucker mit 80 parallelen Typenrädern auf der Walze und Druckgeschwindigkeit von 1000 Zeilen pro Minute

$$C = \frac{80 \text{ Zeichen}}{\text{Zeile}} * 4,1 \frac{\text{bit}}{\text{Zeichen}} * \frac{1000 \text{ Zeilen}}{60 \text{ sec}} = \underline{5466 \text{ bit/sec}}$$

c) **Magnetbandgerät** mit einer Bandgeschwindigkeit von mehreren Metern pro Sekunde

$C > \underline{100 \text{ kbit/sec}}$

d) **CPU** einer EDV-Anlage mit einer Taktfrequenz von 5 MHz

$C = \underline{10 \text{ Mbit/sec}}$

Übung:

a) Welche Informationsmenge läßt sich im günstigsten Fall auf einem 8-Spur-Lochstreifen speichern, wenn der Lochstreifen 30 m lang ist und der Lochabstand 0,5 cm beträgt?

b) Wie groß ist der Informationsfluß, wenn der Lochstreifen mit einer Geschwindigkeit von 50 cm/sec eingelesen wird?

c) Wie lang müßte ein 8-Spur-Lochstreifen sein, um die Informationsmenge eines Buches mit 100 Seiten bei 50 Zeilen je Seite und 60 Anschlägen / Zeile (incl. Wortzwischenräume) zu speichern?

Unter Berücksichtigung von Verbundwahrscheinlichkeiten zwischen den Zeichen soll für den mittleren Informationsgehalt ein Wert von 1,6 bit pro Zeichen angenommen werden.

4. CODIERUNG

4.1 DEFINITION UND AUFGABEN DER CODIERUNG

Unter einem **Code** versteht man eine Vorschrift für die eindeutige Zuordnung der Zeichen eines Zeichenvorrats zu denjenigen eines anderen Zeichenvorrats. In der Datentechnik hat sich die Binärcodierung durchgesetzt, da es technisch besonders einfach und betriebssicher ist, **zwei** physikalisch unterscheidbare Zustände zu realisieren.
Allgemein besteht die Aufgabe der Codierung darin, die Daten in einer für den jeweiligen Zweck am besten geeigneten Form bereitzustellen. Im einzelnen sind dabei folgende Gesichtspunkte zu beachten:

- Darstellung der Daten mit einer geringstmöglichen Anzahl von Zeichen
- Einfaches und sicheres Übertragen der Daten von einer Quelle zu einer Senke (Sender --> Empfänger)
- Einfaches und sicheres Verarbeiten der Daten in der EDVA

Daher unterscheidet man die Aufgabengebiete:

- **Quellencodierung**
- **Kanalcodierung**
- **Verarbeitungscodierung**

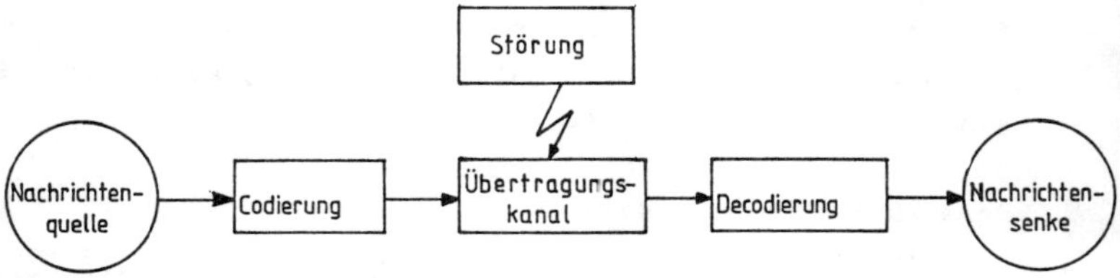

Abb. 4.1 Schema einer Informationsübertragung mit Codierung und Decodierung

4.2 QUELLENCODIERUNG

4.2.1 CODIERUNG DER BUCHSTABEN UND SONDERZEICHEN

Die binäre Codierung der **Zahlen** ist ein mathematischer Prozeß, der nach bestimmten **Rechenregeln** abläuft (s. Kap.1). Für die Codierung der **Buchstaben** und **Sonderzeichen** steht keine solche Systematik zur Verfügung. Fest steht nur: Buchstaben und Sonderzeichen sind als n-stellige Worte aus den Binärzeichen "O" und "1" zu bilden. Es ist also eine Vorschrift anzugeben, die die Menge $\{A,B,C,D,...1,2,3,...\}$ auf die Menge $\{0,1\}$ abbildet.

Jeder rationell arbeitende Code ist hier an **3 Grundforderungen** gebunden. Die Codierung muß

- **optimal** sein, d.h. es sollen möglichst kurze Binärworte gebildet werden
- **eindeutig umkehrbar** sein, damit eine fehlerfreie Decodierung möglich ist
- dem Speichersystem der EDV-Anlage **angepaßt** sein.

4.2.1.1 BUCHSTABEN UND SONDERZEICHEN ALS GLEICHWAHRSCHEINLICHE SYMBOLE

Angenommen das Alphabet (incl. Sonderzeichen) hat 32 Symbole (Ereignisse Xi). Dann ist die Wahrscheinlichkeit für das Eintreten eines dieser Ereignisse $p(Xi) = 1/32$. Damit beträgt der Informations- bzw. Entscheidungsgehalt:

$$I(Xi) = - \mathrm{ld}\ 1/32 = \mathrm{ld}\ 2^5 = 5 \text{ bit/Zeichen}$$

5 Binärentscheidungen sind also notwendig, um ein bestimmtes Ereignis Xi zu bestimmen. Als **Entscheidungsschema** läßt sich ein **Code-Baum** benutzen (s. Abb. 4.2).

Bemerkungen zu Abb. 4.2:

- Diese durch **geordnete Ja-Nein-Entscheidungen** gewonnene Lösung ist **eine** von 32! (Fakultät) Zuordnungsmöglichkeiten.
- Die Codierung ist eindeutig umkehrbar, da alle Codeworte gleich lang sind.
- Die Codierung ist nicht optimal, da unterschiedliche Auftrittswahrscheinlichkeiten und statistische Abhängigkeiten der Symbole nicht berücksichtigt werden.

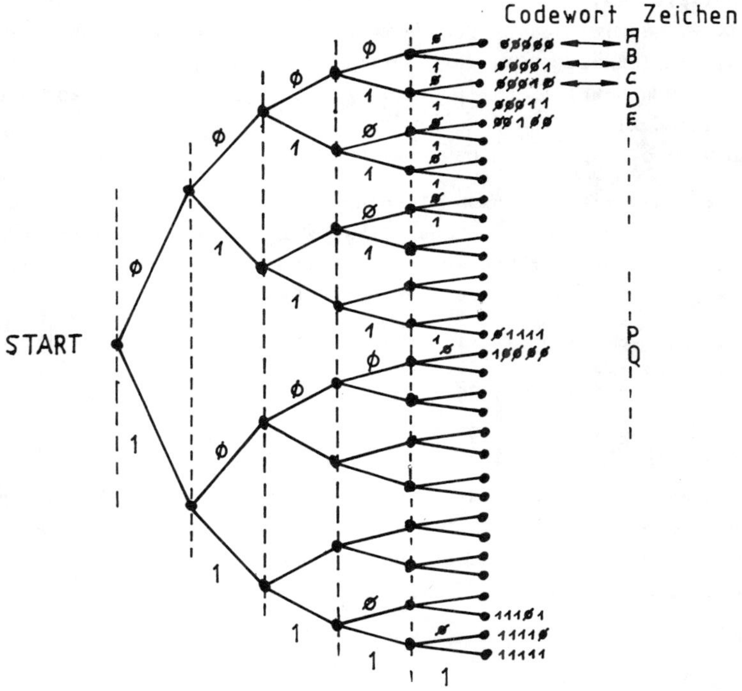

Abb. 4.2 Code-Baum (5-stufig)

4.2.1.2 CODIERUNGEN MIT VARIABLER LÄNGE

Die Tatsache, daß einzelne Zeichen unterschiedlich häufig auftreten, hat schon S. Morse veranlaßt, nicht jedes Zeichen gleich lang zu codieren. Er orientierte sich allerdings an der Auftrittswahrscheinlichkeit der Zeichen in der englischen Sprache. Als Prinzip eines Optimalcodes gilt: Den am häufigsten vorkommenden Symbolen einer Menge werden die kürzesten und den am seltensten auftretenden die längsten Worte eines Codes mit variabler Wortlänge zugeordnet.

Beispiel 4.2-1: Beschränkung auf ein "kleines Alphabet" {V,W,X,Y,Z} . Jedes dieser Zeichen hat eine Auftrittswahrscheinlichkeit (WS), die der Empfänger kennt. Er wird mit der Wahrscheinlichkeit p(Xi) voraussagen können, daß das Zeichen Xi bei ihm ankommt. Es sei:

p(V) = 0,2 p(W) = 0.05 p(X) = 0,25 p(Y) = 0,2 p(Z) = 0,3

Der Informations- bzw. Entscheidungsgehalt der einzelnen Zeichen errechnet sich aus I(Xi) = ld (1/p(Xi)). Rundet man diesen rechnerischen Wert ganzzahlig auf, ergibt sich die Länge des Codewortes für das betreffende Zeichen.

Zeichen	p(Xi)	I=ld(1/p(Xi)) (bit)	Stellenzahl gerundet (Bit)	Codewort z.B.
V	0,2	2,32	3	001
W	0,05	4,32	5	00001
X	0,25	2,0	2	10
Y	0,2	2,32	3	011
Z	0,3	1,72	2	11

Den entsprechenden Code-Baum zeigt Abb. 4.3. Die Zuordnung der Codeworte zu den Zeichen muß derart geschehen, daß Eindeutigkeit bei der Decodierung gegeben ist, d.h. alle Zeichen müssen an **Endknoten** liegen.

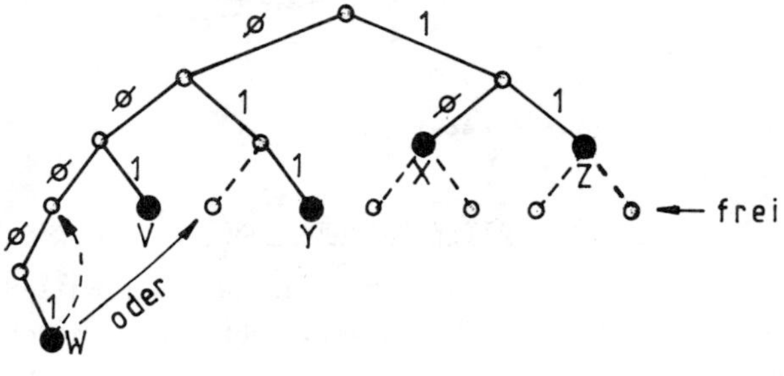

Abb. 4.3 Unsymmetrischer Code-Baum

Die rechnerisch begründete Codierung ist sicherlich **nicht optimal**. Es ist nicht einzusehen, weshalb das Zeichen W mit 5 Stellen zu codieren ist, wenn in der vorhergehenden Stufe noch Endknoten frei sind. Anzustreben ist vielmehr ein möglichst **"gleichgewichtiger"** Codebaum, d.h. an jedem Knoten hängt etwa die gleiche "Last" an bewerteten Folgeknoten. Hierzu dient der Algorithmus nach **D.A. Huffman:**

Gegeben sind verschiedene Elemente Xi mit der zugehörigen Auftrittswahrscheinlichkeit p(Xi). Sie werden als Folge F nebeneinander angeordnet (Abb. 4.4). Dann folgt:

1. Schritt:

- Herausnehmen der 2 Elemente Xi und Xj mit der kleinsten WS
- Xi und Xj werden zu einem neu eingeführten Knoten Kn mit der WS P(Kn) = P(Xi) + P(XJ) zusammengefaßt
- Der Knoten Kn wird in die zu F′ modifizierte Folge eingesetzt

2. - n. Schritt:

- Wiederholung dieses Verfahrens mit den jeweils veränderten Folgen F′, F", ... bis zuletzt nur noch **ein** Knoten übrigbleibt. Dieser ist dann die **Wurzel** des Codebaumes.

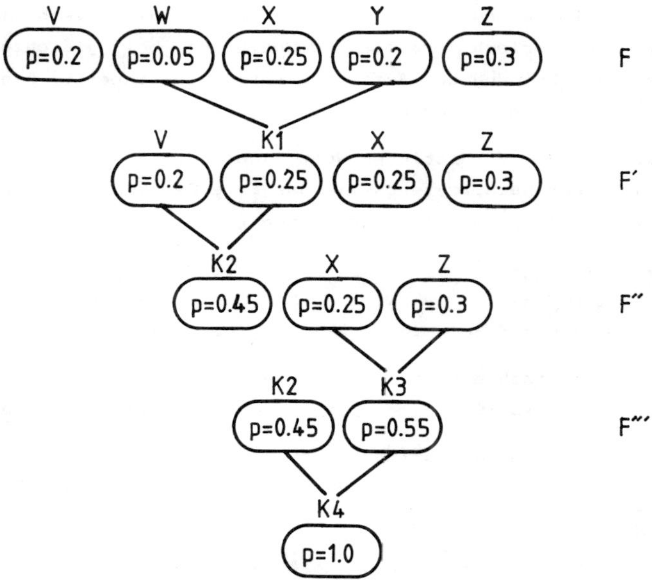

Abb. 4.4 Konstruktion des Huffman-Baumes

Abb. 4.5 zeigt den erzeugten Baum und die zugehörige Codetabelle.

Zeichen	Code
V	00
W	010
X	10
Y	011
Z	11

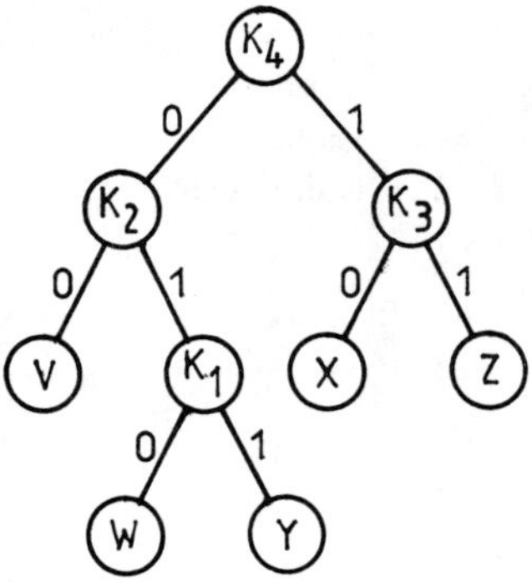

Abb. 4.5 Huffman-Baum und zugehörige Codetabelle

Ergebnis: Die Anwendung des Huffman-Algorithmus führt zu einer Codierung mit verkürzter Stellenzahl im Vergleich zu der rechnerisch ermittelten Codierung bei gleichzeitiger Berücksichtigung der Auftrittswahrscheinlichkeit. Die Eindeutigkeit des Codes bleibt erhalten !

Definition der Mittleren Wortlänge: Besitzt in einer Codierung einer Nachrichtenquelle das i-te Zeichen die Wortlänge l_i, so ist die mittlere Wortlänge:

(4.2-1) $$L = \sum_{i=1}^{n} p_i * l_i$$

Angewendet auf Beispiel 4.2-1 ergibt sich:

a) Rechnerisch ermittelte Codierung

$L = 0{,}2 *3 + 0{,}05 *5 + 0{,}25 *2 + 0{,}2 *3 + 0{,}3 *2 = \underline{\underline{2{,}55 \text{ Bit}}}$

b) Codierung nach Huffman

$L = 0{,}2 *2 + 0{,}05 *3 + 2{,}25 *2 + 0{,}2 *3 + 0{,}3 *2 = \underline{\underline{2{,}25 \text{ Bit}}}$

Im Gegensatz dazu ist der mittlere Informationsgehalt in beiden Fällen gleich groß.

Mittlerer Informationsgehalt (Entropie) $H = \sum_{i=1}^{n} p_i * ld\ 1/p_i$

$$H = 0{,}2 * 2{,}32 + 0{,}05 * 4{,}32 + 0{,}25 * 2 + 0{,}2 * 2{,}32 + 0{,}3 * 1{,}72$$
$$= 2{,}16 \text{ bit}$$

Folgerung: Codierungen lassen sich über die mittlere Wortlänge angemessen vergleichen. Der mittlere Informationsgehalt gibt die **untere Grenze** für die Anzahl der aufzuwendenden Entscheidungen bei **bestmöglicher Codierung** an. Er bestimmt somit auch die untere Grenze für die mittlere Wortlänge des Binärcodes.

Die Übertragung eines Textes mit 1000 Zeichen erfordert somit im Mittel:

nach a) 1000 * 2,55 bit = 2550 Bit

nach b) 1000 * 2,25 bit = 2250 Bit

minimal: 1000 * 2,16 bit = 2160 Bit

Die Entropie erreicht bekanntlich ihren größten Wert bei gleicher Auftrittswahrscheinlichkeit der Zeichen (vgl.Abschn. 3.2.1.2 "Das Maximum der Entropie"). Bei einem Zeichenvorrat von n Zeichen gilt dann H = ld n. Die mittlere Wortlänge ist gleich oder größer als die Entropie (L >= ld n). Es gilt stets:

$$H = \sum_{i} p_i * ld(1/p_i) \quad <= \quad ld\ n \quad <= \quad L$$

Die obige Ungleichung beschreibt die bestmögliche Codierung an einen Optimalcode. Im **Shannon'schen Codierungstheorem** ist dieser Sachverhalt allgemein gefaßt:

1. Es ist stets: H < L
2. Jede Nachrichtenquelle kann derart codiert werden, daß die Differenz L-H beliebig klein wird.

Die Differenz L-H wird als **Code-Redundanz** R bezeichnet. Erreichbar ist eine beliebig kleine Redundanz, z.B. durch **Gruppen-Codierung,** d.h. man bildet bei n verschiedenen Zeichen Binärcodierungen für n^k Gruppen von je k Zeichen. Die rechnerische Wortlänge pro Zeichen ist dann der Quotient aus der mittleren Wortlänge aller Gruppen dividiert durch k.

Wobei die mittlere Wortlänge aller Gruppen gemäß Gl.(4.2-1) berechnet wird. Je größer k gewählt wird, desto genauer läßt sich eine Zerlegung in **gleichwahrscheinliche Gruppen** annähern. Das bedeutet eine Verringerung der Code-Redundanz. Meistens erreicht man für k=2 oder k=3 schon eine praktisch ausreichende Näherung (vgl. dazu auch /3/).

Beispiel 4.2-2: Einzel- und Paar-Codierung von 3 Zeichen

a) Einzelcodierung:

Zeichen	WS	Codierung	Länge	p_i*l_i
A	0.7	0	1	0.7
B	0.2	10	2	0.4
C	0.1	11	2	0.2
		mittlere Wortlänge:		1.3 Bit

Mittlerer Informationsgehalt:

$$H = 0.7*ld(1/0.7) + 0.2*ld(1/0.2) + 0.1*ld(1/0.1)$$

$$= 0.361 + 0.464 + 0.332 = 1.157 \text{ bit}$$

b) Paarcodierung: n=3, k=2 --> $n^k = 3^2 = 9$ Gruppen

Zeichen	WS	Codierung	Länge	p_i*l_i
AA	0.49	0	1	0.49
AB	0.14	100	3	0.42
BA	0.14	101	3	0.42
AC	0.07	1100	4	0.28
CA	0.07	1101	4	0.28
BB	0.04	1110	4	0.16
BC	0.02	11110	5	0.10
CB	0.02	111110	6	0.12
CC	0.01	111111	6	0.06
		mittlere Wortlänge:		2.33/2 = 1.165 Bit

Für das obige Beispiel ist die Code-Redundanz (R = L - H) bei Paarcodierung: 1.165 - 1.157 = 0.008 bit/Zeichen.

"Codeverbesserungen" können grundsätzlich solange vorgenommen werden, bis die mittlere Wortlänge die Entropie erreicht. Allerdings darf dabei nicht die Eindeutigkeit des Codes verletzt werden. Stets muß die sog. **FANO-Bedingung** erfüllt sein:

"Kein Codewort ist Anfang eines anderen Wortes aus dem Code".

Merke:

1. Code-Redundanz = "nutzlos" vorhandene Codierung
2. Eine Binärcodierung mit minimaler Redundanz ist eine optimale Codierung; der zugehörige Codebaum ist ein optimaler Baum. (Ein durch den Huffman-Algorithmus erzeugter Baum ist in diesem Sinne optimal.)
3. Eine Codierung mit fester Wortlänge ist oft stark redundant.
4. Nur im Idealfall ist die Code-Redundanz gleich Null.

4.2.2 BESONDERHEITEN VARIABEL LANGER CODES

4.2.2.1 DER CODIERUNGSSATZ

Bei unterschiedlicher Codewortlänge ist die mittlere Codewortlänge nach Gl.(4.2-1) definiert. Shannon hat eine Codierungsvorschrift für die **optimale Codierung** abgeleitet. Wenn M die Zahl der dem Code zur Verfügung stehenden Symbole ist, so gilt für die Länge l_i des Codewortes:

(4.2-2) $$\frac{ld(1/p_i)}{ld\ M} < l_i < \frac{ld(1/p_i)}{ld\ M} + 1$$

Für einen Binärcode (M = 2, ld M =1) ergibt sich daraus:

(4.2-3) $$ld(1/p_i) < l_i < ld(1/p_i) + 1$$

Aus dieser Beziehung läßt sich ein fundamentaler Satz für die optimale Codierung herleiten. Multipliziert man alle Terme von Gl.(4.2-3), mit der Summe über alle p_i, so erhält man:

$$\sum_{i=1}^{n} p_i * ld(1/p_i) < \sum_{i=1}^{n} p_i * l_i < \sum_{i=1}^{n} p_i * ld(1/p_i) + 1$$

(4.2-4) $$H < L < H + 1$$

Eine optimale Codierung liegt demnach immer dann vor, wenn sich die mittlere Wortlänge der Symbole um nicht mehr als 1 vom mittleren Informationsgehalt der Quelle unterscheidet.

4.2.2.2 OPTIMALCODE NACH FANO

Das Fano-Verfahren ist dem von Huffman ähnlich. Es wird an Hand von Beispiel 4.2-3 erläutert.

Beispiel 4.2-3: Das Fano-Verfahren

Xi	p(Xi)	S_i	Code	l_i
a	1/2 = 0,5	1.0	0	1
b	1/4 = 0.25	0.5	10	2
c	1/8 = 0,125	0.25	110	3
d	1/16 = 0.0625	0.125	1110	4
e	1/32 = 0.03125	0.0625	11110	5
f	1/64 = 0.015625	0.03125	111110	6
g	1/128= 0.0078125	0.015625	1111110	7
h	1/128= 0.0078125	0.0078125	1111111	7

Lösungsschritte:

1. Ordnen der Symbole Xi nach fallender WS (Spalte 1 und 2)
2. Bildung von Teilsummen S_i (von unten beginnend). Der oberste Wert muß 1 ergeben.
3. Unterteilung der Spalte 3 (S_i) möglichst nahe bei 0,5. Für alle SYmbole oberhalb dieser Grenze an der 1. Stelle des Codewortes eine 0 und unterhalb eine 1 eintragen.
4. Erneute Halbierung der entstandenen Teilgruppen gemäß dem Wert von Si ergibt die zweite Binärstelle; usw.
5. Sobald sich Hälften mit nur einem einzigen Symbol Xi ergeben, ist das Verfahren an diesen Stellen beendet.

Der auf diese Weise ermittelte Code entspricht der **FANO-Bedingung** (vgl. Abschn. 4.2.2.1).

Da im obigen Beispiel die vorgegebenen Auftrittswahrscheinlichkeiten ausnahmslos Potenzen von 2 sind, ergibt sich der Idealfall eines optimalen Codes ohne Redundanz.

Beispiel 4.2-4: Vergleich zwischen Huffman- und Fano-Verfahren

a) Fano-Verfahren:

X_i	p_i	S_i	Code	$p_i * l_i$
E	0.30	1.00	00	0.6
D	0.24	0.7	01	0.48
C	0.20	0.46	10	0.40
B	0.15	0.26	110	0.45
A	0.11	0.11	111	0.33
		mittlere Wortlänge =		2.26 Bit

b) Huffman-Verfahren:

A	B	C	D	E	
0.11	0.15	0.20	0.24	0.3	F
0.26		0.2	0.24	0.3	F'
0.26		**0.44**		0.3	F"
0.56		0.44			F"'
1.0 (Wurzel)					

	Code	$p_i * l_i$
A	011	0.33
B	010	0.45
C	10	0.40
D	11	0.48
E	00	0.60
mittlere Wortlänge		2.26 Bit

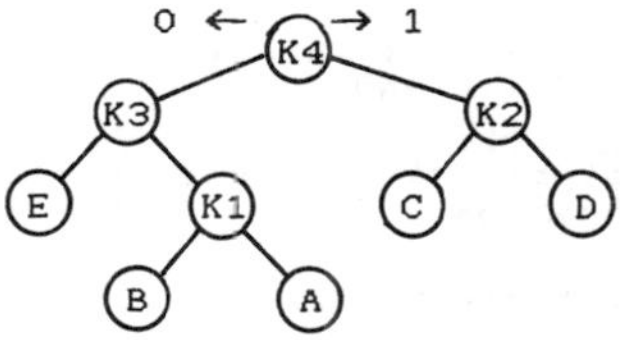

Beide Verfahren fußen auf der Addition von p_i (von den kleinsten Werten beginnend) und leiten daraus eine Aufteilung der Symbole in möglichst "gleichgewichtige" Teilgruppen her. Der resultierende Code kann unterschiedlich sein; die mittlere Wortlänge ist jedoch in beiden Fällen gleich.

4.3 KANALCODIERUNG

4.3.1 GRUNDLAGEN

Ein **Kanal** ist eine Einrichtung, die vorgegebene Signale (z.B. Gleichstromimpulse, Wechselströme mit bestimmter Frequenz) über gewisse Entfernungen überträgt. Auf jedem Übertragungskanal findet man Störungen (Telefon-Übersprechen, atmosphärische Störungen, Schaltvorgänge usw.). In vielen praktischen Fällen sind die durch den Kanal eingefügten Fehler aber nicht tragbar. Bei einem binären Kanal könnte ein Fehler z.B. zu einem unerwünschten Übergang von 0 nach 1 (oder umgekehrt) führen; er bewirkt also genau das Gegenteil. Es lassen sich die Daten im Sender jedoch so codieren, daß aufgetretene Übertragungsfehler im Empfänger erkannt und korrigiert werden können. Zu diesem Zweck wird dem Kanal ein **Coder** vorgeschaltet, und die empfangenen Daten werden in einem nachgeschalteten **Decoder** geprüft und/oder korrigiert.

```
                    I--------------------I
      I-------I     I                    I     I---------I
      I       I     I    (gestörter)     I     I         I
 ---->I CODER I---->I                    I---->I DECODER I--->
      I_______I     I ÜBERTRAGUNGSKANAL  I     I_________I
                    I                    I
 Daten              I____________________I                Daten
```

Abb. 4.6 Datenübertragung mit Kanalcodierung

Es gibt 3 Typen von gesicherten Datenübertragungssystemen:

1. Systeme mit reiner Vorwärts-Fehlerkorrektur (SimPlex-Kanäle)

2. Systeme mit reiner Fehlererkennung und Rückfrage mit Wiederübermittlung (HalbduPlex- und DuPlex-Kanäle)

3. Gemischte Systeme

Die Basis dieser Systeme ist ein fehlererkennender bzw. fehlerkorrigierender Code. Ein derartiger Code wird dadurch erreicht, daß den Informationszeichen noch zusätzliche Prüfzeichen angehängt werden. Die Codierungsvorschrift setzt einen gegebenen Zeichensatz nicht nur in Informationszeichen sondern noch zusätzlich in eine Reihe von Prüfzeichen um. Anhand einer Decodierungsvorschrift im Empfänger kann aus den Prüfzeichen, wie Abb. 4.7 zeigt, die korrekte Übertragung festgestellt werden.

```
                                                   neu berechnete
                            I_________________I    Prüfzeichen
                            I                 I
     !--------------------->I Decodierungs-   I-------->!
     !                      I vorschrift      I         !
 -----------------          I_________________I     --------
 iiiiiiiiiii  pppp                                  p'p'p'p'
 -----------------          I_________________I     --------
 empfangene       !         I                 I         !
 Daten            !-------->I   Vergleicher   I<--------!
                            I_________________I
                               !p#p'    !p=p'
 i = Informations-             !        !___  fehlerfreie
     zeichen                   !              Übertragung
                               !
 p = Prüfzeichen               !___  fehlerhafte
                                     Übertragung
```

Abb. 4.7 Prüfung auf fehlerfreie Datenübertragung

Aus der obigen Abbildung geht unmittelbar hervor, daß Fehlererkennung und Fehlerkorrektur nur dann möglich sind, wenn die Prüfzeichen aus den Informationszeichen **errechnet** werden.

Beispiel 4.3-1: Bildung von Kontroll- bzw. Prüfzeichen

Der Empfänger erhält die Nachricht: 010 001 011 100 101 111. Sender und Empfänger benutzen die folgenden Codewörter: 001, 010, 100, 111. Im empfangenen Text sind folglich 011 und 101 nicht entschlüsselbar. Gibt der Sender nur zugelassene Codewörter ab, so ist die folgende Annahme naheliegend: Bei der Übertragung eines der 3 Bits wurde **ein** Wert umgekehrt. Dann könnte im vorliegenden Fall z.B. für das empfangene Wort 101 das gesendete Codewort 100 bzw. 001 bzw. 111 sein.

Um welches Codewort es sich handelt, ist nur durch zusätzliche Zeichen (Kontroll-, Prüfzeichen) bestimmbar. Informations- und Prüfzeichen bilden für die Übertragung somit eine Einheit (einen Block) und stellen ein Codewort dar.

8 verschiedene Nachrichten (000, 001, 010, 011, 100, 101, 110, 111) können dann mit Hilfe von 3 Prüfzeichen so ergänzt werden, daß sich die daraus resultierenden Codewörter an mindestens 3 Stellen unterscheiden, z.B.:

	Informationszeichen	Prüfzeichen
1. Codewort	0 0 0	0 0 0
2. Codewort	0 0 1	0 1 1
3. Codewort	0 1 0	1 0 1
4. Codewort	0 1 1	1 1 0
5. Codewort	1 0 0	1 1 0
6. Codewort	1 0 1	1 0 1
7. Codewort	1 1 0	0 1 1
8. Codewort	1 1 1	0 0 0

Offensichtlich kann jetzt **ein** Fehler erkannt und **korrigiert** werden. Aus der Nachricht 101 kann durch Verfälschung eines Zeichens zwar 100 bzw. 001 bzw. 111 entstehen; empfangen wird die Nachricht aber in der Form 100 101 bzw. 001 101 bzw. 111 101. Da nur **ein** Bit fehlerhaft übertragen werden soll, muß das gesendete Codewort 101 101 sein.

Praktisch könnten die zugelassenen Codeworte (Informations- u. Prüfzeichen) in einer Tabelle (Code-Dictionnaire) gespeichert werden. Der Empfänger kann dann die empfangenen Codeworte mit den Tabelleneinträgen vergleichen. Im Fehlerfall unterscheidet sich ein in der Tabelle aufgeführtes Codewort vom empfangenen Codewort an **einer** Stelle - von allen anderen Codeworten jedoch in **mehr** als einer Stelle.

Hinweis: Die Bildung der Prüfzeichen erfolgte so, daß sich alle Codeworte untereinander an mindestens 3 Positionen unterscheiden. Das geschah im Beispiel 4.3-1 recht willkürlich durch Probieren. Für größere Codes ist das Probierverfahren undurchführbar. Hier müssen mathematische Konstruktionsverfahren für Codierung und Decodierung angewandt werden (vgl. dazu 4.3.3).

4.3.2 VERFAHREN ZUR FEHLERERKENNUNG UND FEHLERKORREKTUR

4.3.2.1 DIE EINFACHE PARITÄTSKONTROLLE

Prinzip: Die Zahl der Einsen in den Informationsstellen wird durch eine Prüfstelle auf eine **gerade** (even parity) oder eine **ungerade** (odd parity) Zahl von Einsen ergänzt. Das entsprechende Prüfverfahren nennt man **Parity-Check**.

Beispiel 4.3-2: Ergänzen der Codeworte um 1 Parity-Prüfstelle
Unabhängig davon, ob es sich um gerade oder ungerade Parität handelt, gilt stets: Geradzahlig viele Fehlerstellen sind nicht bemerkbar, erkennbar sind lediglich ungeradzahlig viele Fehlerstellen. Die Ergänzung auf eine gerade bzw. ungerade Zahl von Einsen durch ein zusätzliches Prüfbit wird auch unter dem Namen geradzahliges bzw. ungeradzahliges **Gewicht** geführt. Damit soll darauf hingewiesen werden, daß durch das Anhängen eines zusätzlichen Bits die Quersumme des neu gebildeten Codewortes grundsätzlich ein geradzahliges bzw. ungeradzahliges Gewicht erhält.

Beispiel 4.3-3: Codes mit geradzahligem und ungeradzahligem Gewicht

Geradzahliges Gewicht			Ungeradzahliges Gewicht		
Informationsstellen	Prüfstellen	Quersumme	Informationsstellen	Prüfstellen	Quersumme
0 0 0	0	0	0 0 0	1	1
0 0 1	1	2	0 0 1	0	1
0 1 0	1	2	0 1 0	0	1
0 1 1	0	2	0 1 1	1	3
1 0 0	1	2	1 0 0	0	1
1 0 1	0	2	1 0 1	1	3
1 1 0	0	2	1 1 0	1	3
1 1 1	1	4	1 1 1	0	3

Eine sehr häufige Anwendung der einfachen Paritätskontrolle ist die **Blocksicherung.** Im Sender eines Übertragungskanals werden Codeworte zunächst gesammelt und dann in einem Block zusammengefaßt übertragen. Folgende Aktionen sind dazu aufseiten von Sender und Empfänger notwendig:

Sender	Empfänger
1. Verschlüsselung der Nachricht	1. Speicherung des gesamten Blockes
2. Zusammenfassung mehrerer Codeworte zu einem Block	2. Bildung neuer Prüfworte
3. Bildung der Prüfworte und Einfügung in den Block	3. Vergleich der Prüfworte
	4. ggf. Fehlererkennung und Fehlerkorrektur
4. Block senden	

Beispiel 4.3-4: Blocksicherung; vorgegeben sei folgender

```
Code: A = 0 0 1
      B = 0 1 0     ==> Die Verfälschung eines Bits ergibt ein
      C = 1 0 0         redundantes Codewort
      D = 1 1 1
```

Im Sender werden mehrere Codeworte zu einem Block zusammengefaßt, z.B. "B A D" --> 0 1 0 0 0 1 1 1 1 .

Die einzelnen Codeworte werden untereinander geschrieben und ein **Spaltenprüfwort** und ein **Zeilenprüfwort** gebildet.

```
B   0 1 0   0
A   0 0 1   0     (odd parity)
D   1 1 1   0

    0 1 1
```

Zeilen- und Spaltenprüfwort werden mit übertragen und bilden zusammen mit dem Informationsteil den Block.

```
0 1 0  0 0 1  1 1 1  0 0 0  0 1 1  =  Block
!                    !      !
Informationsteil     !      Spaltenprüfwort
                     !
                   Zeilenprüfwort
```

Der Empfänger speichert den gesamten Block und bildet für den Informationsteil, dessen Länge ihm bekannt ist, ebenfalls Prüfworte. Durch **Vergleich der Prüfworte** läßt sich eine Fehlerstelle lokalisieren und korrigieren.

```
      0 1 0    0    0
      0 0 1    0    0
  --> 0 1 1    1    0
               !    !
      1 1 1 --- vom Empfänger gebildete Prüfworte
                    !
      0 1 1 --------- empfangene Prüfworte
```

Zwei Fälle lassen sich unterscheiden:

- Tritt ein Übertragungsfehler im Informationsteil auf, so sind stets alle **beide** Prüfworte fehlerhaft.
- Tritt ein Fehler bei der Übertragung der Prüfworte auf, so ist stets nur **eines** der Prüfworte fehlerhaft; das andere und der Informationsteil sind unverfälscht.

4.3.2.2 DAS VERFAHREN VON HAMMING (R.W.HAMMING,1950)

Prinzip: i Informationsstellen und r daraus **berechnete Prüfstellen** bilden ein Codewort. Die einzelnen Prüfstellen werden durch **Paritätskontrollen** ermittelt; jedoch erfassen die einzelnen Paritätskontrollen **nicht alle** Informationsstellen, sondern jeweils nur eine geeignete Auswahl davon.
Nach Empfang eines Wortes werden nach dem gleichen Verfahren wie auf der Senderseite aus den Informationsbits die Prüfbits gebildet und diese dann mit den empfangenen Prüfbits verglichen.

Beispiel 4.3-5: Bildung von Prüfstellen nach Hamming

```
1   2   3   4   .................... Informationsstellen (i)
                    1   2   3   ..... Prüfstellen (r)
-------------------------------
1   0   0   1   1   0   0
                    !   !   !
x---x---x--------!   !   !
x---x-------x--------!   !
x-------x---x------------!
```

Die Prüfstellen wurden mit **even parity** nach obigem Schema (x) aus den Informationsbits ermittelt. Je Codewort soll wieder nur **ein** Fehler auftreten. Dann sind bestimmte Paritätskontrollen nicht mehr erfüllt. Jedes Informationsbit ist an der Bildung von mindestens zwei Prüfstellen beteiligt. Da ein Fehler für jede Codewortstelle auf ein anderes Muster von verletzten Paritätsprüfungen führt, kann im Decodierer ermittelt werden, wo ein Fehler aufgetreten sein muß.

	fehlerhafte Prüfstellen		
Fehler in der 1. Informationsstelle:	x	x	x
" " " 2. " :	x	x	
" " " 3. " :	x		x
" " " 4. " :		x	x

Zu klären ist nun die Frage: Wieviele Prüfstellen r sind bei gegebener Anzahl von Informationsstellen i erforderlich ?

Eine Paritätskontrolle kann eine bestimmte Codewortstelle entweder erfassen oder nicht erfassen (2 Möglichkeiten). Für r Paritätskontrollen gibt es somit 2^r Möglichkeiten. Ausgeschlossen wird die Möglichkeit, daß eine Codewortstelle durch **gar keine** Paritätskontrolle erfaßt wird. Damit verbleiben 2^r-1 Möglichkeiten, die i Informationsbits zugeordnet werden können. Die Codewortlänge ist somit:

(4.3-1) $$2^r - 1 = i + r \quad \text{bzw.} \quad i = 2^r - r - 1$$

Je Codewort kann dann **eine** Fehlerstelle korrigiert werden. Mit r=3 ergibt sich i=4 (s. voriges Bsp.); Grenzfall ist r=2 und i=1.

Hinweis: Das Verfahren von Hamming ermöglicht im Prinzip auch die Korrektur von mehr als nur einer Fehlerstelle je Codewort. Jedoch ist nicht ohne weiteres übersehbar, welche Auswahl von Informationsstellen für die einzelnen Paritätskontrollen herangezogen werden müssen. Es ist daher erforderlich, die Beschreibung des Codes mit mathematischen Hilfsmitteln zu formalisieren (s. Abschn. 4.3.3 und 4.3.4).

Geometrische Deutung des Coderaumes

Die n-stelligen Codeworte sind Punkte in einem n-dimensionalen Raum. Jeder Binärstelle wird eine Dimension zugeordnet, d.h. alle n-stelligen Binärworte liegen auf den Ecken eines n-dimensionalen "Würfels".

Beispiel 4.3-6: Coderaum eines 3-stelligen Binärcodes

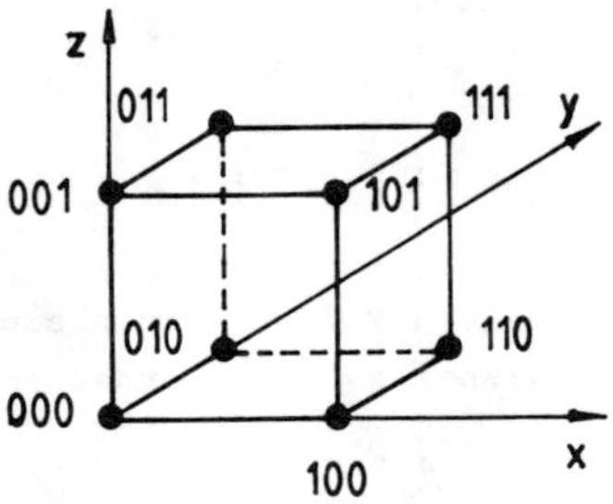

	x	y	z
*	0	0	0
	0	0	1
	0	1	0
*	0	1	1
	1	0	0
*	1	0	1
*	1	1	0
	1	1	1

* 4 von 8 Codeworten sind ausgenutzt

Abb. 4.8 Coderaum für n=3

Der hier dargestellte Coderaum beschreibt 8 Codewörter. Davon kann aber wegen Fehlererkennungs- bzw. -korrekturmöglichkeiten nur ein Teil genutzt werden. So erhält der Code nur 2 Informationsstellen (x,y) und eine Prüfstelle (z). Dann sind bspw. nur die in der vorstehenden Tabelle markierten Codeworte (*) zugelassen. Im Coderaum für n=3 sind diese zugelassenen Codeworte jeweils untereinander um 2 Kantenlängen entfernt. Das ist identisch mit der Anzahl von Binärstellen, in denen sich benachbarte Codeworte unterscheiden.

Die Anzahl der Stellen, in denen sich zwei beliebige Codeworte unterscheiden, heißt **Hamming-Distanz (D)**. Der kleinste Wert von D, der zwischen den Worten eines Codes auftritt, heißt **Mindestdistanz (d)**; d ist ausschlaggebend für die Erkennbarkeit und Korrigierbarkeit von Fehlern. Im obigen Beispiel ist d=2.

Aus Abb. 4.8 läßt sich folgender Sachverhalt erkennen:

d=1: Es ist unmöglich, einen Fehler zu erkennen. Jede Verfälschung einer Binärstelle führt zu einer der drei benachbarten Codeworte (Würfelecken).

d=2: Jede Verfälschung der 4 zugelassenen Codeworte (in einer Stelle) führt zu einer der drei unmittelbar benachbarten, nicht zugelassenen Kombinationen. Solche

Fehler sind **erkennbar**, jedoch **nicht korrigierbar**, da die nicht zugelassene Kombination gleichwahrscheinlich aus einer der drei benachbarten zugelassenen Kombinationen entstanden sein kann.

d=3: Egal welches Codewort man als erstes wählt, es verbleibt jeweils nur **ein** anderes. Alle 3 fehlerhaften Kombinationen haben nur **eine** Kantenlänge Abstand zu dem (wahrscheinlich) richtigen und **zwei** Kantenlängen Abstand zu dem anderen möglichen Codewort. **Ein** Fehler ist somit **korrigierbar**.

Merke:

- Die Mindestdistanz d=3 erlaubt, einen Fehler zu korrigieren.
- Bei einem 3-stelligen Codewort sind somit nur 2 Zeichen "1-Fehler-korrigierbar" zu verschlüsseln. Das entspricht dem o.g. Grenzfall i=1 und r=2.

Es läßt sich folgende Verallgemeinerung angeben:

a) Anzahl **erkennbarer** Fehler:

(4.3-2) $F_e = d-1$ ($F_e = 0$ bei redundanzfreiem Code --> d=1)

b) Anzahl **korrigierbarer** Fehler:

Einfache Fehler sind dann korrigierbar, wenn zwischen zwei benutzten Codewörtern (C) mindestens zwei freie Wörter (o) liegen (d=3).

```
                  <---                  --->
d=3:      O----------o----------o----------O
         (C)                              (C)
```

Der einfache Fehler führt stets auf ein Codewort, das dem richtigen am nächsten liegt. Die Korrektur geschieht also durch Zuordnung des fehlerhaften Wortes zum nächstgelegenen Codewort. Daraus folgt für die Anzahl korrigierbarer Fehler:

(4.3-3) $F_k = (d-1)/2$ bei ungeradem d

$F_k = d/2 - 1$ bei geradem d

Eine geradzahlige Mindestdistanz d läßt sich für die Korrektur also nicht voll ausnutzen, weil es dann **eine** Bitkombination genau in der "Mitte" zwischen einem Codewort 1 und einem Codewort 2 gibt.

```
d=4:   O----------o----------o----------o----------O
      (1)                    ?                    (2)
```

Korrigierkugeln

Bei Codes mit größerer Stellenzahl und größerer Hamming-Distanz genügt es, einen Teilausschnitt in die Ebene zu projizieren. Zwei benachbarte Codeworte sind über wenigstens d Kanten hinweg miteinander verbunden. Die Punkte dazwischen (d-1) entsprechen nicht-benutzten Codewörtern. Daraus folgt:

- Weniger als d Fehlerstellen können ein Codewort 1 nicht in ein Codewort 2 überführen. Weniger als d Fehlerstellen sind sicher erkennbar.
- Eine Korrektur bis zu $e = F_K$ Fehlerstellen (Gl. 4.3-4) ist möglich, wenn alle Wörter, die sich in e oder weniger Stellen von einem Codewort unterscheiden, in "Korrigierkugeln" um das betreffende Codewort zusammengefaßt werden. Die Korrektur besteht dann darin, ein empfangenes Wort dem "zentralen" Codewort dieser Korrigierkugel zuzuordnen.

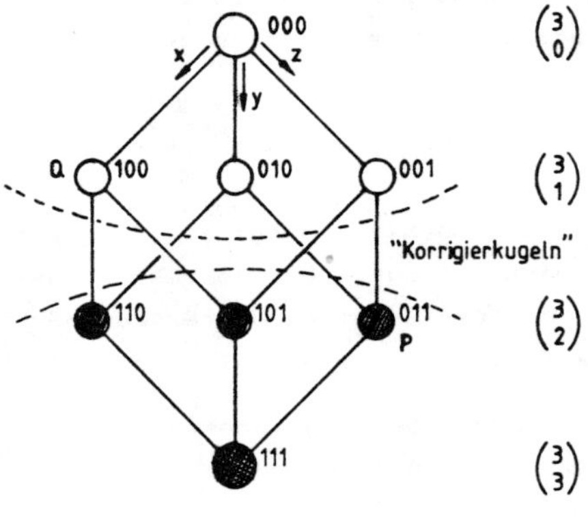

Abb. 4.9 "Korrigierkugeln"

Dichtgepackte Codes und Hamming-Grenze

Dicht gepackte Codes sind wie folgt charakterisiert:
In der Korrigierkugel eines n-stelligen Binärcodes liegen:

$\binom{n}{0}$ = das Codewort selbst

$\binom{n}{1}$ = n Binärworte, die sich in 1 Stelle unterscheiden

$\binom{n}{2}$ = $\binom{n}{2}$ Binärworte, die sich in 2 Stellen unterscheiden

.
.
. usw.
.

$\binom{n}{e}$ = $\binom{n}{e}$ Binärworte, die sich in e Stellen unterscheiden

Die Gesamtmenge an Binärworten in einer "Kugel" ist somit:

(4.3-4) $$\sum_{j=0}^{e} \binom{n}{j}$$ $\binom{n}{j}$ bedeutet "n über j"

Bei i Informationsstellen gibt es 2^i Codeworte und damit auch 2^i Korrigierkugeln. Die Zahl der Binärworte in allen 2^i Korrigierkugeln kann damit höchstens die Zahl aller 2^n Binärworte erreichen (mit n = i + r):

(4.3-5) $$2^i * \sum_{j=0}^{e} \binom{n}{j} <= 2^n$$

Verbleiben keine Worte zwischen den Korrigierkugeln, dann heißt der Code **dicht gepackt.** (Es gilt das Gleichheitszeichen in Gl.(4.3-5). **Beachte:** Das Gleichheitszeichen ist nur für bestimmte Werte-Tripel von i, e und n möglich!

Die **Hamming-Grenze** gibt die Mindestanzahl der Prüfstellen an, um in n-stelligen Codewörtern die Korrektur bis zu e Fehlerstellen zu erlauben. Setzt man in Gl.(4.3-5) i + r anstelle von n ein und löst nach r auf, so ergibt sich:

$$2^i * \sum_{j=0}^{e} \binom{n}{j} < 2^r * 2^i \qquad (2^i \text{ entfällt})$$

(4.3-6) $$r >= \mathrm{ld} \sum_{j=0}^{e} \binom{n}{j}$$

Beispiel 4.3-7: Hamming-Grenze r_{min} bei n=3

$$e=1: \quad ld \sum_{j=0}^{1} \binom{3}{j} = ld\ (1+3) = ld\ 4 = \underline{\underline{2}}$$

$$e=2: \quad ld \sum_{j=0}^{2} \binom{3}{j} = ld\ (1+3+3) = ld\ 7 = \underline{\underline{2{,}8}}$$

Damit verbleiben nur noch 0,2 Bit für die Informationsstellen; mit 3-stelligen Binärworten ist also höchstens ein 1-fehler-korrigierbarer Code möglich.

4.3.3 LINEARE CODES

4.3.3.1 MATHEMATISCHE GRUNDLAGEN [1)]

Vektorräume und Matrizen über endlichen Körpern

Codeworte lassen sich als **Vektoren** eines n-dimensionalen Raumes auffassen (vgl. geometr. Darstellung des Coderaumes). Bei n Bit Wortlänge existieren also 2^n verschiedene Vektoren. Der Menge aller 2^n Vektoren ($\mathbf{v}_0, \mathbf{v}_1, \mathbf{v}_2 \ldots$) kann man eine Struktur geben, indem man **2 Elementar-Operationen** definiert:

- die Addition zweier Vektoren ($\mathbf{v}_i + \mathbf{v}_j$) und
- die Multiplikation eines Vektors mit einem Skalar ($c * \mathbf{v}_i$)

Genügen die 2 Operationen bestimmten **Bedingungen** hinsichtlich der Addition zweier Vektoren bzw. der Multiplikation mit einem Skalar, so nennt man die entstandene Struktur einen **Vektorraum**.

Vektoren lassen sich als **Linearkombinationen** anderer Vektoren darstellen, z.B. als Summe von Vektoren, die durch Skalare gewichtet sind:

(4.3-7) $\mathbf{v}_x = c_i * \mathbf{v}_i + c_j * \mathbf{v}_j + \ldots\ldots + c_k * \mathbf{v}_k$

---

1) Um Vektoren und Matrizen von Skalaren und Einzel-Elementen unterscheiden zu können, sind die Symbole für Vektoren und Matrizen **fett** gedruckt.

Ein fundamentaler Satz aus der Theorie der Vektorräume besagt: Alle 2^n Vektoren eines Raumes können durch Linearkombinationen von n **linear unabhängigen Vektoren** (Basisvektoren) dargestellt werden. Lineare Unabhängigkeit bedeutet: Keiner der Basisvektoren kann als Linearkombination der anderen Basisvektoren geschrieben werden.

Beispiel 4.3-8: 3-dimensionaler Vektorraum

v_0 = (0,0,0) --> Nullvektor
v_1 = (0,0,1)
v_2 = (0,1,0)
v_3 = (0,1,1)
v_4 = (1,0,0)
v_5 = (1,0,1)
v_6 = (1,1,0)
v_7 = (1,1,1)

Alle 8 Vektoren lassen sich durch Linearkombinationen der 3 folgenden linear unabhängigen (willkürlich gewählten) Basisvektoren v_1, v_5 und v_6 darstellen, die mit den Skalaren 0 bzw. 1 gewichtet werden:

v_1 = (0,0,1)

v_5 = (1,0,1)

v_6 = (1,1,0)

$v_0 = 0*v_1 + 0*v_5 + 0*v_6$

$v_2 = 1*v_1 + 1*v_5 + 1*v_6$

$v_3 = 0*v_1 + 1*v_5 + 1*v_6$

$v_4 = 1*v_1 + 1*v_5 + 0*v_6$

$v_7 = 1*v_1 + 0*v_5 + 1*v_6$

Hinweis: Als Basisvektoren hätten auch die Vektoren v_1, v_2 und v_4 oder v_5, v_6 und v_7 gewählt werden können. Auch diese Vektortripel sind linear unabhängig.
Der Nullvektor kann niemals Basisvektor sein !

Den obigen Gleichungen liegt folgendes **Bildungsgesetz** zugrunde: Die binären, n-stelligen Vektoren bilden einen n-dimensionalen Vektorraum über einen "**endlichen Körper mit 2 Elementen**". Ein derartiger Körper besitzt die Elemente 0 und 1 mit folgenden Elementar-Operationen:

1. Operation:	2. Operation:
Modulo-2-Addition	**Modulo-2-Multiplikation**

+	0	1
0	0	1
1	1	0

*	0	1
0	0	0
1	0	1

Achtung: Im folgenden bedeutet das Symbol "*" stets die Modulo-2-Multiplikation (UND-Funktion) und das Symbol "+" die Modulo-2-Addition (EX-OR-Funktion).

Die Vektoren v_7 bzw. v_2 errechnen sich dann z.B. wie folgt:

$v_7 = 1*v_1 + 0*v_5 + 1*v_6$

$1*(001) + 0*(101) + 1*(110) = (001) + (110) = (111) = v_7$

$v_2 = 1*v_1 + 1*v_5 + 1*v_6$

$1*(001) + 1*(101) + 1*(110) = (010) = v_2$

Hinweis: Würde man nur einen Teil $k < n$ der Basisvektoren benutzen, so sind nur noch 2^k Vektoren darstellbar. Diese neue Menge von 2^k Vektoren erfüllt die Bedingungen des Vektorraumes und ist somit auch wieder ein Vektorraum, ein sog. Unterraum.

Werden z.B. nur noch $v_1 = (0,0,1)$ und $v_5 = (1,0,1)$ als Basisvektoren benutzt, kann man nur noch 4 Vektoren (Unterraum des 3-dimensionalen Vektorraums) darstellen:

$v_0 = 0*v_1 + 0*v_5$

$v_5 = 0*v_1 + 1*v_5$

$v_1 = 1*v_1 + 0*v_5$

$v_4 = 1*v_1 + 1*v_5$

Binäre Matrizen

Unter einer binären Matrix wird die folgende Anordnung von (0/1)-Elementen verstanden:

$$G = \begin{pmatrix} g_{11} & g_{12} & g_{13} \cdots\cdots g_{1n} \\ g_{21} & g_{22} & g_{23} \cdots\cdots g_{2n} \\ \vdots & & \\ g_{k1} & g_{k2} & g_{k3} \cdots\cdots g_{kn} \end{pmatrix} = \begin{pmatrix} g_1 \\ g_2 \\ \vdots \\ g_k \end{pmatrix} \begin{matrix} \text{---> Vektor 1} \\ \text{---> Vektor 2} \\ \\ \text{---> Vektor k} \end{matrix}$$

Die Vektoren g_1 bis g_k stellen jeweils einen **Zeilenvektor** der Matrix **G** dar.

Zeilen- und Nullraum

Sind die k Zeilenvektoren linear unabhängig, so bilden alle 2^k Linearkombinationen der Zeilenvektoren einen k-dimensionalen Unterraum (Zeilenraum der Matrix). 2 Vektoren können neben der Addition noch über das **innere Produkt** verknüpft werden (Skalarprodukt):

$$v_i v_j^T = v_{i1} * v_{j1} + v_{i2} * v_{j2} + \cdots\cdots + v_{in} * v_{jn}$$

(Für die Symbole "*" und "+" gelten wieder die eingangs definierten Elementar-OPerationen.)

Wird dieses Produkt 0, so sind die Vektoren **orthogonal.**

Zu einer Matrix **G** mit k linear unabhängigen Zeilen und n Spalten (k < n) läßt sich eine Matrix **H** mit folgenden Eigenschaften bilden:

$$G = \begin{pmatrix} 1 \cdots\cdots & \cdots\cdots n \\ 2 & \\ \vdots & \\ k & \end{pmatrix} \text{ ---> } H = \begin{pmatrix} 1 \cdots\cdots & \cdots\cdots n \\ 2 & \\ \vdots & \\ n-k & \end{pmatrix}$$

1. **H** besitzt (n-k) linear unabhängige Zeilen und n Spalten
2. **Alle** Zeilen von **H** sind orthogonal zu **allen** Zeilen von **G.**

Der durch die Zeilen von **H** aufgespannte (n-k)-dimensionale Vektorraum heißt **Nullraum** von **G.** Die Matrix **H** kann zu Kontrollzwecken bei der Informationsübertragung benutzt werden (s. Abschn. 4.3.3.3). Sie hat daher den Namen **Kontrollmatrix.**

Beispiel 4.3-9: Gegeben sei die Matrix **G**, k=3, n=6

$$G = \begin{pmatrix} g_1 \\ g_2 \\ g_3 \end{pmatrix} = \begin{pmatrix} 1 & 0 & 0 & 1 & 1 & 0 \\ 0 & 1 & 0 & 0 & 1 & 1 \\ 0 & 0 & 1 & 1 & 0 & 1 \end{pmatrix}$$

(1) Man beweise die lineare Unabhängigkeit ihrer Zeilen
(2) Man bilde die Matrix **H** ihres Nullraumes

Zu (1): Die Zeilenvektoren g_i sind linear unabhängig, da sie in den ersten 3 Spalten die **Einheitsmatrix** enthalten. Eine Linearkombination zweier Zeilenvektoren ergibt in den ersten drei Spalten stets **zwei** Einsen.

Zu (2): Eine mögliche Wahl für die Matrix **H** ist:

$$H = \begin{pmatrix} 1 & 0 & 1 & 1 & 0 & 0 \\ 1 & 1 & 0 & 0 & 1 & 0 \\ 0 & 1 & 1 & 0 & 0 & 1 \end{pmatrix} = \begin{pmatrix} h_1 \\ h_2 \\ h_3 \end{pmatrix}$$

H hat (n-k) Zeilen und enthält in den letzten 3 Spalten die Einheitsmatrix. Wenn **H** richtig gewählt wurde, so muß gelten:

$$g_1h_1^T=g_1h_2^T=g_1h_3^T=g_2h_1^T=g_2h_2^T=g_2h_3^T=g_3h_1^T=g_3h_2^T=g_3h_3^T = 0$$

Zum Beispiel:

$$g_1h_1^T: \quad = (1*1 + 0*0 + 0*1 + 1*1 + 1*0 + 0*0) = (1 + 1) = 0$$

Ebenso läßt sich die Orthogonalität **aller** Zeilen von **G** und **H** überprüfen. Man erkennt dabei: Die Anzahl von Einsen, die in den Vektoren **g** und **h** an der **gleichen** Stelle auftreten, muß geradzahlig sein. Dann ergibt die anschließende Modulo-2-Addition den Wert 0.
Wie die Kontrollmatrix **H** <u>systematisch</u> aus der Matrix **G** gebildet werden kann, zeigt der folgende Abschnitt.

4.3.3.2 GENERATOR- UND KONTROLLMATRIX EINES CODES

Bei der Darstellung der 2^k Codevektoren als k-dimensionalen Unterraum können die k Skalare $c_1,c_2,....,c_k$ direkt als **Informationsbits** betrachtet werden. Der Informationsteil eines Codewortes kann somit als Vektor der Länge k ---> **c** = $(c_1,c_2,....,c_k)$ und die Kombination aller 2^k Informationsvektoren als Matrix **C** aufgefaßt werden. Damit läßt sich die **Codieroperation** direkt als **Multiplikation** schreiben.

(4.3-8) $\quad \mathbf{v} = \mathbf{c}\,\mathbf{G}$

Die vollständigen Codeworte (**v**) werden also durch Multiplikation der Informationsvektoren (**c**) mit der Matrix G **generiert.** G hat daher den Namen **Generatormatrix.**

Ein Coder muß demnach nur k Zeilen von G speichern und eine Schaltung zur Durchführung der Matrix-Multiplikation besitzen. Dann ist er in der Lage, alle Codeworte systematisch zu erzeugen.

Beispiel 4.3-10: Generierung eines Codes
Die Generatormatrix ist wie folgt gegeben:

$$G = \begin{pmatrix} g_1 \\ g_2 \\ g_3 \end{pmatrix} = \begin{pmatrix} 1 & 0 & 0 & 0 & 1 \\ 0 & 1 & 0 & 1 & 0 \\ 0 & 0 & 1 & 1 & 1 \end{pmatrix} \;\text{-->}\; \mathbf{v}=\mathbf{c}G = (c_1,c_2,c_3) * \begin{pmatrix} 1 & 0 & 0 & \mathbf{0} & \mathbf{1} \\ 0 & 1 & 0 & \mathbf{1} & \mathbf{0} \\ 0 & 0 & 1 & \mathbf{1} & \mathbf{1} \end{pmatrix}$$

Die fettgedruckten Bits bestimmen die Code-Eigenschaften, da aus ihnen die Kontrollbits berechnet werden.

	c_1	c_2	c_3	Codevektor **v**				
$\mathbf{v}_1$	0	0	0	0	0	0	0	0
$\mathbf{v}_2$	0	0	1	0	0	1	1	1
$\mathbf{v}_3$	0	1	0	0	1	0	1	0
$\mathbf{v}_4$	0	1	1	0	1	1	0	1
$\mathbf{v}_5$	1	0	0	1	0	0	0	1
$\mathbf{v}_6$	1	0	1	1	0	1	1	0
$\mathbf{v}_7$	1	1	0	1	1	0	1	1
$\mathbf{v}_8$	1	1	1	1	1	1	0	0

Das Ergebnis ist ein **systematischer Code;** d.h. die Informationsbits erscheinen direkt im Codewort. Man erreicht dies dadurch, daß die Generatormatrix im vorderen Teil die Einheitsmatrix enthält.

Die Generatormatrix eines systematischen Codes hat folgendes Aussehen:

$$G = \begin{pmatrix} 1 & 0 & 0 & \ldots\ldots & 0 & g_{11} & g_{12} & \ldots\ldots\ldots & g_{1r} \\ 0 & 1 & 0 & \ldots\ldots & 0 & g_{21} & g_{22} & \ldots\ldots\ldots & g_{2r} \\ 0 & 0 & 1 & \ldots\ldots & 0 & . & & & \\ . & & 1 & & & . & & & \\ . & & & 1 & & . & & & \\ 0 & 0 & 0 & \ldots\ldots & 1 & g_{k1} & \ldots\ldots & \ldots\ldots & g_{kr} \end{pmatrix}$$

----- **E** ----- (k Spalten) ------- **G'** ------- (r Spalten) (k + r = n)

(4.3-9) $G = [E^k\ G']$

E^k ist die k-stellige Einheitsmatrix, und **G'** bestimmt die Code-Eigenschaften. Alle aus **G** entstandenen Codeworte enthalten k Informationsbits und r = (n - k) systematisch berechnete Kontrollbits.

Die Kontrollbits berechnen sich gemäß Gleichung 4.3-9:

(4.3-10) $v_{k+i} = c_1*g_{1i} + c_2*g_{2i} + c_3*g_{3i} + \ldots + c_k*g_{ki}$

Der Index i läuft von 1 bis r. Die 0/1-Elemente g_{1i} bis g_{ki} entsprechen den Zeilen 1 bis k im Teil **G'** der Generatormatrix. Wegen der definierten Grundoperationen (Modulo-2-Addition bzw. -Multiplikation) bedeuten diese Gleichungen **Paritätsprüfung** (even) über die Informationsbits c. Die r verschiedenen Gleichungen, die sich aus (4.3-10) für die Kontrollbits ergeben, heißen daher **Paritätsprüfungsgleichungen.**

Fortsetzung von **Beispiel 4.3-10:**

$$G' = \begin{pmatrix} 0 & 1 \\ 1 & 0 \\ 1 & 1 \end{pmatrix}$$

$v_{k+1} = c_1*g_{11} + c_2*g_{21} + c_3*g_{31}$ (1. Kontrollbit, i=1)

$= \underline{c_2 + c_3}$ Paritätskontrolle zwischen c_2 und c_3

$v_{k+2} = c_1*g_{12} + c_2*g_{22} + c_3*g_{32}$ (2. Kontrollbit, i=2)

$= \underline{c_1 + c_3}$ Paritätskontrolle zwischen c_1 und c_3

Damit lassen sich die Vektoren des mit der gewählten Generatormatrix erzeugten Codes allgemein schreiben als:

$$\underline{\mathbf{v} = (c_1, c_2, c_3, (c_2 + c_3), (c_1 + c_3))}$$

Die 2 Kontrollstellen bewirken, daß der Code eine Mindestdistanz von d=2 erhält.

4.3.3.3 DER SYNDROMVEKTOR (DAS SYNDROM)

Am Empfangsort kann das übertragene Codewort (**v**) durch die Kontrollmatrix **H** auf Übertragungsfehler geprüft werden. Dazu wird folgende Kontrolloperation ausgeführt:

(4.3-11) $\mathbf{s} = \mathbf{v} * \mathbf{H}^T$

H ist die Kontrollmatrix, die den Nullraum von **G** aufspannt, und $\mathbf{H}^T$ deren **Transponierte.** **s** heißt **Syndromvektor,** bzw. einfach **Syndrom** und hat die Dimension (n-k). Da **v** durch Linearkombination aus **G** entstanden ist, gilt: $\mathbf{v} * \mathbf{H}^T = 0$. Sobald das Syndrom nicht mehr Null ist, wurde ein Wort empfangen, das nicht zum Code gehört (Übertragungsfehler !). Die Berechnung des Syndroms erfolgt im Decoder.

Die Kontrollmatrix eines systematischen Codes hat folgendes Aussehen:

$$\mathbf{H} = \begin{pmatrix} h_{11} & h_{12} & h_{13} \cdots\cdots & h_{1k} & 1\;0\;0\;0\;0\;0 \\ h_{21} & h_{22} & h_{23} \cdots\cdots & h_{2k} & 0\;1\;0 \ldots\ldots 0 \\ \cdot & & & & \cdot \\ \cdot & & & & \cdot \\ h_{r1} & h_{r2} & \cdots\cdots\cdots & h_{rk} & 0\;0\;0 \ldots\ldots 1 \end{pmatrix}$$

-------- H' -------- (k Spalten)   ----- E ---- (r Spalten)   (k + r = n)

(4.3-12) $\mathbf{H} = [\mathbf{H}' \; \mathbf{E}^r]$

Geht man von der Generatormatrix eines systematischen Codes aus, so gilt für die Berechnung von **H**:

(4.3-13) $\mathbf{H} = [\mathbf{G}'^T \; \mathbf{E}^r]$ ($\mathbf{G}^T$ ... Transponierte von **G**)

Es ist also $\mathbf{H}' = \mathbf{G}'^T$. Damit läßt sich **H** allgemein auch wie folgt schreiben:

$$\mathbf{H} = \begin{pmatrix} g_{11} & g_{21} & g_{31} \cdots\cdots & g_{k1} & 1\;0\;0\;0 \ldots 0 \\ g_{12} & g_{22} & g_{32} \cdots\cdots & g_{k2} & 0\;1\;0 \ldots\ldots 0 \\ \cdot & & & & \\ \cdot & & & & \\ \cdot & & & & \\ g_{1r} & g_{2r} & \cdots\cdots\cdots & g_{kr} & 0\;0\;0 \ldots\ldots 1 \end{pmatrix}$$

--------- G'T -------- (k Spalten)   ----- Er ---- (r Spalten)   (k+r=n)

Kontrolloperation auf Codezugehörigkeit

Der Syndromvektor **s** = **v** * $\mathbf{H}^T$ muß 0 sein. In Beispiel 4.3-10 war **v** = $(c_1,c_2,c_3,c_2+c_3,c_1+c_3)$ und $\mathbf{H} = \begin{pmatrix} 0 & 1 & 1 & 1 & 0 \\ 1 & 0 & 1 & 0 & 1 \end{pmatrix}$

Damit ergibt sich:

$$\mathbf{s} = (c_1,c_2,c_3,(c_2+c_3),(c_1+c_3)) * \begin{pmatrix} 0 & 1 \\ 1 & 0 \\ 1 & 1 \\ 1 & 0 \\ 0 & 1 \end{pmatrix} \qquad \mathbf{s} = (s_1,s_2)$$

$$s_1 = 0*c_1+1*c_2+1*c_3+1*(c_2+c_3)+0*(c_1+c_3) = (c_2+c_3) + (c_2+c_3)$$

$$s_2 = 1*c_1+0*c_2+1*c_3+0*(c_2+c_3)+1*(c_1+c_3) = (c_1+c_3) + (c_1+c_3)$$

$$\mathbf{s} = (((c_2+c_3) + (c_2+c_3)) , ((c_1+c_3) + (c_1+c_3))) = \underline{\underline{0}}$$

Die Kontrollmatrix führt die Paritätsgleichungen am Empfangsort noch einmal durch.

Beispiel 4.3-11: Ein 5 Stellen umfassender Code hat die folgende Generatormatrix:

$$\mathbf{G} = \begin{pmatrix} 1 & 0 & 0 & 1 & 1 \\ 0 & 1 & 0 & 1 & 1 \\ 0 & 0 & 1 & 0 & 1 \end{pmatrix}$$

Zu diesem durch **G** definierten Unterraum der Dimension k=3 gehört ein orthogonaler Unterraum der Dimension (n-k)=5-3=2, dessen erzeugende Matrix n=5 Spalten und (n-k)=2 unabhängige Zeilen besitzt.

$$\mathbf{H} = \begin{pmatrix} 1 & 1 & 0 & 1 & 0 \\ 1 & 1 & 1 & 0 & 1 \end{pmatrix}$$

Der Vektor **v** = (v_1,v_2,v_3,v_4,v_5) ist nur dann ein Vektor des Codes, wenn **v** * $\mathbf{H}^T$ = 0 ist. Daraus folgt:

$$1*v_1 + 1*v_2 + 0*v_3 + 1*v_4 + 0*v_5 = 0$$

$$1*v_1 + 1*v_2 + 1*v_3 + 0*v_4 + 1*v_5 = 0$$

Die beiden Gleichungen enthalten eine Paritätskontrolle zwischen den Komponenten v_1,v_2,v_4 und den Komponenten v_1,v_2,v_3,v_5 der Codevektoren. Man nennt daher **H** auch Matrix der Paritätskontrolle.

4.3.3.4 DAS FEHLERWORT

Ein empfangenes gestörtes Codewort kann als Addition des ungestörten Codeworts mit einem Fehlerwort $\mathbf{e}$ aufgefaßt werden.

$$v_{empf.} = v_{gesendet} + \mathbf{e}$$

z.B.:

	1 1 1 0 1 0 0 0 1 0 1 1 0 0	Codewort (gesendet)
+	0 0 0 0 1 0 0 0 0 0 0 0 1 0	Fehlerwort $\mathbf{e}$
	1 1 1 0 0 0 0 0 1 0 1 1 1 0	gestörtes Wort (empfangen)

Wird $v_{empf.}$ in die Kontrollgleichung eingesetzt, so ergibt sich:

$$\mathbf{s} = v_{empf.} * \mathbf{H}^T = (v_{gesendet} + \mathbf{e}) * \mathbf{H}^T$$
$$= v_{gesendet} * \mathbf{H}^T + \mathbf{e} * \mathbf{H}^T = 0 + \underline{\mathbf{e} * \mathbf{H}^T}$$

Falls das Syndrom ungleich Null ist, gilt $\mathbf{s} = \mathbf{e} * \mathbf{H}^T$, d.h. es liegt ein Übertragungsfehler vor.

Hamming-Codes

Hamming-Codes sind lineare, 1-fehler-korrigierende Codes mit einer Mindestdistanz von d=3. Sie besitzen folgende Parameter:

Parameter:	$n = 2^r - 1$	Blocklänge
	$k = 2^r - r - 1$	Anzahl der Informationsbits
	$r = n - k$	Anzahl der Kontrollbits

Zur Konstruktion des Hamming-Codes führen die folgenden Überlegungen:

$$\mathbf{s}^T = \begin{pmatrix} s_1 \\ s_2 \\ \cdot \\ \cdot \\ s_{n-k} \end{pmatrix} = \mathbf{H}*\mathbf{e}^T = \mathbf{H} \begin{pmatrix} e_1 \\ e_2 \\ \cdot \\ \cdot \\ e_n \end{pmatrix}$$

$$\begin{pmatrix} s_1 \\ s_2 \\ \cdot \\ \cdot \\ s_{n-k} \end{pmatrix} = \begin{pmatrix} h_{1,1} & h_{1,2} & \cdots\cdots & h_{1,n} \\ h_{2,1} & h_{2,2} & \cdots\cdots & h_{2,n} \\ \cdot & \cdot & & \cdot \\ \cdot & \cdot & & \cdot \\ h_{n-k,1} & h_{n-k,2} & \cdots\cdots & h_{n-k,n} \end{pmatrix} \begin{pmatrix} e_1 \\ e_2 \\ \cdot \\ \cdot \\ e_n \end{pmatrix}$$

$$= \begin{pmatrix} h_{1,1} \\ h_{2,1} \\ \cdot \\ \cdot \\ h_{n-k,1} \end{pmatrix} e_1 + \begin{pmatrix} h_{1,2} \\ h_{2,2} \\ \cdot \\ \cdot \\ h_{n-k,2} \end{pmatrix} e_2 + \ldots + \begin{pmatrix} h_{1,n} \\ h_{2,n} \\ \cdot \\ \cdot \\ h_{n-k,n} \end{pmatrix} e_n$$

Das Syndrom ist offenbar die Summe der Spalten der Kontrollmatrix an den Fehlerstellen. Soll nur 1 Fehler lokalisierbar sein, dann braucht man nur alle Spalten der Kontrollmatrix verschieden voneinander zu machen. Als Spalten der Kontrollmatrix sind also verschiedene Kombinationen von r=n-k Bit einzusetzen. Die Kontrollmatrix erhält dann r Zeilen und 2^r-1 Spalten und bestimmt damit den Code.

Beispiel 4.3-12: Gegeben sind die folgenden Parameter zu einem Hamming-Code: n=7, k=4, r=3, d=3

Die Kontrollmatrix hat r=n-k=7-4=3 Zeilen und $2^r-1=7$ Spalten

$$\mathbf{H} = \begin{pmatrix} 0 & 0 & 0 & 1 & 1 & 1 & 1 \\ 0 & 1 & 1 & 0 & 0 & 1 & 1 \\ 1 & 0 & 1 & 0 & 1 & 0 & 1 \end{pmatrix}$$

Diese Matrix kann durch Vertauschen der Spalten in **systematische** Form gebracht werden:

$$\mathbf{H} = \begin{pmatrix} 0 & 1 & 1 & 1 & 1 & 0 & 0 \\ 1 & 0 & 1 & 1 & 0 & 1 & 0 \\ 1 & 1 & 0 & 1 & 0 & 0 & 1 \end{pmatrix}$$

Nach Gl.(4.3-13) läßt sich daraus die Generatormatrix ermitteln:

$$\mathbf{G} = \begin{pmatrix} 1 & 0 & 0 & 0 & 0 & 1 & 1 \\ 0 & 1 & 0 & 0 & 1 & 0 & 1 \\ 0 & 0 & 1 & 0 & 1 & 1 & 0 \\ 0 & 0 & 0 & 1 & 1 & 1 & 1 \end{pmatrix}$$

Mit Hilfe der 4 Informationssymbole kann man nun aus der Codiergleichung $\mathbf{v} = \mathbf{c}\,\mathbf{G}$ die Codevektoren bestimmen.

4.3.4 ZYKLISCHE CODES

4.3.4.1 EIGENSCHAFTEN

Zyklische Codes sind dadurch gekennzeichnet, daß jede zyklische Vertauschung (Rotation) im Codewort wieder ein Codewort ergibt. Wenn $(v_0, v_1, v_2, \ldots, v_{n-1})$ ein Codewort ist, dann sind z.B. auch die folgenden Vektoren Codeworte:

$$(v_2, v_3, v_4, \ldots, v_0, v_1)$$
$$(v_{n-1}, v_0, v_1, \ldots, v_{n-2})$$
$$(v_{n-2}, v_{n-1}, v_0, v_1, \ldots, v_{n-3})$$

Die Beschreibung zyklischer Codes erfolgt durch **Identifikation der Codewörter mit Polynomen;** z.B.:

$$v(Z) = v_0 + v_1 Z + v_2 Z^2 + \ldots + v_{n-1} Z^{n-1}$$

4.3.4.2 GENERATOR- UND KONTROLLPOLYNOM

Ein Codevektor entsteht durch Multiplikation eines Polynoms c(Z), dessen Koeffizienten die Informationsbits darstellen, mit einem Generatorpolynom g(Z):

(4.3-14) $v(Z) = c(Z) * g(Z)$ --> Codierungsgleichung

Nach der obigen Schreibweise haben die Polynome folgenden Grad:

Polynom	Grad	
v(Z)	(n-1)	
g(Z)	r	r=n-k
c(Z)	(k-1)	

Wie im vorigen Abschnitt gilt für die Codewortlänge wiederum $n = k + r$; d.h. die k Informationsbits werden um r Prüfbits ergänzt. Die Polynome g(Z) und c(Z) lauten wie folgt:

(4.3-15) $g(Z) = g_0 + g_1Z + g_2Z^2 + \ldots\ldots. + g_{n-k}Z^{n-k}$

(4.3-16) $c(Z) = c_0 + c_1Z + c_2Z^2 + \ldots\ldots. + c_{k-1}Z^{k-1}$

Somit gelten die folgenden Aussagen:

- Jedes als Polynom dargestellte Codewort läßt sich ohne Rest durch g(Z) teilen (gemäß Gl. 4.3-15); die Division ergibt c(Z). Alle Polynome vom Grad kleiner n, die durch g(Z) ohne Rest teilbar sind, bilden einen Satz von Codewörtern des Codes.
- Der Grad des Generatorpolynoms g(Z) gibt die Anzahl der Kontrollbits im Codewort an.
- Die Koeffizienten von c(Z) sind die k Informationsbits des Codewortes.

Das **Kontrollpolynom** (Orthogonalpolyncm h(Z) ist wie folgt definiert:

(4.3-17) $h(Z) = (Z^n+1) / g(Z)$

Achtung: Der Operator "+" ist in den folgenden Beispielen immer als **Modulo-2-Addition** zu betrachten.

Beispiel 4.3-13: Gegeben ist das Generatorpolynom $g(Z) = 1 + Z + Z^3$. Es soll zur Generierung eines zyklischen Codes mit 7 Bit Wortlänge und 3 Kontrollbits benutzt werden. Es ist also $n = 7$, $k = 4$ und $r = 3$. Gemäß Gl.(4.3-17) muß $g(Z)$ ein Faktor von (Z^7+1) sein. Dieser Sachverhalt ist hier gegeben. Das Polynom der 4 Informationsbits lautet:

$c(Z) = c_0 + c_1Z + c_2Z^2 + c_3Z^3$

Die Codevektoren ergeben sich aus Gleichung (4.3-14):

$$v(Z) = c(Z)*g(Z) = c_0 + (c_0+c_1)Z + (c_1+c_2)Z^2 + (c_0+c_2+c_3)Z^3$$
$$+ (c_1+c_3)Z^4 + c_2Z^5 + c_3Z^6$$

Es ist also:

$v_0 = c_0$ $\quad v_1 = (c_0+c_1)$ $\quad v_2 = (c_1+c_2)$ $\quad$ usw. $\quad v_6 = c_3$

Man erhält damit einen Code in **nicht systematischer Form**, der neben dem 0-Vektor und dem 1-Vektor zwei Gruppen (*,**) von je sieben zyklischen Codeworten enthält.

c_0	c_1	c_2	c_3	v_0	v_1	v_2	v_3	v_4	v_5	v_6	
0	0	0	0	0	0	0	0	0	0	0	Nullvektor
1	0	0	0	1	1	0	1	0	0	0	*
0	1	0	0	0	1	1	0	1	0	0	*
1	1	0	0	1	0	1	1	1	0	0	**
0	0	1	0	0	0	1	1	0	1	0	*
1	0	1	0	1	1	1	0	0	1	0	**
0	1	1	0	0	1	0	1	1	1	0	**
1	1	1	0	1	0	0	0	1	1	0	*
0	0	0	1	0	0	0	1	1	0	1	*
1	0	0	1	1	1	0	0	1	0	1	**
0	1	0	1	0	1	1	1	0	0	1	**
1	1	0	1	1	0	1	0	0	0	1	*
0	0	1	1	0	0	1	0	1	1	1	**
1	0	1	1	1	1	1	1	1	1	1	Einsvektor
0	1	1	1	0	1	0	0	0	1	1	*
1	1	1	1	1	0	0	1	0	1	1	**

Will man einen **systematischen** zyklischen Code erzeugen, ist folgendes Schema anzuwenden:

1. Aus $c(Z)$ bildet man $Z^{n-k} * c(Z)$
2. Division $(Z^{n-k} * c(Z)) / g(Z) = q(Z) + r(Z)$
   $q(Z)$ entfällt, $r(Z)$ wird in Schritt 3 weiterverwendet
3. $v(Z) = Z^{n-k} * c(Z) + r(Z)$ --> Codierungsgleichung

Beispiel 4.3-14: Unter den gegebenen Bedingungen von Beispiel 4.3-13 soll jetzt ein systematischer zyklischer Code generiert werden.

Schritt 1:

$$Z^3*(c_0 + c_1Z + c_2Z^2 + c_3Z^3) = c_0Z^3 + c_1Z^4 + c_2Z^5 + c_3Z^6$$

Schritt 2:

$$c_3Z^6 + c_2Z^5 + c_1Z^4 + c_0Z^3 : Z^3 + Z + 1 = c_3Z^3 + c_2Z^2 + (c_1+c_3)Z + (c_0+c_2+c_3)$$

$$\underline{c_3Z^6 + c_3Z^4 + c_3Z^3}$$

$$c_2Z^5 + (c_1+c_3)Z^4 + (c_0+c_3)Z^3$$

$$\underline{c_2Z^5 + c_2Z^3 + c_2Z^2}$$

$$(c_1+c_3)Z^4 + (c_0+c_2+c_3)Z^3 + c_2Z^2$$

$$\underline{(c_1+c_3)Z^4 + (c_1+c_3)Z^2 + (c_1+c_3)Z}$$

$$(c_0+c_2+c_3)Z^3 + (c_1+c_2+c_3)Z^2 + (c_1+c_3)Z$$

$$\underline{(c_0+c_2+c_3)Z^3 + (c_0+c_2+c_3)Z + (c_0+c_2+c_3)}$$

$$(c_1+c_2+c_3)Z^2 + (c_0+c_1+c_2)Z + (c_0+c_2+c_3)$$

$$r(Z) = (c_0+c_2+c_3) + (c_0+c_1+c_2)Z + (c_1+c_2+c_3)Z^2$$

Achtung: Bei der Verrechnung der einzelnen Terme ist keine algebraische sondern eine binäre Subtraktion (ohne Borgbit !) anzuwenden; dies entspricht genau der Modulo-2-Addition.

Schritt 3:

$$v(Z) = (c_0+c_2+c_3) + (c_0+c_1+c_2)Z + (c_1+c_2+c_3)Z^2 + c_0Z^3 + c_1Z^4 + c_2Z^5 + c_3Z^6$$

Das systematische Codewort ist also wie folgt aufgebaut:

$v_0 = (c_0+c_2+c_3)$

$v_1 = (c_0+c_1+c_2)$ Kontrollbits

$v_2 = (c_1+c_2+c_3)$

$v_3 = c_0$

$v_4 = c_1$ Informationsbits

$v_5 = c_2$

$v_6 = c_3$

Als Resultat ergeben sich **dieselben Codeworte** wie in der nicht-systematischen Form, nun aber in der systematischen Zuordnung zu den Informationsbitvektoren.

c_0	c_1	c_2	c_3	v_0	v_1	v_2	v_3	v_4	v_5	v_6
0	0	0	0	0	0	0	0	0	0	0
1	0	0	0	1	1	0	1	0	0	0
0	1	0	0	0	1	1	0	1	0	0
1	1	0	0	1	0	1	1	1	0	0
0	0	1	0	1	1	1	0	0	1	0
1	0	1	0	0	0	1	1	0	1	0
0	1	1	0	1	0	0	0	1	1	0
1	1	1	0	0	1	0	1	1	1	0
0	0	0	1	1	0	1	0	0	0	1
1	0	0	1	0	1	1	1	0	0	1
0	1	0	1	1	1	0	0	1	0	1
1	1	0	1	0	0	0	1	1	0	1
0	0	1	1	0	1	0	0	0	1	1
1	0	1	1	1	0	0	1	0	1	1
0	1	1	1	0	0	1	0	1	1	1
1	1	1	1	1	1	1	1	1	1	1
				Kontroll-bits			Informations-bits			

Für das Kontrollpolynom (Orthogonalpolynom) gilt gemäß der Definition (4.3-17), daß sein Produkt mit jedem Codewort ohne Rest durch Z^n+1 teilbar sein muß.

$$h(Z) * v(Z) = \frac{Z^{n}+1}{g(z)} * g(z) * c(z) = (Z^{n}+1) * c(Z)$$

Die Kontrollgleichung lautet demnach:

$$\textbf{(4.3-18)} \qquad \frac{v(Z)_{code} * h(Z)}{Z^{n}+1} = c(Z)$$

Um Fehler bei der Übertragung festzustellen, sind mit den empfangenen Codeworten folgende **Kontrolloperationen** durchzuführen:

a) Division durch das Generatorpolynom g(Z)

$$v(Z)_{empfangen} \,/\, g(Z) = c(Z) + \mathbf{r(Z)}$$

Falls r(Z) <> 0 --> Übertragungsfehler !

b) Multiplikation mit dem Kontrollpolynom h(Z) und darauf folgende Division durch Z^n+1

$$\frac{v(Z)_{empfangen} * h(Z)}{Z^{n}+1} = c(Z) + \mathbf{r(Z)}$$

Falls r(Z) <> 0 --> Übertragungsfehler !

4.3.4.3 DAS FEHLER- UND SYNDROMPOLYNOM

So wie sich bei den linearen Codes ein Fehler**wort** definieren ließ (vgl. Abschnitt 4.3.3.4), läßt sich analog für die zyklischen Codes ein Fehler**polynom** angeben:

(4.3-19) $e(Z) = e_0 + e_1Z + e_2Z^2 + \ldots\ldots + e_{n-1}Z^{n-1}$

Da das Fehlerpolynom überall dort eine "1" enthält, wo ein Übertragungsfehler aufgetreten ist, kann das empfangene Wort folgendermaßen ausgedrückt werden:

$$v(Z)_{empfangen} = v(Z)_{code} + e(Z)$$

Die Kontrolloperation a) ergibt einen Divisionsrest, wenn das empfangene Wort nicht zum Code gehört:

$$\frac{v(Z)_{empfangen}}{g(Z)} = \frac{v(Z)_{code} + e(Z)}{g(Z)} = c(Z) + \mathbf{\frac{e(Z)}{g(Z)}}$$

$$\frac{e(Z)}{g(Z)} = g(Z) + s(Z)$$

s(Z) heißt **Syndrom** und ist ebenfalls ein Polynom.

(4.3-20) $s(Z) = s_0 + s_1Z + s_2Z^2 + \ldots\ldots\ldots + s_{n-k-1}Z^{n-k-1}$

Das Syndrom enthält die Information über die auf dem Datenkanal übertragenen Fehler. Für den nicht-systematischen Code des Beispiels 4.3-13 ergibt sich durch Addition des Fehlerpolynoms e(Z) zu den Codeworten:

$$v(Z)_{empfangen} = (c_0+\mathbf{e_0}) + (c_0+c_1+\mathbf{e_1})Z + (c_1+c_2+\mathbf{e_2})Z^2 + $$
$$+ (c_0+c_2+c_3+\mathbf{e_3})Z^3 + (c_1+c_3+\mathbf{e_4})Z^4 +$$
$$+ (c_2+\mathbf{e_5})Z^5 + (c_3+\mathbf{e_6})Z^6$$

Die Division von $v(Z)_{empfangen}$ durch $g(Z) = 1 + Z + Z^3$ ergibt das Syndrom s(Z).

$$s(Z) = (e_0+e_3+e_5+e_6) + (e_1+e_3+e_4+e_5)Z + (e_2+e_4+e_5+e_6)Z^2$$

Hinweis: Führt man dieselben Operationen auf die Codeworte des systematischen Codes (Beispiel 4.3.-14) aus, so erhält man das gleiche Syndrom s(Z) wie im Fall des nicht-systematischen Codes. (Weiterführende Literatur s. /11/)

5. BOOLE'SCHE ALGEBRA

(Boole, George engl. Mathematiker, 1815 - 1864)

5.1 GRUNDVERKNÜPFUNGEN DER MATHEMATISCHEN LOGIK

5.1.1 EINFÜHRUNG

Der Zahlenvorrat bei jeder maschinellen (elektronischen) Verarbeitung ist durch eine endliche Menge gegeben, die als **Grundelemente** nur Nullen oder Einsen enthält (binäre Elemente). Maschinelle Informationsverarbeitung heißt Manipulation mit diesem Zahlenvorrat. Die Gesamtmenge aller darstellbaren Zahlen ist dann auch die gesamte Zustandsmenge, innerhalb der sich sämtliche Maschinenabläufe vollziehen. Datenverarbeitung besteht somit lediglich in verschiedenen Handhabungen einer bestimmten Zahlenmenge. Das führt zu folgenden Fragen:

1. Welche Möglichkeiten existieren (in Abhängigkeit von der Zahlendarstellung) für eine Manipulation mit dieser Menge?
2. Wie können diese Möglichkeiten ausgedrückt werden?

Generell sind es **Abbildungsvorschriften**, bei denen jeder Teilmenge mit n Elementen in eindeutiger Weise **ein** Grundelement als Abbild zugeordnet wird. Die Teilmengen bilden jeweils eine Menge geordneter n-Tupel (x1,x2,x3, ... ,xn), und die Abbildungsvorschrift ist eine **logische Funktion**.

$$f(X) = f(x1, \ldots ,xi, \ldots ,xn) = \left\{ \begin{matrix} 0 \\ 1 \end{matrix} \right\}$$

Die Argumente xi sind logische Variable, und f(X) ist eine n-stellige logische Funktion. Im vorliegenden Fall können auch die Argumente xi nur den Wert 0 oder 1 annehmen (binäre Variable). f(X) ist somit eine n-stellige **binäre Funktion.**

Zu jeder n-stelligen binären Funktion gibt es genau 2^n verschiedene **Argumente** (n-Tupel) --> Argumentenraum

1-stellige bin. Fkt. f(x1):

x1	Funktionen
0	
	f(x1)
1	

2-stellige bin. Fkt. f(x1,x2):

x1	x2	Funktionen
0	0	
0	1	
1	0	f(x1,x2)
1	1	

Binäre Funktionen werden durch Angabe der Funktionswerte zu den jeweiligen Argumenten beschrieben. Eine solche Beschreibung heißt **Wertetafel, Wertetabelle oder Wahrheitstabelle.**

Beispiel 5.1-1: Binäre Funktionen von einer Variablen (1-stellige binäre Funktionen)

```
x I  f0 f1 f2 f3                            I‾‾‾‾‾‾‾‾‾I--> f0
--I-------------     Realisierung       x   I Schalt- I--> f1
0 I  0  0  1  1      ------------->     -->I  netz    I--> f2
1 I  0  1  0  1                             I_________I--> f3
```

- f0 (nie) und f3 (immer) sind ohne Interesse, da hierbei die Funktionswerte unabhängig von den Argumenten sind
- f1 reproduziert die Werte von x --> **Identität**
- f2 negiert die Werte von x --> **Negation**

Beispiel 5.1-2: Binäre Funktionen von zwei Variablen (2-stellige binäre Funktionen)

x1	x2	f0	f1	f2	f3	f4	f5	f6	f7	f8	f9	f10	f11	f12	f13	f14	f15
0	0	0	0	0	0	0	0	0	0	1	1	1	1	1	1	1	1
0	1	0	0	0	0	1	1	1	1	0	0	0	0	1	1	1	1
1	0	0	0	1	1	0	0	1	1	0	0	1	1	0	0	1	1
1	1	0	1	0	1	0	1	0	1	0	1	0	1	0	1	0	1

Einige der Funktionen f0 ... f15 haben bestimmte Namen, auf die später eingegangen wird. Die Realisierung ist wiederum in Form eines Schaltnetzes möglich:

```
x1  I‾‾‾‾‾‾‾‾‾I-->f0            x1  I‾‾‾‾‾‾‾‾‾I
--->I Schalt- I-->f1            --->I Schalt- I--->(f0 ... f15)
    I         I .               --->I  netz   I
--->I  netz   I .               x2  I_________I
x2  I_________I-->f15                  ↑↑↑↑
                                       s1..4    Steuersignale zur
                                                Auswahl  1 aus 16
```

Hinweis: Die Anordnung der 16 Funktionen wurde nach steigendem **Binärindex** vorgenommen, d.h. die Funktionswerte irgendeiner Funktion, wie sie in der Wertetabelle von links nach rechts aufeinanderfolgen, werden als Dualzahl betrachtet. Diese gibt den Index der Funktion an.

Die Wertetabelle hat bei n Variablen 2^n Zeilen (Argumente). Damit ergeben sich zu n binären Variablen $2^{(2^n)}$ verschiedene binäre Funktionen.

5.1.2 AUSSAGENLOGIK

5.1.2.1 AUSSAGEFORMEN

Eine Aussage ist ein (sprachliches) Gebilde, für das es Sinn hat, zu fragen, ob es **wahr** oder **falsch** ist (logische Werte: wahr = 1, falsch = 0) z.B.:

a) Die Erde ist ein Planet (wahr)

b) Der Würfel ist rund (falsch)

c) 2 ist eine Primzahl (wahr)

Dies sind Aussagen über die Eigenschaften (**Attribute**) von Dingen (**Subjekte**).

a) $3 < 1$ (falsch)

b) $14 + 5 = 19$ (wahr)

c) $5 + 3 = 7$ (falsch)

Dies sind Aussagen über eine Beziehung (**Relation**) zwischen zwei oder mehreren Subjekten.

5.1.2.2 VERKNÜPFUNG VON AUSSAGEN

Aus gegebenen Aussagen können durch Verbindungen (z.B. und, oder , nicht, wenn...,dann..., solage wie..., bis daß...) neue Aussagen hergestellt werden; z.B.:

- 2 ist gerade **und** eine Primzahl
- **Wenn** Maschine A nicht eingeschaltet ist, **dann** ist Maschine B in Betrieb.

Die Wahrheitstabelle ordnet der zusammengesetzten Aussage, die aus miteinander verknüpften Teilaussagen besteht, Wahrheitswerte zu. Folgende Verknüpfungsarten sind definiert:

a) Negation - Umkehrung einer Aussage

logisches Zeichen: $\bar{x}$ (sprich: "x negiert" oder "x quer")

Wahrheitstabelle:

x	$\bar{x}$
0	1
1	0

Bei der Negation kehrt sich der Wahrheitswert einer Aussage um.

b) UND-Verknüpfung (Konjunktion) - Verbindung von Aussagen
logisches Zeichen: * (UND)
Bedeutung: "sowohl..., als auch..."

Wahrheitstabelle:

x1	x2	x1*x2
0	0	0
0	1	0
1	0	0
1	1	1

c) ODER-Verknüpfung (Disjunktion) - Trennung von Aussagen
logisches Zeichen: + (ODER)
Bedeutung: 1. einschließendes (inklusives) ODER
"entweder das eine oder das andere oder beides"
2. ausschließendes (exklusives) ODER $\oplus$
"entweder ...oder..."

Wahrheitstabelle:

x1	x2	x1+x2	x1 $\oplus$ x2
0	0	0	0
0	1	1	1
1	0	1	1
1	1	1	0

Das exklusive ODER hat auch den Namen **Antivalenz.**

Hinweis: Aussageformen, die bei <u>jeder</u> Belegung der Eingangsvariablen eine Aussage mit dem Wahrheitswert "wahr" (1) ergeben, heißen **Tautologien**; z.B.: $x + \overline{x} = 1$

d) Implikations-Verknüpfung
logisches Zeichen: --> (IMPLIZIT)
Bedeutung: "wenn...., dann....."
Durch die erste Aussage wird jeweils eine zweite Aussage eingeschlossen (impliziert)

Wahrheitstabelle:

x1	x2	x1-->x2
0	0	1
0	1	1
1	0	0
1	1	1

(sprich: x1 implizit x2)

Achtung: (x1 --> x2) <> (x2 --> x1) !!!

Beispiel 5.1-3: (x1 * x2) --> (x1 + x2) = y

x1	x2	x1 * x2	x1 + x2	y
0	0	0	0	1
0	1	0	1	1
1	0	0	1	1
1	1	1	1	1

Diese Aussageform ist eine Tautologie

Definition: Jede Tautologie, die sich durch die Implizit-Verknüpfung zweier logischer Aussageformen ergibt, heißt **Implikation.**

e) Äquivalenz-Verknüpfung

logisches Zeichen: <--> (ÄQUIVALENZ)

Bedeutung: Die Äquivalenz-Verknüpfung entspricht der UND-Verknüpfung zweier Implizit-Verknüpfungen:

(x1 --> x2) * (x1 <-- x2) = (x1 <--> x2)

Wahrheitstabelle:

x1	x2	x1<-->x2
0	0	1
0	1	0
1	0	0
1	1	1

(sprich: x1 äquivalent x2)

Beispiel 5.1-4: Aussagen: x1: Heute ist der 31.12.
x2: Morgen ist Silvester

Verknüpfungen:

x1 --> x2: Wenn heute der 30.12. ist, dann ist morgen Silvester

x2 --> x1: Wenn morgen Silvester ist, dann ist heute der 30.12.

Hinweis: Wenn eine der Aussagen falsch ist, wird die Gesamtaussage falsch. Wenn dagegen beide Aussagen falsch sind, wird die Gesamtaussage wieder richtig.

Beispiel 5.1-5: (x1 --> x2) <--> ($\overline{x}$1 + x2) = y

x1	x2	x1 --> x2	$\overline{x}$1	$\overline{x}$1 + x2	y
0	0	1	1	1	1
0	1	1	1	1	1
1	0	0	0	0	1
1	1	1	0	1	1

(Tautologie)

Definition: Jede Tautologie, die sich durch die Äquivalenz-Verknüpfung zweier logischer Aussageformen ergibt, heißt **Äquivalenz.**

Beispiel 5.1-6: Die 16 zweistelligen logischen Funktionen

x1	0	0	1	1	
x2	0	1	0	1	Bezeichnung
f0	0	0	0	0	ohne Bedeutung
f1	0	0	0	1	Konjunktion (UND-Funktion)
f2	0	0	1	0	$\overline{(x1 \rightarrow x2)}$
f3	0	0	1	1	= x1
f4	0	1	0	0	$\overline{(x2 \rightarrow x1)}$
f5	0	1	0	1	= x2
f6	0	1	1	0	Exklusiv-ODER (ANTIVALENZ)
f7	0	1	1	1	Disjunktion (ODER-Funktion)
f8	1	0	0	0	NOR-Funktion
f9	1	0	0	1	XQUIVALENZ
f10	1	0	1	0	= $\overline{x}2$
f11	1	0	1	1	x2 --> x1 (IMPLIZIT-Funktion)
f12	1	1	0	0	= $\overline{x}1$
f13	1	1	0	1	x1 --> x2 (IMPLIZIT-Funktion)
f14	1	1	1	0	NAND-Funktion
f15	1	1	1	1	ohne Bedeutung

Aus der obigen Tabelle läßt sich ersehen, daß eine Hälfte der Funktionen aus der anderen durch **Negation** bestimmmt werden kann; z.B.: $f8 = \overline{f}7$; $f9 = \overline{f}6$; usw. $f15 = \overline{f}0$

Es erhebt sich die Frage: Braucht man tatsächlich **alle** Verknüpfungsoperatoren oder ist auch eine Teilmenge davon ausreichend, um alle 16 Funktionen bilden zu können ?

Verwendet man als Verknüpfungsoperatoren nur die **Negation und die Konjunktion** dann gilt:

f0 = 0 (unabhängig von x1 und x2)

$f1 = x1 * x2$ $\qquad f5 = x2$

$f2 = x1 * \overline{x}2$ $\qquad f6 = f2 + f4 = \overline{\overline{f}2 * \overline{f}4}$

$f3 = x1$ $\qquad f7 = x1 + x2 = \overline{\overline{x}1 * \overline{x}2}$

$f4 = \overline{x}1 * x2$ $\qquad$ f8 ... f15 durch Negation von f0 ... f7

Das bedeutet: Die Verknüpfungsoperatorenmenge Negation und Konjunktion ist **funktional vollständig**; sie reicht aus, um sämtliche Verknüpfungen zu beschreiben.

Die Darstellung von f6 und f7 enthält den **Satz von De Morgan** (De Morgan, A., 1806 - 1871). Er zeigt die Möglichkeit, eine ODER-Verknüpfung in eine UND-Verknüpfung (und umgekehrt) umzuwandeln, wobei die Negation zu Hilfe genommen werden muß. Die Verbindung zwischen Negation und Konjunktion wird durch das Wortsymbol **NAND** ausgedrückt und heißt auch **Sheffer-Funktion** ($\overline{x1 * x2}$). Da $\overline{x1 * x1} = \bar{x}1$ ist, reicht zur Beschreibung logischer Funktionen somit ein einziger Operator aus.

Über den Satz von De Morgan läßt sich die NAND-Funktion in eine NOR-Funktion umrechnen. Die NOR-Funktion ist eine Verbindung zwischen Negation und Disjunktion. Sie wird auch **Peirce-Funktion** genannt.

(5.1-1) $\overline{x1 * x2} = \bar{x}1 + \bar{x}2$

$\overline{x1 + x2} = \bar{x}1 * \bar{x}2$

Somit lassen sich alle 2-stelligen logischen Funktionen auch allein durch NOR ausdrücken.

Ähnlich wie in der gewöhnlichen Algebra gibt es auch in der Boole'schen Algebra bestimmte **Vorrangregeln** unter den Operatoren:

- zuerst Negation
- dann *
- dann + (--> , <-->)

Mehrere gleichrangige Verknüpfungen werden von links nach rechts ausgeführt. Im Bedarfsfall müssen Klammern gesetzt werden.

5.2 BOOLE'SCHER VERBAND

5.2.1 DER BEGRIFF VERBAND

Eine nicht leere Menge V mit 2 zweistelligen Verknüpfungen (Durchschnitt $\sqcap$ und Vereinigung $\sqcup$) auf V heißt Verband, wenn für alle a,b,c als Elemente von V folgende **Axiome** gelten:

(1) Kommutativgesetze

$a \sqcap b = b \sqcap a$ (sprich: a geschnitten mit b)

$a \sqcup b = b \sqcup a$ (sprich: a vereinigt mit b)

(2) Assoziativgesetze

$(a \sqcap b) \sqcap c = a \sqcap (b \sqcap c)$

$(a \sqcup b) \sqcup c = a \sqcup (b \sqcup c)$

(3) Verschmelzungsgesetze (Absorptionsgesetze)

$a \sqcap (a \sqcup b) = a$

$a \sqcup (a \sqcap b) = a$

In jedem Verband mit einer endlichen Trägermenge V existiert je ein **neutrales Element** bezüglich der Verknüpfungen $\sqcap$ und $\sqcup$. Diese Elemente sind: e (das Eins-Element) und
n (das Null-Element)

Für jedes a als Element von V gilt:

(4) $a \sqcap e = a$

$a \sqcup n = a$

5.2.2 DER DISTRIBUTIVE VERBAND

Zusätzlich zu den Axiomen (1) bis (4) gelten für den distributiven Verband noch die Distributivgesetze.

(5) Distributivgesetze

$a \sqcap (b \sqcup c) = (a \sqcap b) \sqcup (a \sqcap c)$

$a \sqcup (b \sqcap c) = (a \sqcup b) \sqcap (a \sqcup c)$

5.2.3 DER KOMPLEMENTÄRE DISTRIBUTIVE VERBAND

Ein distributiver Verband heißt **komplementär**, wenn es innerhalb des distributiven Verbandes V zu jedem a als Element von V **genau ein komplementäres Element $\bar{a}$** gibt, mit den folgenden Eigenschaften:

(6) $a \sqcap \bar{a} = n$ (Null-Element)

$a \sqcup \bar{a} = e$ (Eins-Element)

Einen solchen Verband nennt man einen **Boole'schen Verband** bzw. eine **Boole'sche Algebra**. Hierbei wird als Verknüpfungszeichen für den Durchschnitt ($\sqcap$) das Symbol "*" und für die Vereinigung ($\sqcup$) das Symbol "+" eingeführt.

a * b bedeutet: a geschnitten mit b

a + b bedeutet: a vereinigt mit b

Für die neutralen Elemente verwendet man **e=1** und **n=0**. Damit nehmen die Axione für Bool'sche Verbände folgende Gestalt an:

Komplementärer distributiver Verband = Boole'scher Verband		
Distributiver Verband		
Verband		
(1)	a * b = b * a	a + b = b + a
(2)	(a*b)*c = a*(b*c)	(a+b)+c = a+(b+c)
(3)	a*(a+b) = a	a+(a*b) = a
(4)	a * 1 = a	a + 0 = a
(5)	a*(b+c) = ab + ac	a+(b*c) = (a+b)*(a+c)
(6)	a * $\bar{a}$ = 0	a + $\bar{a}$ = 1

Hinweis: Anstelle von "a*b" kann auch die Kurzform "ab" geschrieben werden.

Für Boole'sche Verbände gilt das **Dualitätsprinzip** bezüglich der Verknüpfungen sowie bezüglich der neutralen Elemente, wie die obige Gegenüberstellung gut erkennen läßt.

5.2.4 WEITERE GESETZE DER BOOLE'SCHEN ALGEBRA

Die folgenden Gesetze lassen sich alle aus den Axiomen des Boole'schen Verbandes ableiten.

(7) Idempotenzgesetze

a * a = a　　　　a + a = a

a * a = a * (a+0) = a　　　　a + a = a + (a*1) = a

(8) Involutionsgesetz (Gesetz des doppelten Komplements)

$\bar{\bar{a}}$ = a　　　　$\bar{\bar{a}}$ ist komplementäres Element von $\bar{a}$

Da es zu jedem Element einer Boole'schen Algebra genau **ein** komplementäres Element gibt, muß $\bar{\bar{a}} = a$ sein.

(9) Dominanzgesetze

$a * 0 = 0$ $\qquad$ $a + 1 = 1$

(10) Für die **neutralen Elemente** 0 und 1 gilt:

$\bar{0} = 1$ $\qquad$ $0 * 1 = 0$

$\bar{1} = 0$ $\qquad$ $0 + 1 = 1$

Da es zu jedem Element genau **ein** komplemtäres Element gibt, muß $\bar{1}=0$ und $\bar{0}=1$ sein.

(11) Gesetze von De Morgan

$\overline{a * b} = \bar{a} + \bar{b}$ $\qquad$ $\overline{a + b} = \bar{a} * \bar{b}$

Übungsaufgabe: Die Gesetze von De Morgan sind unter Verwendung der Axiome für den Boole'schen Verband zu beweisen.

Hinweis: Als Ansatz hierzu dient das Axiom (6) und das Involutionsgesetz. Wird die jeweils linke Seite der De Morgan Gesetze (noch einmal) negiert, so müssen unter Verwendung des Axioms (6) die folgenden Gleichungen gelten:

$\bar{x} * x = 0$ $\qquad$ $\bar{x} + x = 1$ (Axiom (6)

$(a*b)*(\bar{a}+\bar{b}) = 0$ bzw. $(a*b)+(\bar{a}+\bar{b}) = 1$
und
$(a+b)*(\bar{a}*\bar{b}) = 0$ bzw. $(a+b)+(\bar{a}*\bar{b}) = 1$

Die Richtigkeit dieser Gleichungen ist unter Verwendung der Axiome für Boole'sche Verbände nachzuweisen. Damit ist auch die Gültigkeit der De Morgan'schen Gesetze bewiesen.

5.3 SCHALTALGEBRA

5.3.1 GRUNDLAGEN

Wahrheitswerte von logischen Aussageformen mit beliebigen logischen Verknüpfungen können mit Hilfe von **elektronischen Schaltungen** ermittelt werden. Die binären Variablen werden dabei durch Schalter dargestellt. Dabei gilt:

Schalter geschlossen --> "1" (wahr)

Schalter offen --> "0" (falsch)

Durch entsprechende Verbindung der Schalter lassen sich sämtliche logischen Funktionen nachbilden. Dies wird im folgenden am Beispiel für zwei Variable gezeigt.

a) Reihenschaltung x1,x2

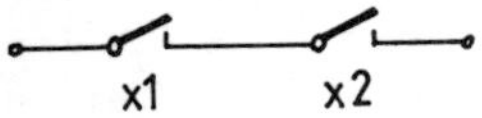

UND-Schaltung (f1)

Wahrheitstabelle

x1	x2	x1*x2
0	0	0
0	1	0
1	0	0
1	1	1

b) Parallelschaltung x1,x2

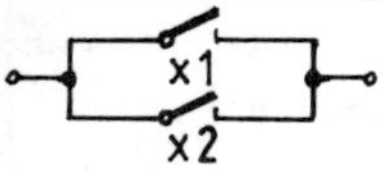

ODER-Schaltung (f7)

Wahrheitstabelle

x1	x2	x1+x2
0	0	0
0	1	1
1	0	1
1	1	1

c) Eine **Negation** läßt sich durch zwei gekoppelte Schalter erzielen:

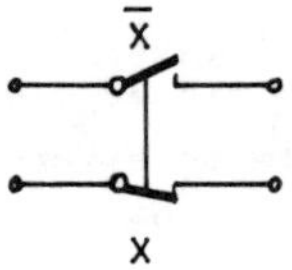

NICHT-Schaltung (Negation)

Durch Reihen- und/oder Parallelschaltung lassen sich alle Kombinationen bilden, um jede beliebige logische Funktion zu realisieren. In Abschn. 5.1 wurde gezeigt, daß die Operatoren UND und NICHT bzw. ODER und NICHT funktionell vollständig sind.

Aussagenalgebra und Schaltalgebra sind zueinander **isomorph:**

- Die Wahrheitswerte von Aussagen- und Schaltalgebra lassen sich ineinander abbilden, und die Ergebnisse von Verknüpfungen sind äquivalent.
- Die Reihenfolge von Abbilden und Verknüpfen kann, ohne daß sich das Ergebnis ändert, vertauscht werden.
- Ein in der Schaltalgebra gültiges Gesetz gilt auch in der Aussagenalgebra - und umgekehrt.

Merke: Aussagenalgebra und Schaltalgebra sind zwei gleichwertige **Modelle der Boole'schen Algebra.**

Die Schaltalgebra hat sich aus der zweiwertigen Aussagenlogik entwickelt. Sie behandelt das Aufstellen und das Berechnen logischer Funktionen und ermöglicht die **Analyse** und **Synthese** von Schaltungen.

Schaltungs-**Analyse** ist die Ermittlung der Eigenschaften einer logischen Schaltung in Abhängigkeit von den Eingangsvariablen. Die Beschreibung erfolgt durch Angabe einer Schaltfunktion, z.B.:

$$f(x1,x2) = x1 + \bar{x}1x2 + \bar{x}1\bar{x}2$$

Schaltungs-**Synthese** nennt man die Bestimmung der Schaltglieder einer logischen Schaltung bei vorgegebenen Eigenschaften (z.B. durch eine Wahrheitstabelle).

Nach den Gesetzen der Boole'schen Algebra lassen sich Schaltfunktionen durch Umformen der Funktionsterme oftmals **vereinfachen,** so daß man zu einem geringeren Schaltungsaufwand kommt. (--> Minimierung von Schaltfunktionen siehe Abschn. 5.5).

Bevor wir zur Schalttechnik übergehen, sollen noch kurz die Begriffe "Schaltwerk" und "Schaltnetz" erklärt werden: Bei einem **Schaltnetz** hängen die Werte der Ausgangsvariablen fi zu jedem Zeitpunkt ausschließlich von den Werten der Eingangsvariablen ab: fi = f(x1,x2,x3, ... ,xn).

Schaltnetz = Kombinatorische Logikschaltung

Ein **Schaltwerk** besitzt - im Gegensatz zu einem Schaltnetz - zusätzlich Speicherelemente und i.a. Rückkopplungen von den Ausgängen zu den Eingängen. Diese bewirken, daß der Ausgangszustand des Schaltwerks nicht nur vom augenblicklichen Zustand der Eingangsvariablen sondern auch noch von den vorhergehenden Schaltwerks-Zuständen abhängt. Ein Schaltwerk wird **getaktet**. Für die Werte der Ausgangsvariablen fi zu einem bestimmten Zeitpunkt t gilt:

$$fi^{t} = f(x1, \ldots xn, f^{t-1}, f^{t-2}, \ldots)$$

Schaltwerk = Sequentielle Logikschaltung

5.3.2 SCHALTTECHNIK

Die physikalische Realisierung einer logischen Schaltung enthält Elemente mit zwei ausgeprägten Betriebsgrößen, von denen jeweils nur **eine** zur Zeit angenommen werden kann, z.B. Schalter, ferromagnetische Bauteile und/oder elektronische Schaltungen. Die Unterscheidung von nur **zwei** Zuständen ist technisch besonders einfach und störungssicher.

Hinweis: Bei der Behandlung logischer Schaltungen mit Hilfe der Schaltalgebra wird in symbolischer Darstelllung lediglich die **logische** Funktion erfaßt, ohne dabei elektrotechnische oder schaltungstechnische Besonderheiten zu berücksichtigen. Die Schaltalgebra liefert daher keine Aussagen über Schaltzeiten, Signallaufzeiten, Spannungstoleranzen, Störsicherheit oder Belastbarkeit einer Schaltung.

Zum Aufbau logischer Schaltungen werden üblicherweise **integrierte Schaltkreise** verwendet. Je nach dem, welche Gesichtspunkte für den Betrieb der Schaltung wichtig sind (Schaltgeschwindigkeit, Leistungsverbrauch,Störsicherheit), kann der Entwickler unter verschiedenen Schaltkreistechnologien auswählen (TTL, ECL, MOS, CMOS, HTL usw.). Am meisten verbreitet ist die **TTL-Technologie**, die neben der Normal-Version noch verschiedene Varianten aufweist.

Grundelement für die Realisierung logischer Schaltungen mit elektronischen Mitteln ist das **Gatter** (engl.: "gate" = Tor). Die Wahrheitswerte werden durch elektrische Spannungen dargestellt. Normalerweise gilt die sog. **positive Logik:**

Spannung hoch (high) = 1

Spannung niedrig (low) = 0

Ist die Zuordnung umgekehrt, spricht man von **negativer Logik**.

Symbole für Gatterdarstellungen der Grundoperationen:

UND-Gatter ODER-Gatter INVERTER

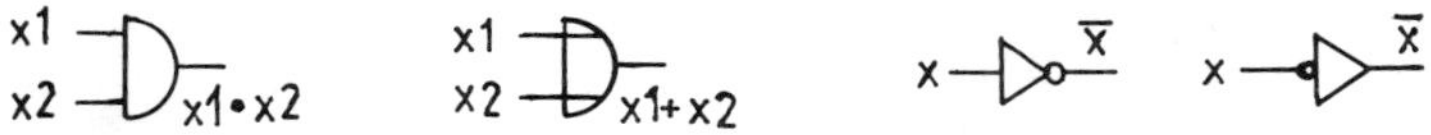

Hinweis: Seit 1976 gelten für Logikschaltungen die Schaltzeichen nach DIN 40 700. Die darin festgelegten Symbole wurden u.a. deshalb neu gestaltet, um im Rahmen von CAD-Verfahren (CAD = Computer Aided Design) möglichst einfach Schaltpläne **maschinell** zeichnen zu können.

NAND-Gatter NOR-Gatter INVERTER

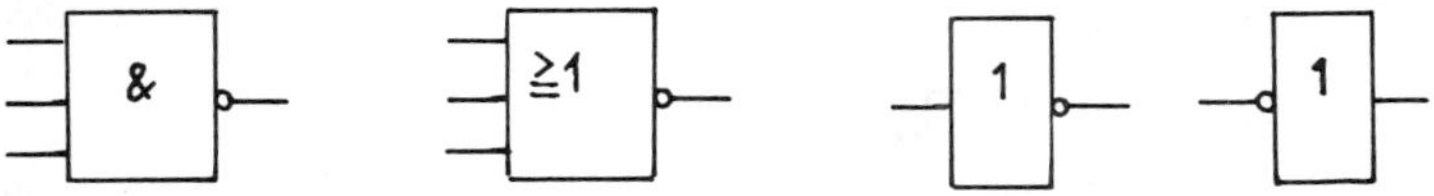

Die neuen Symbole sind jedoch weniger anschaulich als die alten. Wir werden deshalb im folgenden die alten Schaltzeichen beibehalten.

Negierungspunkte können auch an den **Eingängen** der Schaltelemente stehen. Dies gilt nicht nur für Inverter - wie oben dargestellt -, sondern für **alle** Schaltglieder. Ein Negierungspunkt (oder auch "Negationspunkt") ersetzt einen Inverter und erspart somit Zeichenarbeit. Die folgenden beiden Verknüpfungsschaltungen geben dafür ein Beispiel.

Beispiel 5.3-1: Beispiele für Verknüpfungsschaltungen

1.

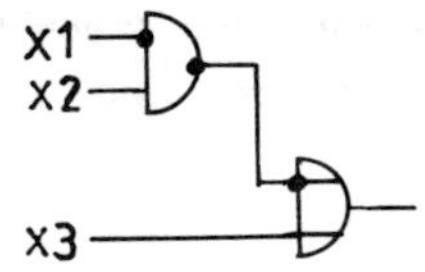

$f(x1,x2,x3) = \overline{\overline{\bar{x}1 * x2}} + x3$

2.

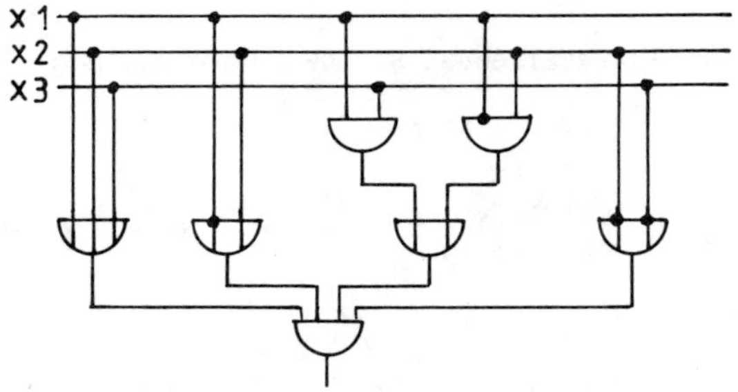

$f(x1,x2,x3) = (x1+x2+x3) * (\bar{x}1+x2) * (x1x3+\bar{x}1x2) * (\bar{x}2+\bar{x}3)$

Die Schaltfunktion läßt sich anhand des Schaltbildes unmittelbar angeben.

Das Verhalten logischer Schaltglieder bzw. logischer Schaltungen läßt sich auch durch **Impulsdiagramme** beschreiben.

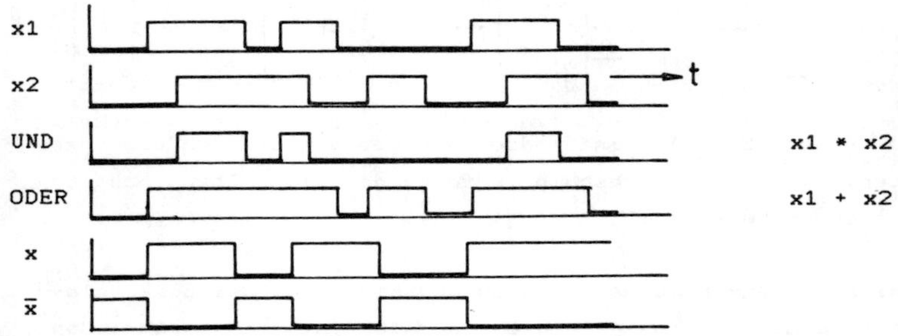

Diese Art wird jedoch normalerweise nur dann angewendet, wenn neben der logischen Funktion auch noch Details über das **Realzeitverhalten** der Schaltung zum Ausdruck kommen sollen, z.B. in technischen Datenblättern integrierter Schaltkreise.

Anwendung des Dualitätsprinzips

Gemäß der Axiome für Boole'sche Verbände kann aus einer beliebigen Verknüpfung eine neue gleichwertige Verknüpfung gebildet werden durch folgende Maßnahmen:

- Ersetzen der Operatoren + durch * bzw. * durch +
- Vertauschen der neutralen Elemente 0 und 1
- Ersetzen jeder Variablen durch ihr Komplement

Beispiel 5.3-2: Anwendung des Dualitätsprinzips

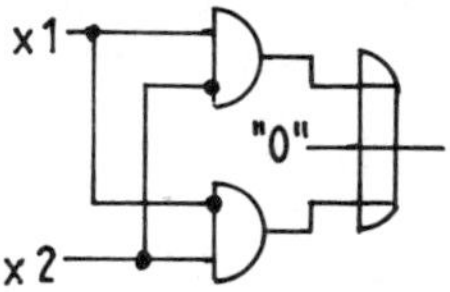

$f(x1,x2) = (x1 * \bar{x}2) + (\bar{x}1 * x2) + (0)$
!___ neutral bezüglich (+)

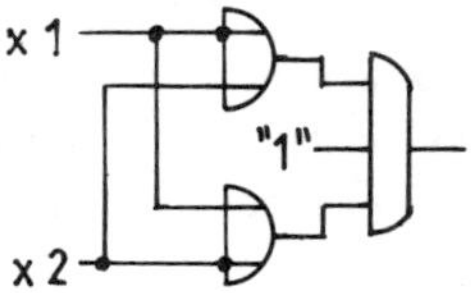

$\bar{f}(x1,x2) = (\bar{x}1 + x2) * (x1 + \bar{x}2) * (1)$
!___ neutral bezüglich (*)

Das Dualitätsprinzip kann auch an den De Morgan'schen Gesetzen nachvollzogen werden. Dabei läßt sich folgende Regel erkennen: Ein Negationspunkt kann vom Ausgang eines Schaltgliedes an **alle** Eingänge "verzogen" werden - wobei eventuell vorhandene Negierungspunkte aufgehoben werden - **und** ein UND-Gatter wird zu einem ODER-Gatter bzw. umgekehrt.

Übungsaufgabe: Gemäß Abschn. 5.1 reicht die NAND- bzw. NOR-Verknüpfung aus, um jede logische Schaltfunktion zu realisieren. Damit ist die Möglichkeit gegeben, jedes logische Schaltnetz aus einem einzigen Schaltgliedtyp aufzubauen (Typenreduktion senkt Kosten!).
Geben Sie die Grundfunktionen UND, ODER und NICHT an, dargestellt ausschließlich mit NAND- bzw. mit NOR-Gattern.

WIRED - AND/OR - Verknüpfung

Die Parallelschaltung der Ausgänge zweier oder mehrerer Gatter ist im allgemeinen verboten. Das führt zu einem undefinierten Pegel auf der Leitung, wenn die einzelnen Schaltglieder unterschiedliche Ausgangs-Zustände (0/1) haben. Sind die Ausgänge der Schaltglieder jedoch derart konzipiert, daß **einer** der beiden logischen Zustände **dominiert**, so ist die Parallelschaltung zulässig.

a) 0 - Zustand dominiert --> WIRED-AND-Verknüpfung auch PARALLEL-UND- Verknüpfung oder PHANTOM -UND- Verknüpfung genannt

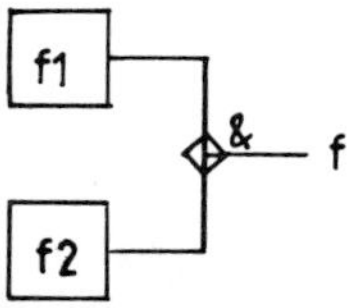

f1	f2	f
0	0	0
0	1	0
1	0	0
1	1	1

b) 1 - Zustand dominiert --> WIRED - OR - Verknüpfung auch PARALLEL-ODER-Verknüpfung oder PHANTOM - ODER-Verknüpfung genannt

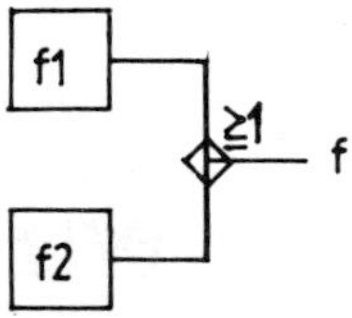

f1	f2	f
0	0	0
0	1	1
1	0	1
1	1	1

Weil durch die WIRED-Verknüpfung die Ausgänge direkt zusammengeschaltet werden dürfen, wird das hier sonst erforderliche Gatter gespart.

5.4 NORMALFORMEN

5.4.1 DAS BOOLE'SCHE NORMALFORM-THEOREM

Für eine binäre Funktion gibt es verschiedene Möglichkeiten der Darstellung mit Boole'schen Funktionstermen; z.B.:

$$f(x1,x2) = x1x2 + \overline{x}1x2 + \overline{x}1\overline{x}2 = \overline{x}1(x2+\overline{x}2) + x2(x1+\overline{x}1) =$$
$$= \overline{x}1 + x2$$

Jede Schaltfunktion kann zurückgeführt werden auf die Grundverknüpfungen Konjunktion (UND), Disjunktion (ODER) und Negation (NICHT). Für jede n-stellige Schaltfunktion f gilt:

(5.4-1) $f(x1,x2,...,xi,...xn) = xi * f(x1,x2,...,1,..,xn) + \bar{x}i * f(x1,x2,...,0,..,xn)$

Eine Variable xi kann auf diese Weise aus der Schaltfunktion "herausgelöst" werden. Die Richtigkeit der obigen Gleichung ist durch Einsetzen aller Wahrheitswerte für xi leicht zu überprüfen.

Durch sukzessive Anwendung auf **alle** Variablen x ergibt sich das Boole'sche Normalform-Theorem:

(5.4-2)
$$
\begin{aligned}
f(x1,x2,...,xn) = {} & x1x2x3...xn * f(1,1,1,...,1) \\
+ {} & \bar{x}1x2x3...xn * f(0,1,1,...,1) \\
+ {} & x1\bar{x}2x3...xn * f(1,0,1,...,1) \\
+ {} & x1x2\bar{x}3...xn * f(1,1,0,...,1) \\
+ {} & \quad\vdots \\
+ {} & \\
+ {} & \bar{x}1\bar{x}2\bar{x}3...\bar{x}n\text{-}1xn * f(0,0,0,...,0,1) \\
+ {} & \bar{x}1\bar{x}2\bar{x}3...\bar{x}n\text{-}1\bar{x}n * f(0,0,0,...,0,0)
\end{aligned}
$$

5.4.2 DIE DISJUNKTIVE NORMALFORM (DNF)

Definition: Die DNF einer logischen Funktion setzt sich aus einer oder mehreren **disjunktiv verknüpften Konjunktionen** zusammen, die jede Variable entweder direkt oder in negierter Form enthalten.

DNF: f = (Konjunktion) + (Konjunktion) + (Konjunktion) + ...

- Jede Schaltfunktion mit n Variablen läßt sich als Disjunktion von $0 < k < 2^n$ sogenannten **Mintermen** darstellen.
- Jeder Minterm ist eine **n-stellige Konjunktion** (Vollkonjunktion), die **jede** Variable enthält, entweder direkt oder negiert.

- Jeder Minterm nimmt bei genau **einer** Belegung der Variablen den Wert 1 und sonst den Wert 0 an.

Hieraus folgt: Jede binäre Funktion von n Variablen x1,x2,...,xn läßt sich eindeutig in disjunktiver Normalform darstellen, indem man diejenigen Minterme disjunktiv miteinander verknüpft, für die die Funktion den Wert 1 hat.

Beispiel 5.4-1: Aufstellen der DNF aus der Wahrheitstabelle

x1	x2	x3	f(x1,x2,x3)
0	0	0	1
0	0	1	1
0	1	0	0
0	1	1	0
1	0	0	0
1	0	1	1
1	1	0	0
1	1	1	0

DFN: $f = \bar{x}1\bar{x}2\bar{x}3 + \bar{x}1\bar{x}2x3 + x1\bar{x}2x3$

5.4.3 DIE KONJUNKTIVE NORMALFORM (KNF)

Definition: Die KNF einer logischen Funktion setzt sich aus einer oder mehreren **konjunktiv verknüpften Disjunktionen** zusammen, die **jede** Variable entweder direkt oder in negierter Form enthalten.

KNF: f = (Disjunktion) * (Disjunktion) * (Disjunktion) * ...

Wegen des Dualitätsprinzips gilt analog zu Abschn. 5.4.2:
- Jede Schaltfunktion mit n Variablen läßt sich als Konjunktion von $0 < k < 2^n$ sogenannten **Maxtermen** darstellen.
- Jeder Maxterm ist eine **n-stellige Disjunktion** (Volldisjunktion), die jede Variable enthält, entweder direkt oder negiert.
- Jeder Maxterm nimmmt bei genau einer Belegung der Variablen den Wert 0 und sonst den Wert 1 an.

Hieraus folgt: Jede binäre Funktion von n Variablen x1,x2,...,xn läßt sich eindeutig in konjunktiver Normalform darstellen, indem man diejenigen Maxterme konjunktiv miteinander verknüpft, für die die Funktion den Wert 0 hat.

Beispiel 5.4-2: KNF für Beispiel 5.4-1
Aus der Wahrheitstabelle der Funktion folgt:

KNF: $f = (x1+\bar{x}2+x3) * (x1+\bar{x}2+\bar{x}3) * (\bar{x}1+x2+x3) * (\bar{x}1+\bar{x}2+x3) * (\bar{x}1+\bar{x}2+\bar{x}3)$

Hinweis: Die KNF ist in diesem Fall länger als die DNF, da in der Wertetabelle der Funktion mehr Nullen als Einsen auftreten. Meistens lassen sich sowohl die DNF als auch die KNF vereinfachen. Hierzu können die Gesetze der Boole'schen Algebra angewendet werden. Anschaulicher und sicherer sind jedoch die im folgenden Abschnitt angeführten Minimisierungsverfahren.

Zur Vereinfachung der Schreibarbeit werden für Minterme und Maxterme Abkürzungen gemäß Tabelle 5.1 benutzt.

Ist die DNF einer Funktion bekannt, so kann die KNF daraus unmittelbar abgeleitet werden. Sie enthält nämlich gerade alle Terme, die in der DNF **nicht** vorkommen, allerdings als **Maxterme** und **konjunktiv** miteinander verknüpft; z.B.:

DNF: $f = m3 + m4 + m5 + m6 + m7$

KNF: $f = M0 * M1 * M2$

Tab. 5.1 Minterme und Maxterme bei 3 Variablen

x0	x1	x2	Minterme	Maxterme
0	0	0	$m0 = \bar{x}0\bar{x}1\bar{x}2$	$M0 = x0+x1+x2$
0	0	1	$m1 = \bar{x}0\bar{x}1x2$	$M1 = x0+x1+\bar{x}2$
0	1	0	$m2 = \bar{x}0x1\bar{x}2$	$M2 = x0+\bar{x}1+x2$
0	1	1	$m3 = \bar{x}0x1x2$	$M3 = x0+\bar{x}1+\bar{x}2$
1	0	0	$m4 = x0\bar{x}1\bar{x}2$	$M4 = \bar{x}0+x1+x2$
1	0	1	$m5 = x0\bar{x}1x2$	$M5 = \bar{x}0+x1+\bar{x}2$
1	1	0	$m6 = x0x1\bar{x}2$	$M6 = \bar{x}0+\bar{x}1+x2$
1	1	1	$m7 = x0x1x2$	$M7 = \bar{x}0+\bar{x}1+\bar{x}2$

Beispiel 5.4-3: Aufstellen von DNF und KNF für die Schaltfunktion $f(x0,x1,x2) = \overline{(x2+\overline{x1}) * \overline{x0}}$

a) Umformen, bis Negationszeichen nur noch über **einzelnen** Variablen stehen

$$\overline{(x2+\overline{x1}) * \overline{x0}} = \overline{(x2+\overline{x1})} + \overline{\overline{x0}} = \overline{x2} * \overline{\overline{x1}} + \overline{\overline{x0}} = \overline{x2}x1 + x0$$

b) Erzeugung der DNF durch Erweiterung der obigen Terme zu Mintermen mittels $(xi + \overline{xi} = 1)$

$$f = \overline{x2}x1*(x0+\overline{x0}) + x0*(x1+\overline{x1})*(x2+\overline{x2}) =$$

$$= \underset{m6}{x0x1\overline{x2}} + \underset{m2}{\overline{x0}x1\overline{x2}} + \underset{m7}{x0x1x2} + \underset{m6}{x0x1\overline{x2}} + \underset{m5}{x0\overline{x1}x2} + \underset{m4}{x0\overline{x1}\overline{x2}}$$

Doppelt vorkommende Minterme können entfallen. Somit:

$f = m2 + m4 + m5 + m6 + m7$

c) Die KNF wird direkt aus b) abgeleitet

$f = M0 * M1 * M3 = (x0+x1+x2) * (x0+x1+\overline{x2}) * (x0+\overline{x1}+\overline{x2})$

5.5 MINIMIERUNG BINÄRER FUNKTIONEN

Ziel der Minimierung ist es, Schaltfunktionen mit dem geringsten Aufwand (Kosten) zu realisieren. Dazu müssen redundante Variable und Terme eliminiert werden.

5.5.1 DIREKTE ANWENDUNG SCHALTALGEBRAISCHER GESETZE

Die Minimierung beruht hierbei auf der Anwendung von Kürzungsregeln, die aus den Axiomen der Boole'schen Algebra abgeleitet sind.

Häufig benötigte **Kürzungsregeln:**

1. $a + 0 = a \qquad a * 0 = 0$
2. $a + 1 = 1 \qquad a * 1 = a$
3. $a + a = a \qquad a * a = a$
4. $a + \overline{a} = 1 \qquad a * \overline{a} = 0$
5. $a + \overline{a}b = a + b$
6. $\overline{a} + ab = \overline{a} + b$
7. $\overline{a} + a\overline{b} = \overline{a} + \overline{b}$

8. $ab + \bar{a}c + bc = ab + \bar{a}c$
   !
   !____ redundanter Term

Zur Minimierung empfiehlt sich folgender Algorithmus:

1. Schritt: Die binäre Funktion ist in eine Form zu bringen, die der **DNF** möglichst ähnlich ist.

2. Schritt: Die Anwendung **einfacher Rechenregeln** ist zu prüfen, z.B. $a + ab = a$
$ab + a\bar{b} = a$

3. Schritt: Die Anwendung der **Kürzungsregeln** ist zu prüfen.

4. Schritt: **Ausklammern** von Variablen führt häufig zu einer Verringerung des Schaltungsaufwandes.

Die Anwendung dieser Methode ist schwierig. Sie verlangt große Gewandheit im Umgang mit der Boole'schen Algebra. Oft bleiben Zweifel, die wirklich minimale Form gefunden zu haben. Es soll hier auf ein Beispiel verzichtet werden. Zur Übung läßt sich ggf. eines der folgenden Beispiele benutzen, von denen das Minimisierungsergebnis bekannt ist.

5.5.2 DAS KARNAUGH-VERFAHREN

Das folgende Minimierungsverfahren ist systematisch und besonders anschaulich. Es wurde von Karnaugh und Veitch entwickelt.

5.5.2.1 DAS KARNAUGH-VEITCH-DIAGRAMM (KV-DIAGRAMM)

Das Prinzip der Minimierung läßt sich am besten an folgendem Modell erklären. Wir gehen zunächst von der DNF aus und stellen uns die **Minterme in einem n-dimensionalen Raum** angeordnet vor. Für n Boole'sche Variable erhält man 2^n verschiedene Minterme. 2^n ist genau die Anzahl der **Ecken** eines n-dimensionalen "Würfels". Somit kann jeder Ecke eines solchen Würfels genau **ein** Minterm zugeordnet werden. Es gilt folgendes Zuordnungsschema: Minterme, die sich nur in **einem**

Konjunktionsglied durch das entsprechende **Komplement** voneinander unterscheiden, werden Ecken zugeordnet, die durch die **Kanten** des Würfels miteinander verbunden sind (**benachbarte Minterme**).

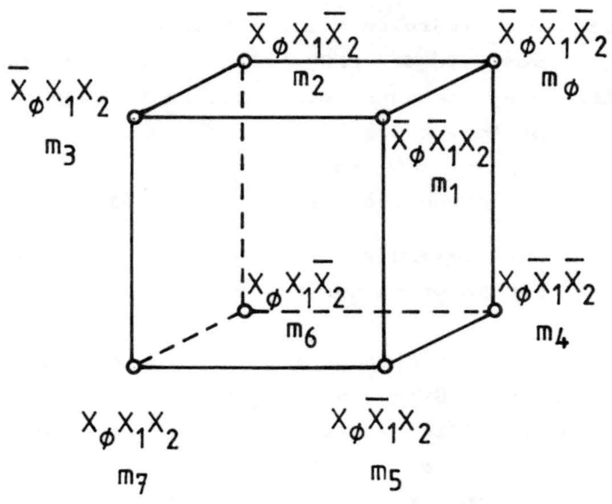

Abb. 5.1 Minterme im 3-dimensionalen Raum

Benachbarte Minterme lassen sich über eine Kante oder eine Fläche zusammenfassen. Die Zusammenfassung basiert auf dem Axiom (6): $x0x1x2 + x0x1\bar{x}2 = x0x1*(x2 + \bar{x}2) = x0x1$

In einer Schaltfunktion ergeben sich dann Vereinfachungen, wenn benachbarte Minterme **besetzt** sind. Im KV-Diagramm erfolgt eine **Projektion der Minterme in eine Ebene** zum Zweck der Zusammenfassung.

Das KV-Diagramm ist eine Anordnung von quadratischen Feldern, die je einem Minterm entsprechen. Sämtlichen Quadraten mit gemeinsamer Kante sind benachbarte Minterme zugeordnet. Dabei ist der linke Rand des Diagramms an den rechten und der obere Rand an den unteren angeschlossen zu denken, d.h. die Quadrate der linken Spalte sind denen der rechten Spalte und die Quadrate der oberen Zeile denen der unteren Zeile benachbart. Bei n Variablen hat **jedes** Feld somit genau n Nachbarn.

Das Karnaugh-Verfahren ist nur bis zu 4 Variablen "handlich". Darüber hinaus wird es unübersichtlich, weil mit mehreren Diagrammen gleichzeitig gearbeitet werden muß. Für mehr als 6 Variable ist es nicht anwendbar.

Abb. 5.2 zeigt KV-Diagramme für 1-4 Variable. Die Bereiche für die verschiedenen Variablen können innerhalb des Diagramms auch anders zugeordnet werden. Es ist lediglich darauf zu achten, daß benachbarte Minterme auch in benachbarten Feldern angeordnet werden.

5.5.2.2 BINÄRE FUNKTIONEN IM KV-DIAGRAMM

Binäre Funktionen können direkt in das KV-Diagramm übertragen werden, wenn sie in DNF-Form oder in DNF ähnlicher Form (die Konjunktionen sind keine Minterme) vorliegen. Jeder auftretende Minterm wird durch eine "1" im KV-Diagramm gekennzeichnet. Minterme werden dabei automatisch generiert und zugleich für die nachfolgende Minimierung (Zusammenfassung) optimal sortiert, falls die disjunktiv verbundenen Funktionsterme keine **Voll**konjunktionen sind.

Beispiel 5.5-1: Eintragen der Minterme im KV-Diagramm

$$f(x0,x1,x2,x3) = x1x2 + x0x3 + \bar{x}0\bar{x}1x2x3$$

```
                    ___x0___
          I---I---I---I---I
          I   I   I   I   I
          I___I___I___I___I
          I   I   I   I   I  I
          I   I   I 1 I 1 I  I
          I___I___I___I___I  I  x3
        I I   I   I   I   I  I
        I I 1 I 1 I 1 I 1 I  I
     x2 I I___I___I___I___I  I
        I I   I   I   I   I
        I I   I 1 I 1 I   I
        I I___I___I___I___I
                ___x1___
```

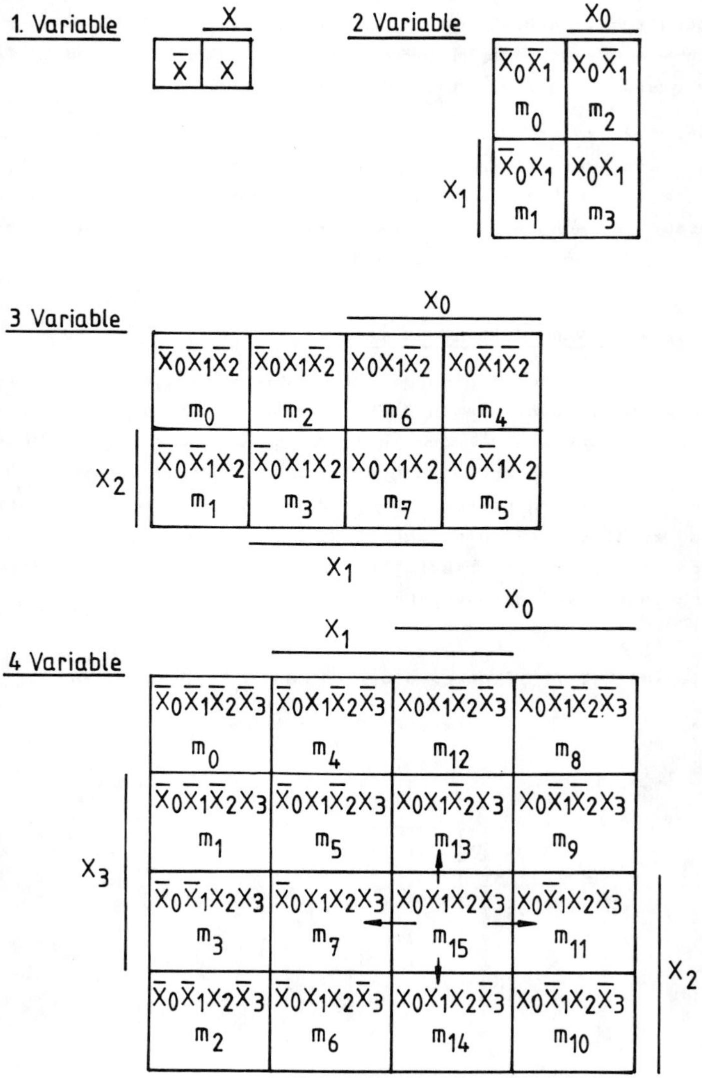

Abb. 5.2 KV-Diagramme für 1-4 Variable

Verfahren der Minimierung: Benachbarte Felder können nach der Regel $x1x2 + \bar{x}1x2 = x2(x1+\bar{x}1) = x2$ vereinfacht werden. Das geschieht im KV-Diagramm durch **Zusammenfassen benachbarter Felder** zu sogenannten **Elementarblöcken**. Jeweils 2^n Minterme können aber nur dann zu einem Block zusammengefaßt werden, wenn sie sich in n Variablen (durch Komplement) unterscheiden.

Beispiel 5.5-2: Gegeben sei eine Funktion durch die folgende Wahrheitstabelle

x0	x1	x2	f	Minterme
0	0	0	1	m0
0	0	1	0	
0	1	0	0	
0	1	1	1	m3
1	0	0	1	m4
1	0	1	0	
1	1	0	0	
1	1	1	1	m7

KV-Diagramm:

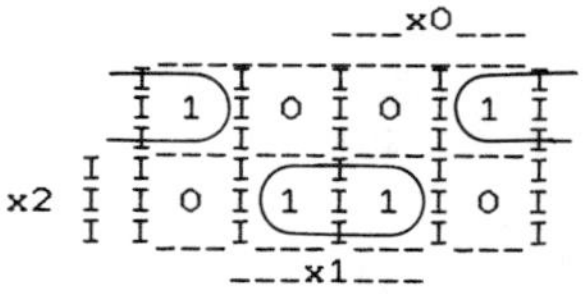

DNF: $f = m0 + m3 + m4 + m7$

Nachbarterme lassen sich zusammenfassen:

$m0 + m4 = \bar{x}0\bar{x}1\bar{x}2 + x0\bar{x}1\bar{x}2 = \bar{x}1\bar{x}2(x0+\bar{x}0) = \bar{x}1\bar{x}2$

$m3 + m7 = \bar{x}0x1x2 + x0x1x2 = x1x2(x0+\bar{x}0) = x1x2$

Minimalform: $f = x1x2 + \bar{x}1\bar{x}2$

Regeln für die Zusammenfassung von Mintermen:

1. Diejenigen Variablen, um die sich die Felder eines Blockes unterscheiden, entfallen. Die benachbarten Minterme reduzieren sich auf einen Term mit den **verbleibenden gemeinsamen Variablen.**
2. Alle gekürzten Terme und die ungekürzten Minterme des Diagramms werden disjunktiv miteinander verknüpft.
3. Bei der Vereinfachung kommt es darauf an, möglichst viele Minterme zu einem Elementarblock zusammenzufassen, d.h. möglichst **große** (aber auch gleichzeitig möglichst **wenige**) Elementarblöcke zu bilden.

4. Ein Minterm darf zu **mehreren** Elementarblöcken gehören. Dadurch können ggf. mehrere Möglichkeiten zur Blockbildung existieren; d.h. eine Schaltfunktion kann auch **mehrere minimale Formen** haben.

Beispiel 5.5-3: Minimierung log. Funktionen mit KV-Diagramm

1) $f = x_0\bar{x}_1 + \bar{x}_0x_1 + x_0x_1$

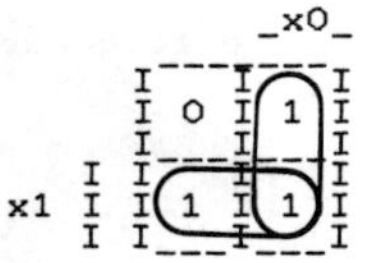

Minimalform: $f = x_0 + x_1$

2) $f = x_0\bar{x}_1 + \bar{x}_0\bar{x}_1 + \bar{x}_0x_1x_2x_3 + x_0x_1x_2\bar{x}_3 + x_0x_1x_2x_3$

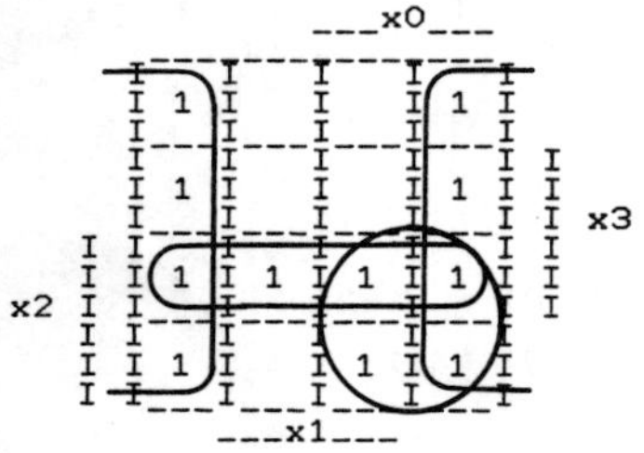

Minimalform:

$f = \bar{x}_1 + x_0x_2 + x_2x_3$

Weitere Beispiele für mögliche Blockbildungen:

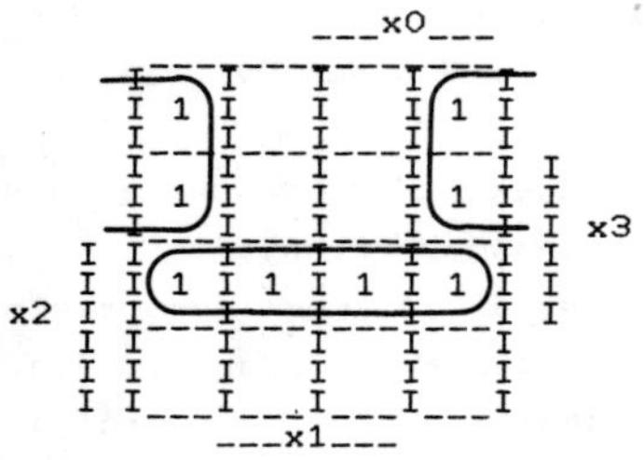

$f = \bar{x}_1\bar{x}_2 + x_2x_3$

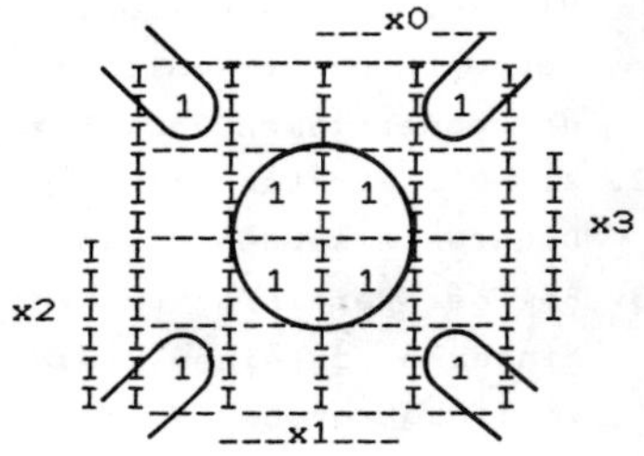

$f = x_1x_3 + \bar{x}_1\bar{x}_3$

5.5.2.3 DISJUNKTIVE UND KONJUNKTIVE NORMALFORM IM KV-DIAGRAMM

Das KV-Diagramm läßt sich auch zur Ermittlung der minimalen **konjunktiven** Normalform benutzen. Hierbei wird zuerst die minimale DNF für die Funktion $\bar{f}$ durch Zusammenfassung aller **0-Felder** im KV-Diagramm gebildet. Danach wird das **Dualitätsprinzip** angewendet und damit $\bar{f}$ in die KNF überführt.

Beispiel 5.5-4: Gesucht sind die minimale DNF und die minimale KNF für folgende Funktion:

$$f = x0x1\bar{x}3 + x1x2x3 + \bar{x}1x2x3 + x0\bar{x}1x2\bar{x}3 + \bar{x}0\bar{x}1\bar{x}2x3 + x1\bar{x}2x3$$

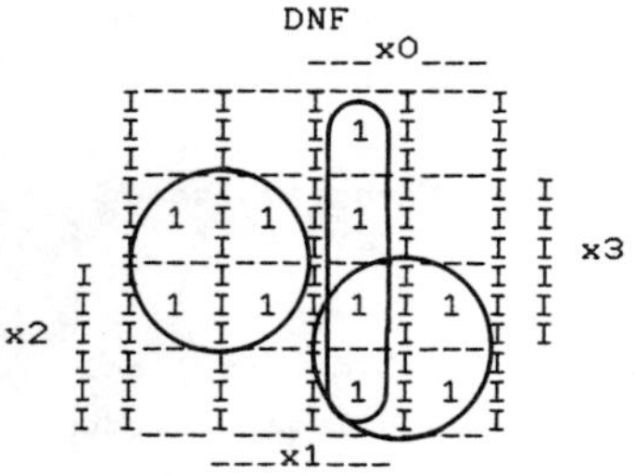

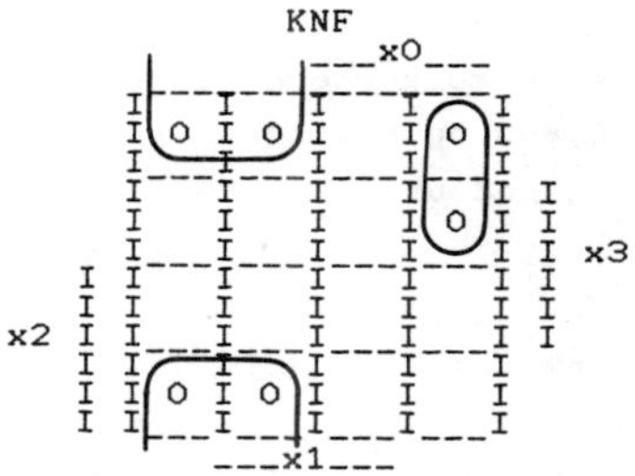

$f_D = x0x1 + x0x2 + \bar{x}0x3$

$\bar{f}_K = \bar{x}0\bar{x}3 + x0\bar{x}1\bar{x}2$

$f_K = (x0+x3)*(\bar{x}0+x1+x2)$

Beide Ausdrücke sind gleichwertig; die KNF ist jedoch hier mit einem geringeren Aufwand an Schaltgliedern zu realisieren.

DNF:

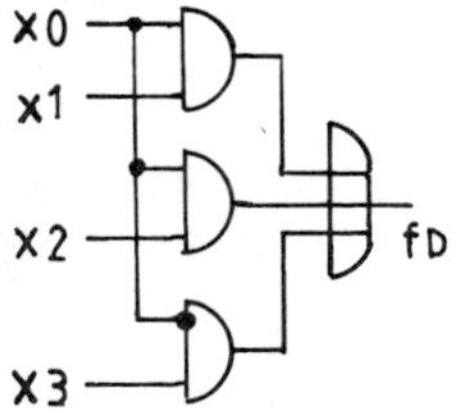

KNF:

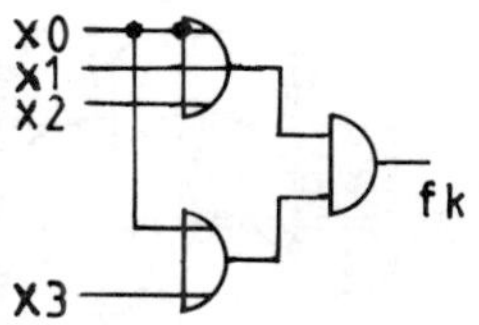

5.5.2.4 REDUNDANZEN IM KV-DIAGRAMM

Für Minterme, die bei einer bestimmten Problemstellung in der Praxis nie vorkommen können, sind die Funktionswerte "0" oder "1" frei wählbar. Sie werden im KV-Diagramm mit "X" (don't care) gekennzeichnet. **Don't-care-Terme** dürfen bei der Bildung von Elementarblöcken mitbenutzt werden; sie müssen es jedoch nicht.

Beispiel 5.5-5: Verwendung von don't-care-Termen
4 Anschlüsse für elektrische Verbraucher sollen gegeneinander so verriegelt werden, daß nur maximal 2 Anschlüsse gleichzeitig betrieben werden können. Nach Anschluß eines zweiten Verbrauchers müssen die restlichen 2 Anschlußstellen ohne Spannung bleiben.

Es soll bedeuten: $x0=1$ Verbraucher 0 ist angeschlossen
$x1=1$ Verbraucher 1 " "
$x2=1$ Verbraucher 2 " "
$x3=1$ Verbraucher 3 " "

Die Funktion f stellt das Verriegelungssignal dar; f=1 soll bedeuten, daß kein weiterer Verbraucher angeschlosssn werden darf. Die Funktion wird erfüllt, wenn 2 oder mehr Verbraucher angeschaltet sind, d.h. für folgende Minterme (DNF):

$$f_D = x0x1\bar{x}2\bar{x}3 + x0\bar{x}1x2\bar{x}3 + x0\bar{x}1\bar{x}2x3 + \bar{x}0x1x2\bar{x}3 + \bar{x}0x1\bar{x}2x3 + \bar{x}0\bar{x}1x2x3$$

2 Verbraucher angeschlossen

$$+ x0x1x2\bar{x}3 + x0x1\bar{x}2x3 + x0\bar{x}1x2x3 + \bar{x}0x1x2x3 + x0x1x2x3$$

Redundanzen (don't care)

Die redundanten Terme können aufgrund der Aufgabenstellung nie vorkommen, sie werden jedoch zur Vereinfachung der Funktion mitbenutzt.

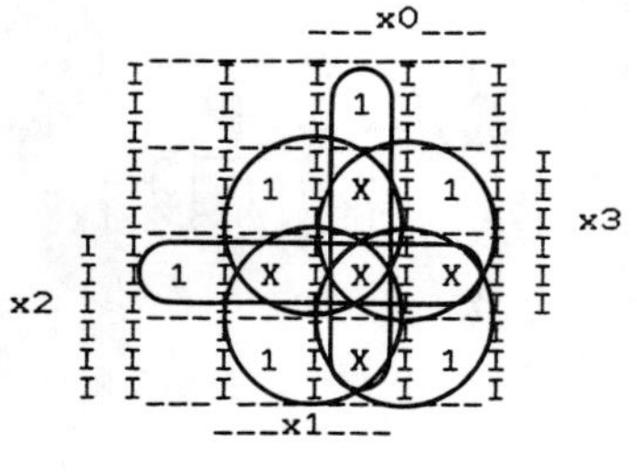

DNF: $f_D = x0x1 + x0x2 + x0x3 + x1x2 + x1x3 + x2x3$

Als KNF ergibt sich folgende Form:

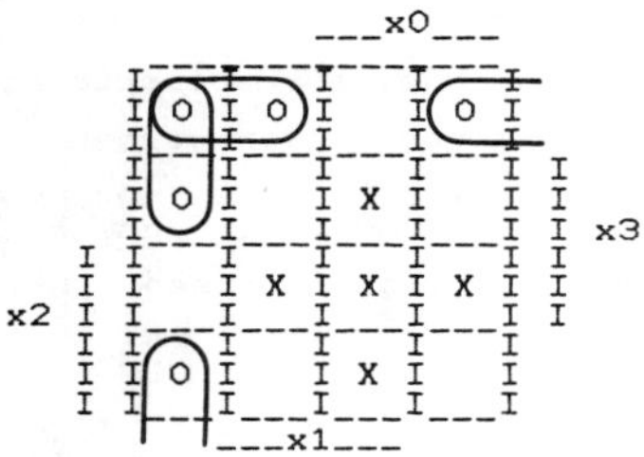

Es fällt auf, daß die don't-care-Terme hier nicht mitbenutzt werden können !

KNF: $\bar{f}_K = \bar{x}0\bar{x}1\bar{x}2 + \bar{x}0\bar{x}2\bar{x}3 + \bar{x}0\bar{x}1\bar{x}3 + \bar{x}1\bar{x}2\bar{x}3$

Durch zweimalige Anwendung des De Morgan'schen Gesetzes erhält man:

$$f_K = \overline{(\quad) + (\quad) + (\quad) + (\quad)} =$$

$$= (\overline{\quad}) * (\overline{\quad}) * (\overline{\quad}) * (\overline{\quad}) =$$

$$f_K = (x0+x1+x2)*(x0+x2+x3)*(x0+x1+x3)*(x1+x2+x3)$$

f_K ist immer dann "0", wenn 3 der 4 Geräte **nicht** angeschaltet sind. Dafür existieren genau die obigen 4 Möglichkeiten.

DNF:

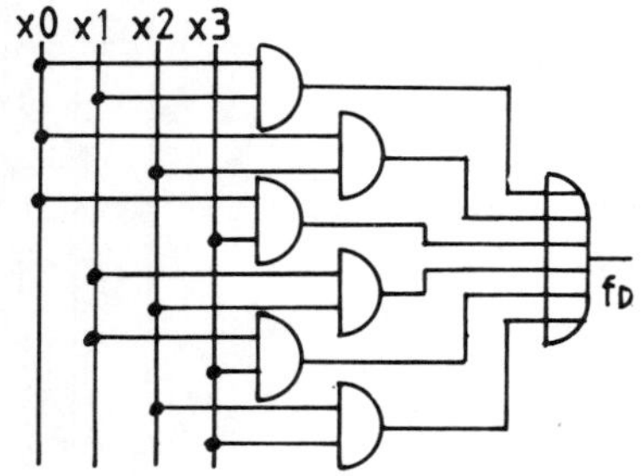

KNF:

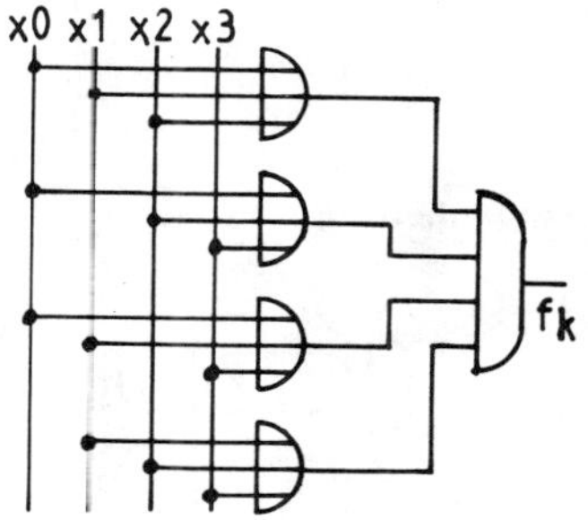

Die KNF erfordert also einen geringeren Schaltungsaufwand!

5.6 SCHALTUNGEN

5.6.1 CODIER- UND DECODIERSCHALTUNGEN

Unter **Decodierung** soll hier das Umwandeln eines Zahlencodes mit n Codewörtern in einen 1-aus-n Code verstanden werden.

Derartige Codes werden allgemein als $\binom{n}{m}$-Codes (m aus n) bezeichnet und umfassen n Binärstellen mit m Einsen und n-m Nullen.

Beispiel 5.6-1: BCD-Code ---> Decodierung in 1-aus-10 Code

```
x0 --->I---------------I---> 0
x1 --->I   Decodier-   I---> 1
x2 --->I   schaltung   I .   .
x3 --->I               I .   .
       I_______________I---> 9
```

Zuordnungstabelle

Eingabe x0	x1	x2	x3	Ausgabe 1-aus-10	Minterm
0	0	0	0	0	$\bar{x}0\bar{x}1\bar{x}2\bar{x}3$
0	0	0	1	1	.
0	0	1	0	2	.
0	0	1	1	3	usw.
0	1	0	0	4	.
0	1	0	1	5	.
0	1	1	0	6	.
0	1	1	1	7	.
1	0	0	0	8	
1	0	0	1	9	$x0\bar{x}1\bar{x}2x3$
1	0	1	0	10	
1	0	1	1	11	
1	1	0	0	12	Redundanzen
1	1	0	1	13	
1	1	1	0	14	Pseudotetraden
1	1	1	1	15	

Karnaugh-Diagramm

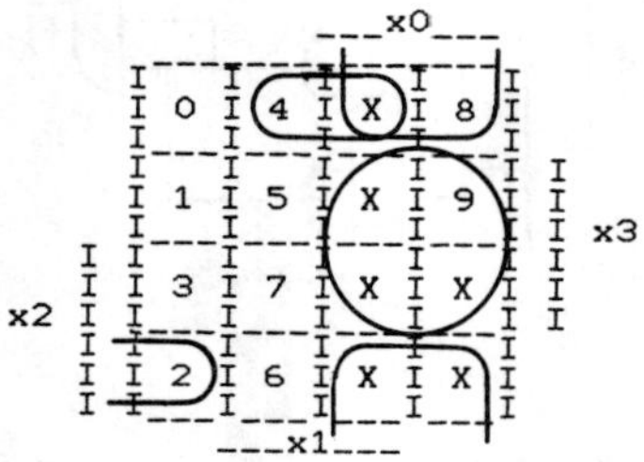

0 = $\bar{x}0\bar{x}1\bar{x}2\bar{x}3$

1 = $\bar{x}0\bar{x}1\bar{x}2x3$

2 = $\bar{x}1x2\bar{x}3$

3 = $\bar{x}1x2x3$

4 = $x1\bar{x}2\bar{x}3$

5 = $x1\bar{x}2x3$

6 = $x1x2\bar{x}3$

7 = $x1x2x3$

8 = $x0\bar{x}3$

9 = $x0x3$

Werden die Redundanzen zur Schaltungsvereinfachung einbezogen, so aktiviert auch jedes redundante Codewort bestimmte Ausgänge, z.B. Codewort 1010 bedeutet dann "1" an den Ausgängen 2 und 8. Ist dies nicht erwünscht, müssen die Redundanzen außer Betracht bleiben, d.h. es ergibt sich keine Schaltungsvereinfachung.

Hinweis: Der 1-aus-n-Code wird häufig auch in seiner komplementären Form angewandt (ein Ausgang 0, alle übrigen 1).

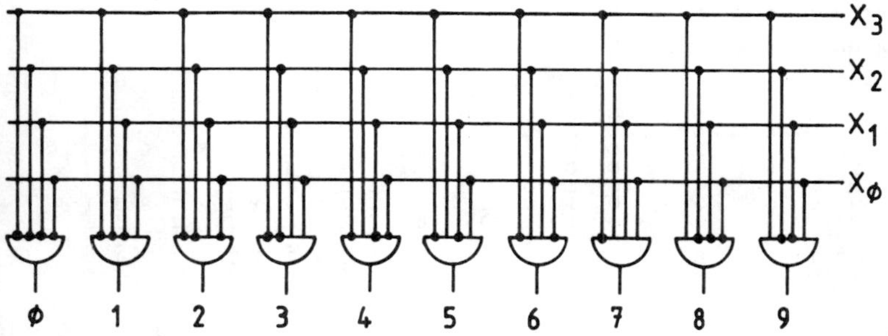

Abb. 5.3 Decodierschaltung für den 1-aus-10-Code (ohne Redundanzen)

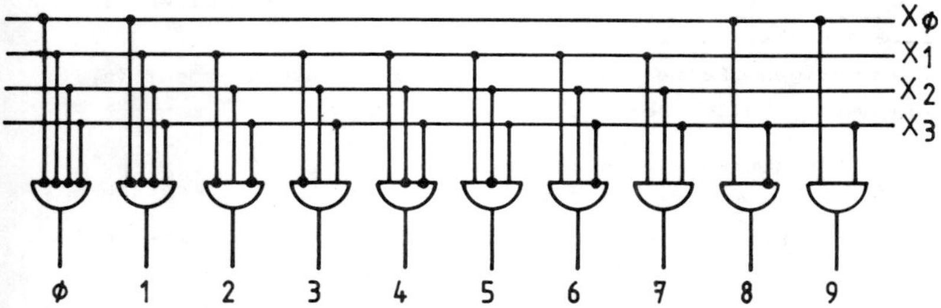

Abb. 5.4 Decodierschaltung für den 1-aus-10-Code (mit Redundanzen)

Umcodierung ist die Umwandlung eines Zahlencodes in einen anderen Zahlencode.

Beispiel 5.6-2: Umcodierung des Exzeß-3-Codes in den BCD-Code

```
         xA    xB    xC    xD        BCD-Code
         ↑     ↑     ↑     ↑
         !     !     !     !
   I----!-----!-----!-----!---I
   I   Umcodierschaltung      I
   I__________________________I
         ↑     ↑     ↑     ↑
         !     !     !     !
         x0    x1    x2    x3        Exzeß-3-Code
```

Zuordnungstabelle

Exzeß-3-Code x0	x1	x2	x3	Dez	BCD-Code xA	xB	xC	xD
0	0	1	1	0	0	0	0	0
0	1	0	0	1	0	0	0	1
0	1	0	1	2	0	0	1	0
0	1	1	0	3	0	0	1	1
0	1	1	1	4	0	1	0	0
1	0	0	0	5	0	1	0	1
1	0	0	1	6	0	1	1	0
1	0	1	0	7	0	1	1	1
1	0	1	1	8	1	0	0	0
1	1	0	0	9	1	0	0	1

Karnaugh-Diagramm

```
                ___x0___
      I---I---I---I---I
      I X I 1 I 9 I 5 I
      I___I___I___I___I
      I   I   I   I   I I
      I X I 2 I X I 6 I I
      I___I___I___I___I I x3
    I I   I   I   I   I I
    I I 0 I 4 I X I 8 I I
 x2 I I___I___I___I___I I
    I I   I   I   I   I
    I I X I 3 I X I 7 I
    I I___I___I___I___I
          ___x1___
```

(Exzeß-3-Code)

Das KV-Diagramm dient als **Lageplan** für die Dezimalziffern und die Redundanzen des Eingangscodes. Für jedes Bit des Ausgangscodes (BCD) muß eine eigene Schaltung entworfen werden. Dazu werden **4 neue KV-Diagramme** erstellt:

- Die redundanten Felder werden aus dem "Lageplan" direkt in alle 4 KV-Tafeln übertragen
- Die übrigen Felder werden gemäß dem Ausgangscode (s. Wahrheitstabelle) besetzt, z.B.

  für Bit xA werden die Felder 0...7 mit "0"
  und die Felder 8...9 mit "1" besetzt

  für Bit xB werden die Felder 0...3 und 8...9 mit "0"
  und die Felder 4...7 mit "1" besetzt

  usw.
- Blockbildung unter Einbeziehung der Redundanzen ergibt je eine Schaltung für den betreffenden Ausgang des gesuchten Codes.

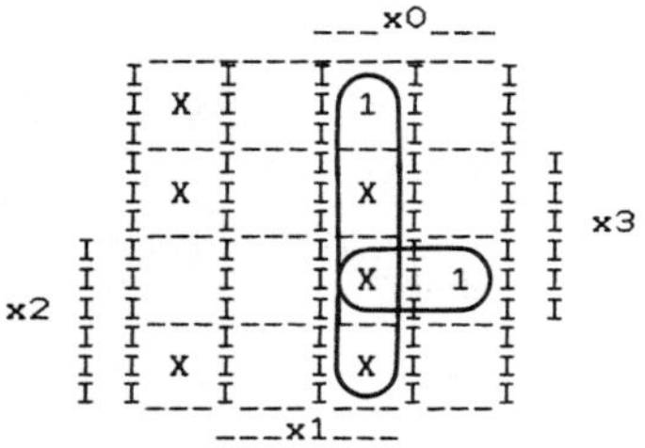

$xA = x0x1 + x0x2x3$

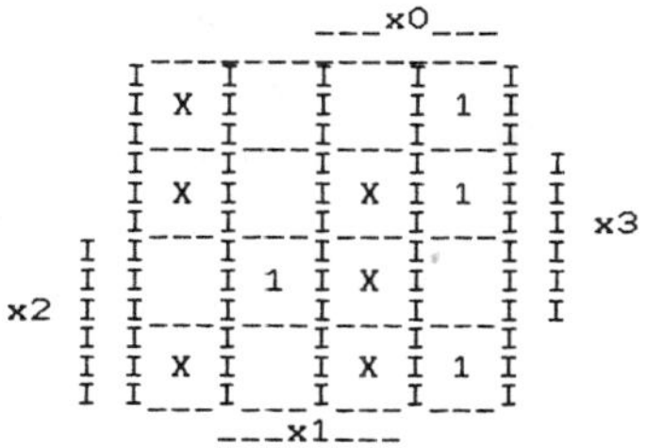

$xB = \bar{x}1\bar{x}2 + \bar{x}1\bar{x}3 + x1x2x3$

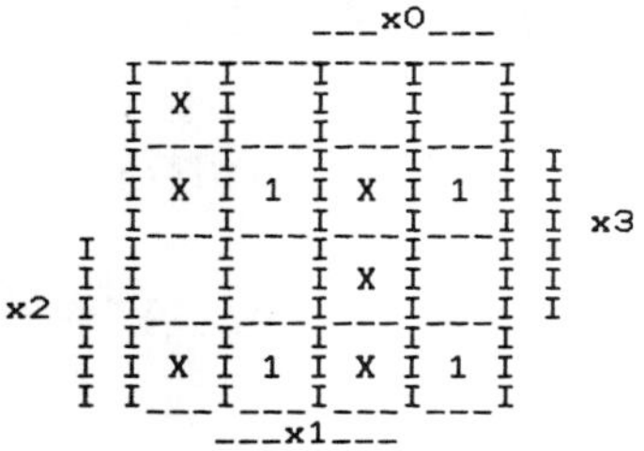

$xC = \bar{x}2x3 + x2\bar{x}3$

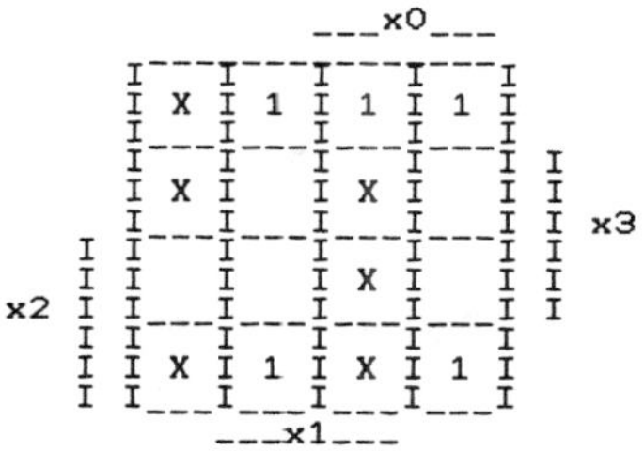

$xD = \bar{x}3$

Übungsaufgabe: Wie verhält sich die Schaltung, wenn am Eingang das (redundante) Codewort 1111 auftritt?

Codieren soll hier die Umwandlung eines 1-aus-n Codes in einen anderen Code bedeuten. Diese Aufgabe muß gelöst werden, wenn z.B. durch Druck auf eine Taste ein bestimmter Code generiert werden soll; z.B. Terminal-Tastatur --> ASCII-Code

Abb. 5.5 zeigt eine Schaltung zur Erzeugung des BCD-Codes aus dem 1-aus-10 Code. Es sei vorausgesetzt, daß jeweils nur **eine** Taste zu Zeit betätigt wird und somit nur eine der zehn Leitungen das "1"-Signal führt. Wenn keine Taste gedrückt ist, erscheint xA = xB = xC = xD = 0 am Ausgang der Gatter. Dafür sorgen die Widerstände (R), durch die jede offene Leitung an "0" gelegt wird.

Beispiel 5.6-3: BCD-Codierung

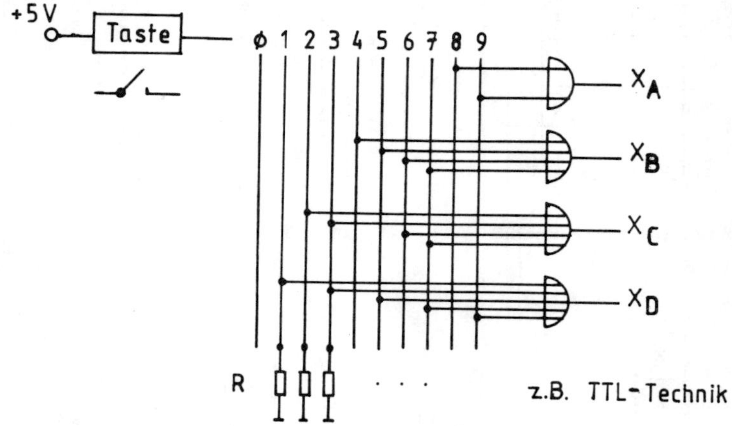

Abb. 5.5 Schaltung zur BCD-Codierung aus dem 1-aus-10 Code

5.6.2 ADDIERSCHALTUNGEN

Mit einem sog. **Halbaddierer** (HA) können zwei **einstellige** Dualzahlen, d.h. zwei Dualziffern, addiert werden.

Wahrheitstabelle des HA:

A	+	B	Summe(S)	Übertrag(Ü)
0	+	0	0	0
0	+	1	1	0
1	+	0	1	0
1	+	1	0	1

```
A -->I‾‾‾‾‾‾I--> S
     I  HA  I
B -->I______I--> Ü
```

Summe (S) und Übertrag (Ü) sind zwei Schaltnetzfunktionen:

$$S = \bar{A}B + A\bar{B} = A \oplus B \quad \text{(Exclusiv-ODER)}$$

$$Ü = AB \quad \text{(UND)}$$

Sollen zwei **mehrstellige** Dualzahlen addiert werden, braucht man einen **Volladdierer** (VA). Der Übertrag aus der jeweils **vorhergehenden** Stelle muß bei der Addition durch einen **dritten Eingang** in das Schaltnetz berücksichtigt werden.

"Übertrag" heißt englisch "carry"; der dritte Eingang hat daher die Bezeichnung Carry-Eingang (C-Eingang).
Es gilt: $C_n = Ü_{n-1}$

A		1	1	0	1	
+						
B		1	0	0	1	
	1			1		Übertrag
=	1	0	1	1	0	Summe

Wahrheitstabelle des VA:

A	B	C	Summe(S)	Übertrag(Ü)
0	0	0	0	0
0	0	1	1	0
0	1	0	1	0
0	1	1	0	1
1	0	0	1	0
1	0	1	0	1
1	1	0	0	1
1	1	1	1	1

Abb. 5.6 zeigt eine Volladdiererstufe und eine Additionsschaltung für mehrstellige Dualzahlen (Paralleladdierer). Ein Übertrag kann hierbei im Extremfall von der ersten bis zur letzten Stelle "durchlaufen". Erst dann ist das Ergebnis an den Ausgängen gültig. Eine derartige Schaltung heißt **Ripple-Carry-Adder**.

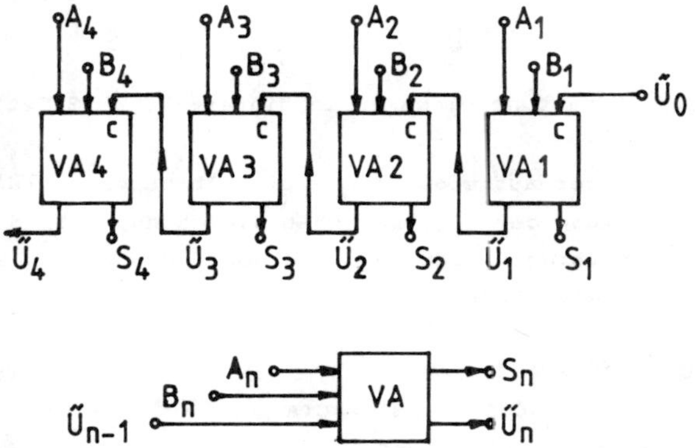

Abb. 5.6 Volladdierer und Schaltung zur Addition mehrstelliger Dualzahlen (Ripple-Carry-Adder)

Aus der Wahrheitstabelle können **verschiedene Schaltungsvarianten** abgeleitet werden.

a) Volladdierer in Minterm-Form

Die algebraischen Gleichungen für S und Ü können durch Verwendung des KV-Diagramms in minimaler Form gewonnen werden.

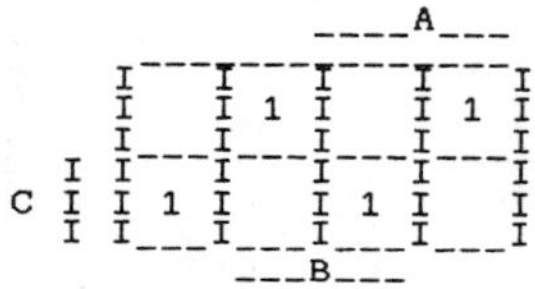

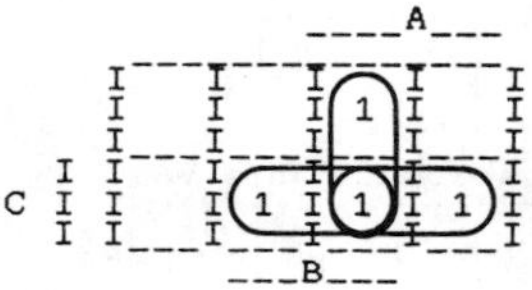

$S = \bar{A}\bar{B}C + \bar{A}B\bar{C} + A\bar{B}\bar{C} + ABC$ (keine Blockbildung möglich!)

$Ü = AB + AC + BC$

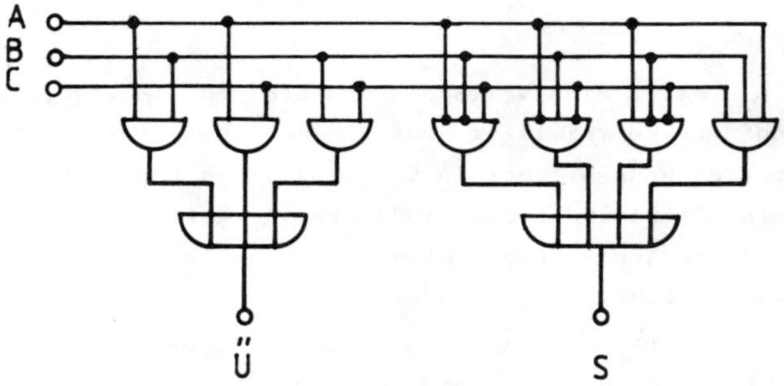

Abb. 5.7 Schaltung eines VA in Minterm-Form (9 Gatter)

b) Volladdierer aufgebaut aus zwei Halbaddierern (HA)

Durch Umformung der algebraischen Gleichungen für die Summe S und den Übertrag Ü läßt sich zeigen, daß ein VA auch aus zwei HA aufgebaut werden kann.

$$S = \bar{A}\bar{B}C + \bar{A}B\bar{C} + A\bar{B}\bar{C} + ABC$$

$$= C(\underbrace{AB + \bar{A}\bar{B}}_{\text{Äquivalenz}}) + \bar{C}(\underbrace{\bar{A}B + A\bar{B}}_{\text{Antivalenz}}) = C\overline{(A \oplus B)} + \bar{C}\underbrace{(A \oplus B)}_{S1}$$

$$= C * \overline{S1} + \bar{C} * S1 = C \oplus S1 = (A \oplus B) \oplus C = \underline{\underline{A \oplus B \oplus C}}$$

$$Ü = \bar{A}BC + A\bar{B}C + AB\bar{C} + ABC = C\underbrace{(A\bar{B} + \bar{A}B)}_{S1} + AB\underbrace{(C + \bar{C})}_{1}$$

$$= \underbrace{C*S1}_{Ü2} + \underbrace{AB}_{Ü1} = \underline{\underline{Ü1 + Ü2}}$$

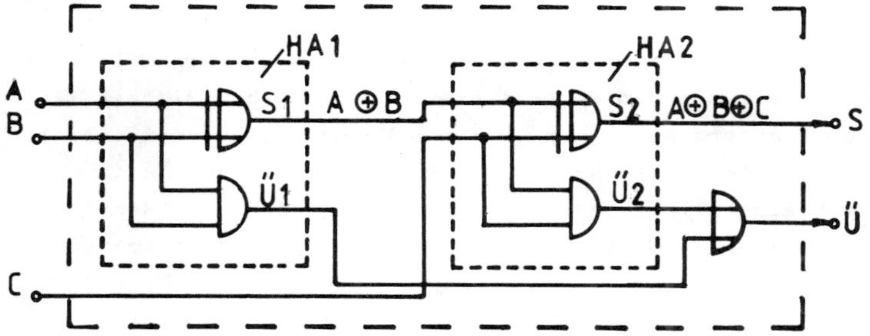

Abb. 5.8 Volladdierer aufgebaut aus zwei Halbaddierern

Hinweis: Im Vergleich zum VA in der Minterm-Form werden hier anstelle von 9 Gattern nur 5 Gatter benötigt. Jedoch ist die Schaltzeit des VA in Minterm-Form kürzer, da alle Signale nur **zwei** Gatterstufen zu durchlaufen brauchen. Bei einem VA nach Abb. 5.8 ist bei der Bildung des Übertrags ein 3-stufiger Pfad vorhanden.

Für die Addition von zwei n-stelligen Dualzahlen sind n Volladdierer erforderlich. Das Ergebnis der Addition ist (n+1)-stellig.

Schaltnetze sind nicht beliebig schnell; sie brauchen zur Bereitstellung des Ausgangssignals eine gewisse Zeit. Bei einem Ripple-Carry-Adder kann sich diese Verzögerungszeit infolge des Übertragsdurchlaufs im schlimmsten Fall bis zu n-mal aufsummieren. Um das Additionsergebnis **schneller** zu bekommen, muß zusätzlicher Schaltungsaufwand getrieben werden. Bei dem sog. **Carry-Look-Ahead-Verfahren** wird für alle Binärstellen eine **Parallelverarbeitung der Überträge** in zusätzlichen Schaltnetzen, sog. "Übertragsermittlungsschaltnetzen" (ÜES) vorgenommen. Für eine bestimmte Anzahl von Binärstellen gibt es die ÜES als integrierte Bausteine. Diese lassen sich im Bedarfsfall kaskadieren, so daß auch für eine größere Anzahl von Binärstellen der Übertrag noch nahezu "voll-parallel" verarbeitet werden kann. /18/

Komplette Parallel-Rechenwerke sind heute in Form integrierter Schaltungen in der **Arithmetisch-Logischen-Einheit (ALU)** jedes Rechners enthalten. Diese ALU-Bausteine (engl.: Arithmetic Logic Unit) können neben arithmetischen auch noch eine Vielzahl logischer Operationen durchführen. Man findet sie in der CPU (Central Processing Unit) jedes Mikrocomputers.

Übungsaufgabe: Aufbau einer Schaltung zur Subtraktion mehrstelliger Dualzahlen

a) Entwicklung der Schaltung einer Voll-Subtrahiererstufe gemäß der Wahrheitstabelle für die Subtraktion; anschließend Aufbau eines n-stelligen Subtrahierwerks analog zum Ripple-Carry-Adder

b) Subtraktion durch Addition des Komplements unter Verwendung eines Ripple-Carry-Adders

Welcher der beiden Subtrahierer hat die kürzere Schaltzeit ?

6. SCHALTWERKE

Dieses Kapitel bildet die Grundlage für die im nächsten Kapitel folgende Einführung in die Automatentheorie. In der Praxis wird zwischen "Schaltwerken" und "Schaltnetzen" unterschieden. Im englischen Sprachraum sind äquivalent hierzu die Begriffe "Sequential Logical Network" (SLN) und "Combinational Logical Network" (CLN) gebräuchlich. Der Unterschied zwischen beiden wird im folgenden Abschnitt erklärt.

6.1 SCHALTNETZE UND SCHALTWERKE

6.1.1 GRUNDLAGEN

Ein "Schaltnetz" kann allgemein als "schwarzer Kasten" mit den Eingangsvariablen X1 ... Xn und den Ausgangsvariablen Y1 ... Yn dargestellt werden. Jede der Eingangsvariablen kann unabhängig voneinander den binären Wert "0" oder "1" annehmen.

```
X1 --->I__________________I---> Y1
X2 --->I Schaltnetz mit   I---> Y2
     . I n Eingängen und  I  .
     . I m Ausgängen      I  .
     . I                  I  .
Xn --->I__________________I---> Ym
```

Bei n Eingängen sind 2^n Wertekombinationen der Eingangsvariablen möglich. Die Ausgangsvariablen führen ebenfalls einen der Binärwerte "0" oder "1". Bei m Ausgängen sind 2^m Wertekombinationen der Ausgangsvariablen möglich. Die Werte der Ausgangsvariablen sind zu jedem Zeitpunkt nur von den Werten der Eingangsvariablen abhängig. Ausgangssignale stehen (theoretisch) ohne Verzögerung zur gleichen Zeit wie die anliegenden Eingangssignale zur Verfügung. In allen physikalisch realisierten Schaltnetzen treten zeitliche Verzögerungen auf. Diese lassen sich auf das Verhalten der elektronischen Bauelemente zurückführen. Es ist daher erforderlich, ein erweitertes Modell eines Schaltnetzes einzuführen, das Laufzeitverzögerungen der Signale berücksichtigt. Neben logischen Grundschaltgliedern sind also **Laufzeit-**

glieder (LZG) zu betrachten. Es sei angenommen, daß diese die Signale jeweils um eine Zeiteinheit verzögern. Alle Signale erscheinen dann in einem hypothetischen Zeitraster, z.B. zu den Zeiten 1,2,3 usw.
Schaltnetze, die in dieser Weise das zeitliche Verhalten berücksichtigen, heißen "Schaltwerke" oder "sequentielle Schaltnetze". Sie sind charakterisiert durch diskrete, zeitliche Zustände, die synchron zu einem Grundtakt auftreten. Ausgänge sind somit nicht nur von Eingängen, sondern auch von durch Laufzeiten bedingten **internen Zuständen** abhängig. Die durch Laufzeitglieder beeinflußten Signale wirken zeitlich verzögert. Damit kann ein bestimmter interner Zustand des Schaltwerks je nach "Vorgeschichte" verschiedene Folgezustände nach sich ziehen. So entstehen durch geeignete Rückkopplungen **Speicher**.
Dieses Verhalten kann durch sogenannte "interne Variable" Z beschrieben werden. Jeder Rückkopplung wird hier genau eine Variable zugeordnet. Bei k verschiedenen internen Variablen existieren insgesamt 2^k "interne Zustände".

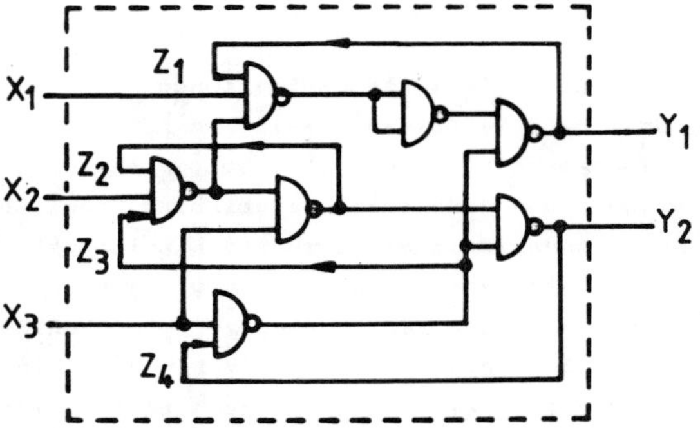

Abb. 6.1 Sequentielles Schaltnetz

Beispiel 6.1-1: Es soll das folgende sequentielle Schaltnetz analysiert werden.

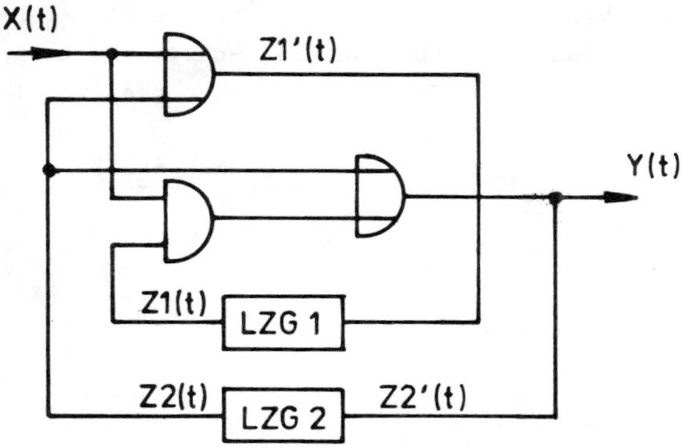

In diesem Schaltwerk liegen zur Zeit t folgende Signale vor:

- das Eingangssignal X(t)
- das Ausgangssignal Y(t)
- die internen Signale Z1'(t) am Eingang von LZG 1
  Z1 (t) am Ausgang von LZG 1
  Z2'(t) am Eingang von LZG 2
  Z2 (t) am Ausgang von LZG 2

Die an den Laufzeitgliedern zur Zeit t anliegenden Signale werden um eine Zeiteinheit verzögert und stehen zur Zeit t+1 am Ausgang der Laufzeitglieder zur Verfügung. Es gilt daher:

Z1(t+1) = Z1'(t) bzw. Z2(t+1) = Z2'(t)

Zur Zeit t sind die Eingangsvariable X und die internen Variablen Z1, Z2 beliebig wählbar (unabhängige Variable des Schaltnetzes). Über eine Wertetabelle lassen sich die Werte der abhängigen Variablen Y, Z1', Z2' ermitteln.

unabhängige Variable			abhängige Variable		
X(t)	Z1(t)	Z2(t)	Y(t)	Z1'(t)	Z2'(t)
0	0	0	0	0	0
0	0	1	1	1	1
0	1	0	0	0	0
0	1	1	1	1	1
1	0	0	0	1	0
1	0	1	1	1	1
1	1	0	1	1	1
1	1	1	1	1	1

Die Werte der internen Variablen Z1(t) und Z2(t) kennzeichnen den gegenwärtigen Zustand des Schaltwerks zur Zeit t. Die Werte der Variablen Z1'(t) und Z2'(t) bestimmen den nächsten Zustand. Über Karnaugh-Diagramme lassen sich dazu die folgenden Boole'schen Funktionen bestimmen:

```
             ___X___         Ausgabesignal Y:
         ---------------     ----------------
         I   I   I   I   I
         I 0 I 0 I 1 I 0 I   Y = X*Z1 + Z2
         I___I___I___I___I   =============
       I I   I   I   I   I
    Z2 I I 1 I 1 I 1 I 1 I
       I I___I___I___I___I
           ___Z1___
```

```
             ___X___         Nächster Zustand:
         ---------------     -----------------
         I   I   I   I   I
         I 0 I 0 I 1 I 1 I   Z1' = X + Z2
         I___I___I___I___I   ============
       I I   I   I   I   I
    Z2 I I 1 I 1 I 1 I 1 I   Z2' = Y = X*Z1 + Z2
       I I___I___I___I___I   ===================
           ___Z1___
```

6.1.2 DIE NORMALFORM EINES SCHALTWERKS

Verallgemeinert man die Aussagen des Beispiels 6.1-1, dann läßt sich eine Normalform eines Schaltwerks angeben. Sie beschreibt den Zusammenhang zwischen Eingabe, Ausgabe, gegenwärtigem und nächstem Zustand. Die **Ausgabefunktion** legt die Abhängigkeit der Ausgabevariablen von den Eingabevariablen und von den internen Variablen fest.

$$Y_j = f_Y((X1, X2, \ldots, Xn), (Z1, Z2, \ldots, Zk)) \qquad \text{für } j = 1 \ldots m$$

Die **Zustandsfunktion** (Übergangsfunktion) beschreibt die Abhängigkeit der internen Variablen von den Eingangsvariablen und vom gegenwärtigen Zustand.

$$Z_j' = f_Z((X1, X2, \ldots, Xn), (Z1, Z2, \ldots, Zk)) \qquad \text{für } j = 1 \ldots k$$

Die Eingabezeichen und der gegenwärtige Zustand bestimmen die Ausgabezeichen und den nächsten Zustand.

Die Wertekombinationen der Eingangsvariablen (X1, ... ,Xn) erlauben die Darstellung von 2^n Eingabezeichen, die den Eingabezeichenvorrat oder das Eingabealphabet des Schaltwerks repräsentieren. Ebenso bilden die 2^m Wertekombinationen der Ausgabevariablen (Y1, ... ,Ym) das Ausgabealphabet und die 2^k Wertekombinationen der internen Variablen die Menge der möglichen Zustände. Das führt zu der folgenden anschaulichen Darstellung:

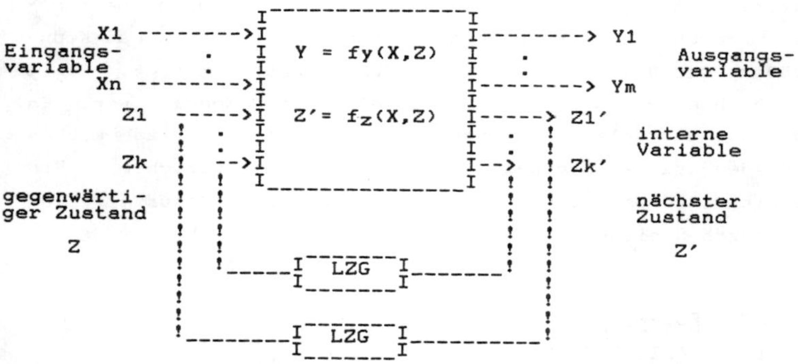

Abb. 6.2 Normalform eines Schaltwerks

6.1.3 DIE VERWENDUNG VON SPEICHERELEMENTEN IN SCHALTWERKEN

Für das Verhalten von Schaltwerken wurden bisher folgende idealisierte Verhältnisse zugrunde gelegt:

1. Alle Vorgänge in einem Schaltwerk werden nur zu den ganzzahligen Zeitpunkten t = 0,1,2,... betrachtet. Die Zeitvariable ist eine diskret veränderbare Größe.

2. Unabhängige Variable (X,Z) stellen ohne Verzögerung die Werte der abhängigen Variablen (Y,Z') bereit. Änderungen der Eingangswerte sind nur zu den ganzzahligen Zeitpunkten (taktgebunden) möglich.

3. Laufzeitglieder beschreiben lediglich den Übergang des Schaltwerks vom Zeitpunkt t zum Zeitpunkt t+1. Die Ver-

zögerungszeiten der einzelnen Laufzeitglieder werden als völlig identisch betrachtet. Eingangssignale erscheinen synchron zu den Vielfachen der Verzögerungszeiten eines Laufzeitgliedes.

Für das Verhalten des Schaltwerks zwischen diesen diskreten Zeitpunkten ist keine Aussage möglich. Derartige Voraussetzungen sind bei der technischen Realisierung eines Schaltwerks nicht erfüllt. Alle physikalischen Größen müssen hier natürlich als kontinuierlich veränderbare Variable betrachtet werden. Einschwingvorgänge und Toleranzen in den Kenngrößen der Bauelemente werden nicht berücksichtigt. Somit liegt hier ein noch zu stark idealisiertes Modell vor. Es ist durch zusätzliche Annahmen leistungsfähiger zu machen und den realen Verhältnissen besser anzugleichen. Ein Schritt in diese Richtung ist das Ersetzen der Laufzeitglieder durch Speicherelemente (Flipflops).

6.2 FLIPFLOPS

6.2.1 BASIS-FLIPFLOPS

Die einfachste Form eines sequentiellen Schaltnetzes stellt ein Flipflop dar. Das ist eine logische Funktionseinheit, die "0" oder "1" speichern kann.

Basis-Flipflops aus NOR- bzw. NAND-Gattern (RS-Flipflop)
Koppelt man die Ausgänge von zwei NOR- bzw. NAND-Gattern gemäß Abb. 6.3 kreuzweise auf die Eingänge zurück, so erhält man ein Speicherglied. Über die beiden freien Gattereingänge "S" und "R" läßt sich dieses Speicherglied setzen (S) bzw. rücksetzen (R).

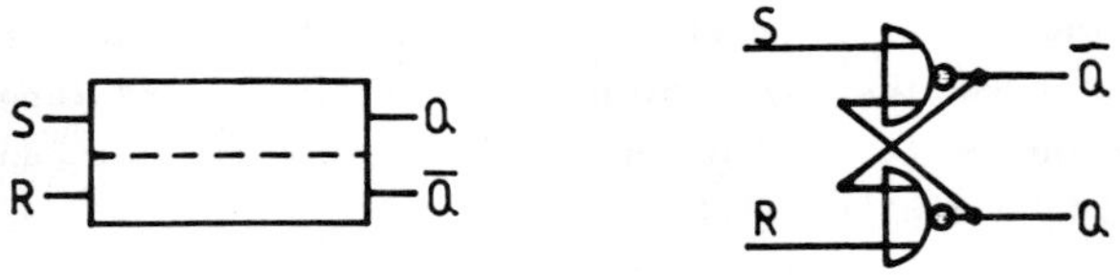

Abb. 6.3 Basis-Flipflop aus kreuzgekoppelten NOR-Gattern

Funktionsweise:

- Wird am Eingang S "1"-Potential und am Eingang R "O"-Potential angelegt, dann ergibt sich folgender Schaltzustand: Q = "1" und $\bar{Q}$ = "O" Das Flipflop ist **gesetzt.**
- Wird nun am Eingang S "O"-Potential angelegt, dann bleibt der angegebene Schaltzustand erhalten.
- Wird am Eingagng S "O"-Potential und am Eingang R "1"-Potential angelegt, so stellt sich folgender Zustand ein: Q = "O" und $\bar{Q}$ = "1" Das Flipflop kippt in den entgegengesetzten Zustand; es ist **zurückgesetzt.**
- Liegen die beiden Eingänge auf "1", so entsteht ein undefinierter Zustand (Q = $\bar{Q}$ = "O"). Dieser Zustand ist zu vermeiden !

Ein derartiges Flipflop besitzt also einen oder mehrere Eingänge und zwei Ausgänge Q und $\bar{Q}$. Die beiden Ausgänge führen immer die entgegengesetzte Information. In welchem der beiden Zustände (gesetzt, rückgesetzt) sich das Flipflop gerade befindet, ist an den Ausgängen zu erkennen.

Auch mit kreuzgekoppelten NAND-Gattern läßt sich ein RS-Flipflop aufbauen. Um gleiches Schaltverhalten zu erzielen, wird hier vor die Eingänge je ein Negationsglied gesetzt.

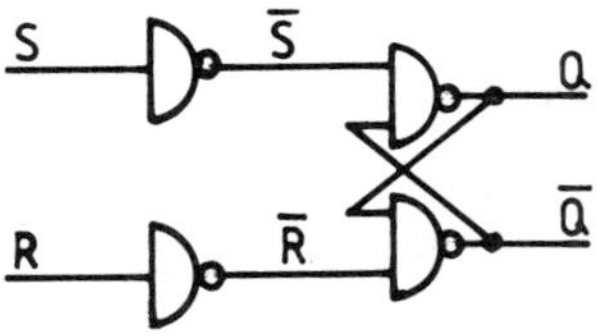

Abb. 6.4 Basis-Flipflop aus keuzgekoppelten NAND-Gattern

Funktionsweise

- Ist R="1" und S="O", dann wird Q="O" und $\bar{Q}$="1"
- Ist R="O" und S="1", dann wird Q="1" und $\bar{Q}$="O"
- Für R="O" und S="O" behält das Flipflop seinen Zustand
- Bei R="1" und S="1" wird Q=$\bar{Q}$="1" (undef. Zustand !)

Übertragungsfunktion:

Das Verhalten eines Schaltwerkes läßt sich allgemein durch die sog. Übertragungsfunktion (oft auch Übergangsfunktion genannt) beschreiben. Sie gibt den Zusammenhang zwischen der Ausgangsgröße Q zu einem Zeitpunkt und den Eingangsgrößen zu einem anderen Zeitpunkt (unmittelbar davor) an:

$$Q_{t+1} = f(X1, X2, \ldots, Xn, Q_t)$$

Im folgenden wird das Übergangsverhalten verschiedener Basis-Flipflop-Typen beschrieben.

1. T-Flipflop (Trigger-FF)

```
          I___________I
T ----->I           I-----> Q
          I           I
          I-----------I
          I           I
          I           I-----> Q̄
          I___________I
```

T(t)	Q(t)	Q(t+1)	Zustand
0	0	0	speichern
0	1	1	speichern
1	0	1	kippen
1	1	0	kippen

Funktion: $Q(t+1) = \bar{T}\, Q(t) + T\, \bar{Q}(t)$

2. D-Flipflop (Delay-FF)

```
          I___________I
D ----->I           I-----> Q
          I           I
          I-----------I
          I           I
          I           I-----> Q̄
          I___________I
```

D(t)	Q(t)	Q(t+1)	Zustand
0	0	0	speichern
0	1	0	speichern
1	0	1	speichern
1	1	1	speichern

Funktion: $Q(t+1) = D(t)$

Der Wert des Eingangs D wird verzögert (delay) zum Ausgang Q übernommen. Daher hat dieses Flipflop seinen Namen.

3. RS-Flipflop

```
           I-------------I
S ----->I             I-----> Q
           I             I
           I-------------I
           I             I
R ----->I             I-----> Q̄
           I_____________I
```

R	S	Q(t)	Q(t+1)	Zustand
0	0	0	0	speichern
0	0	1	1	speichern
0	1	0	1	setzen
0	1	1	1	setzen
1	0	0	0	rücksetzen
1	0	1	0	rücksetzen
1	1	0	---	undefiniert
1	1	1	---	undefiniert

Die obige Wahrheitstabelle läßt sich in eine kürzere Form zusammenfassen:

R	S	Q(t+1)	Zustand
0	0	Q(t)	speichern
0	1	1	setzen
1	0	0	rücksetzen
1	1	---	undefiniert

"Ausführliche" Darstellung im Karnaugh-Diagramm:

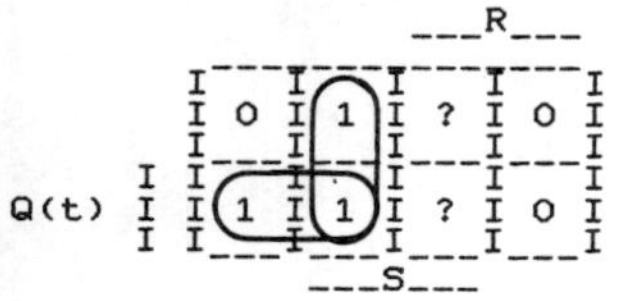

Funktion:

$Q(t+1) = \bar{R}\,S + \bar{R}\,Q(t)$

Um zu verhindern, daß R und S gleichzeitig "1" werden, ist eine Zusatzbedingung erforderlich, nämlich: SR = "0" !

Es ist: $SR + S\bar{R} = S$ mit SR = "0" wird daraus

$S\bar{R} = S$ und damit $Q(t+1) = S + R\,\bar{Q}(t)$

Dieser Sachverhalt ist aus dem verkürzten Karnaugh-Diagramm direkt ablesbar:

```
              ___S___
        I------I------I
        I Q(t) I  1   I
        I------I------I
      I I      I      I
    R I I  0   I  X   I
      I I______I______I
```

Funktion:

$Q(t+1) = S + \bar{R}\,Q$

4. JK-Flipflop

Das JK-Flipflop ist eine Ergänzung des RS-Flipflops, in dem der Zustand J=K="1" defininiert ist. In diesem Fall kippt der Ausgang in die jeweils entgegengesetzte Lage.

```
            I-------------I
  J ----->I             I-----> Q
            I             I
            I-------------I
            I             I
  K ----->I             I-----> Q̄
            I_____________I
```

J	K	Q(t)	Q(t+1)	Zustand
0	0	0	0	speichern
0	0	1	1	speichern
0	1	0	0	rücksetzen
0	1	1	0	rücksetzen
1	0	0	1	setzen
1	0	1	1	setzen
1	1	0	1	kippen
1	1	1	0	kippen

Karnaugh-Diagramm:

```
                 ___J___
         I---I---I---I---I
         I 0 I 0 I 1 I 1 I
         I---I---I---I---I
       I I   I   I   I   I
  Q(t) I I 1 I 0 I 0 I 1 I
       I I___I___I___I___I
             ___K___
```

Die ausführliche Wahrheitstabelle läßt sich wiederum in eine kürzere Form zusammenfassen:

J	K	Q(t+1)	Zustand
0	0	Q(t)	speichern
0	1	1	rücksetzen
1	0	0	setzen
1	1	$\overline{Q}(t)$	kippen

Karnaugh-Diagramm:

		J
	Q(t)	1
K	0	$\overline{Q}(t)$

Funktion:

$$Q(t+1) = J\,\overline{Q} + \overline{K}\,Q$$

6.2.2 KLASSIFIZIERUNG VON FLIPFLOPS

Hinsichtlich der technischen Arbeitsweise lassen sich die bisher behandelten Flipflop-Arten in 3 Klassen gliedern:

- Speicherflipflops
  (Flipflops ohne Taktimpuls-Eingang)
- Auffangflipflops
  (getaktete Flipflops, taktzustandsgesteuert)
- Zählflipflops
  (getaktete Flipflops, taktflankengesteuert)

Speicherflipflops

Der einfachste Typ innerhalb dieser Klasse besteht aus zwei kreuzgekoppelten NAND- oder NOR-Gattern (vgl. Abb. 6.3/4). Dieses Flipflop dient im wesentlichen als Speicher für die kurzzeitig an den Eingängen angebotene Information.
Das Flipflop schaltet sofort beim Ansteigen des Eingangspotentials. Nur der erste Impuls führt zum Umschalten. Die Impulsbreite ist ohne Bedeutung. Wegen dieser Eigenschaften nennt man diese Flipflops auch **asynchrone** Flipflops.

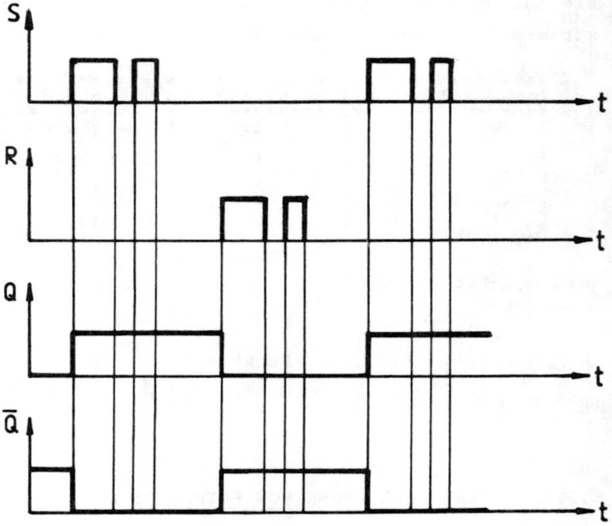

Abb. 6.5 Impulsdiagramm eines Speicher-Flipflops

Auffangflipflops (taktzustandsgesteuerte Flipflops)

Sie werden als getaktete RS- oder D-Flipflops ausgeführt. Das Grundflipflop ist hier um einen **Takteingang** erweitert. Die Eingänge wirken dadurch nicht mehr unmittelbar, sondern nur noch im Zusammenspiel mit dem Takteingang auf das Flipflop. Je nach Ausführung sind die Eingänge nur während des "1"- oder "0"-Signals am Takteingang wirksam. Derartige Fliflops werden dort eingesetzt, wo eine **synchrone** (d.h. zu einem bestimmten Zeitpunkt gewünschte) Speicherung erfolgen muß. So lassen sich z.B. Laufzeitunterschiede von Signalen mit Hilfe von synchronisierenden Taktimpulsen ausgleichen. Solange der Takteingang "0" ist, verändert sich der Ausgang nicht. Wird der Takteingang "1", ergibt sich die gleiche Schaltfolgetabelle wie beim ungetakteten RS-Flipflop. Ein kurzes "1"-Signal (Impuls auf den Takteingang) genügt, um die anliegende Eingangsinformation in das Flipflop zu übernehmen. In einer Schaltung mit getakteten Flipflops können an R und S vor Eintreffen des Taktimpulses ruhig noch andere (ungültige) Informationen anliegen. Erst beim Eintreffen des Taktes werden dann die aktuellen Informationen gespeichert.

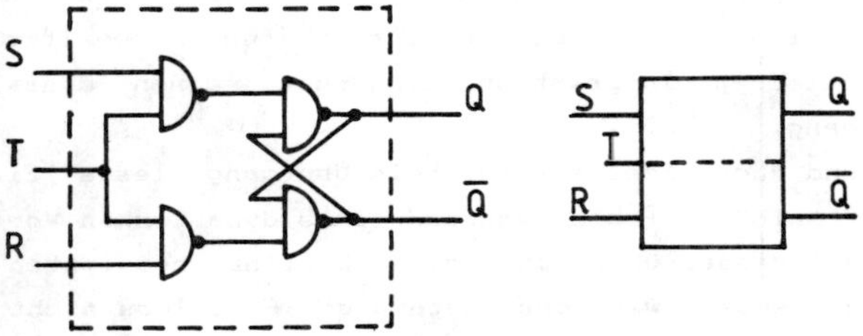

Abb. 6.6 RS-Auffangflipflop mit NAND-Gattern

Aus dem getakteten RS-Flipflop kann durch eine Erweiterung mit einer Negation ein D-Auffangflipflop gebildet werden.

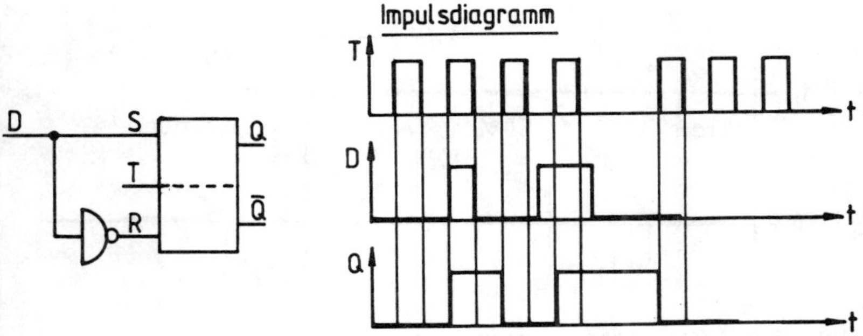

Abb. 6.7 D-Auffangflipflop

Die an D anliegende Information wird immer dann übernommen, wenn der Takt T = "1" ist.

Zählflipflops (taktflankengesteuerte Flipflops)

Die bisher betrachteten Flipflops haben ausschließlich **statische** Eingänge. Ein statisches Signal an dem entsprechenden Eingang angelegt, setzt das Flipflop oder setzt es zurück.
Ein taktflankengesteuertes Flipflop hat einen anderen technischen Aufbau als die bisher betrachteten. Es besitzt neben den statischen Informations-Eingängen, einen **dynamischen** Takteingang.
Setzen und Rücksetzen erfolgt beim Übergang dieses Eingangs von "0" auf "1" - also während eines dynamischen Vorgangs. Dabei muß dieser Übergang innerhalb einer bestimmten Zeit erfolgen, sonst wird der Zustand des Flipflops nicht verändert. An die **Flankensteilheit** des steuernden Signals (Taktes) werden also gewisse Mindestanforderungen gestellt. Die steuernde Wirkung kann von der **steigenden** oder von der **fallenden** Flanke des Taktes ausgehen.

Ein Taktimpuls läßt sich durch folgende Werte charakterisieren:

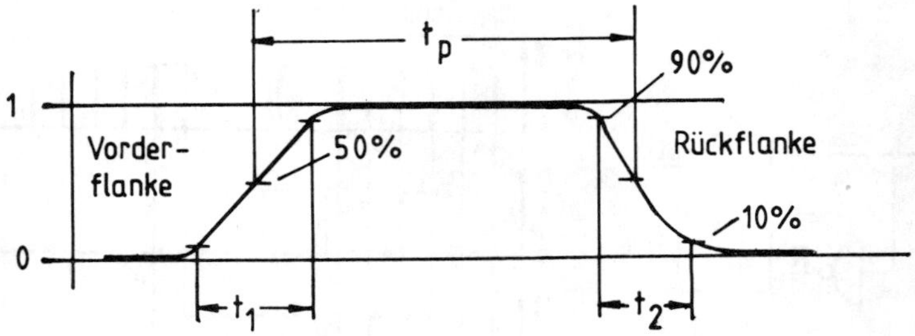

Abb. 6.8 Zeitlicher Verlauf eines Impulses

t1: Anstiegzeit des Signals von "0" auf "1"
t2: Abfallzeit des Signals von "1" auf "0"
tp: Pulsdauer

Zur Kennzeichnung der steuernden Wirkung wird in den Schaltsymbolen für Flipflops folgende Darstellung gewählt:

FF schaltet bei "1"-Zustand des Taktes

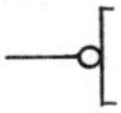
FF schaltet bei "0"-Zustand des Taktes

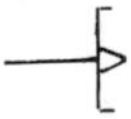
FF schaltet bei steigender Flanke des Taktsignals (Übergang "0" --> "1")

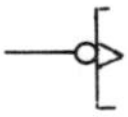
FF schaltet bei fallender Flanke des Taktsignals (Übergang "1" --> "0")

Abb. 6.9 zeigt verschiedene flankengesteuerte Flipflops. Da die Flanke des Signals T ggf. eine Zustandsänderung des Flipflops auslöst, wird es auch als **Trigger**-Signal bezeichnet.

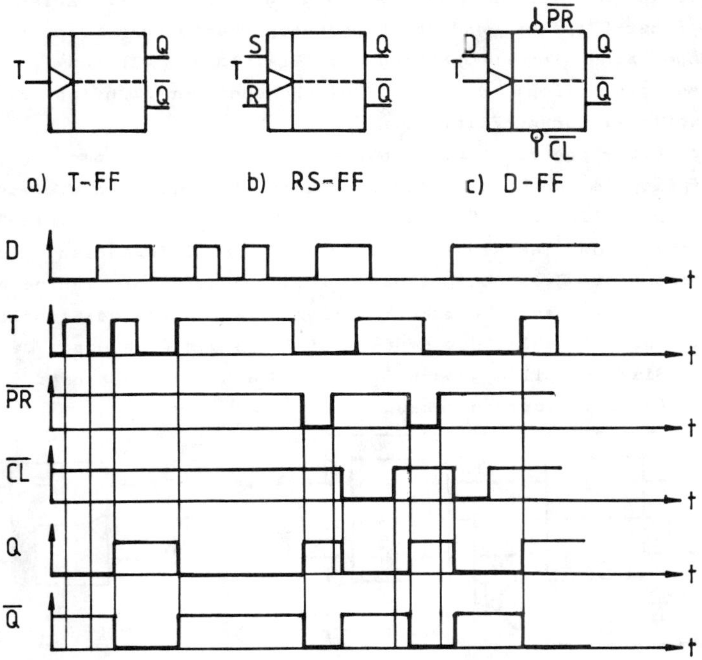

Abb. 6.9 Taktflankengesteuerte Flipflops

Abb. 6.9 a) zeigt ein sog. Trigger-Flipflop (T-Flipflop). Es wechselt jedesmal seinen Zustand, wenn das T-Signal von "0" auf "1" geht. Abb. 6.9 b) zeigt ein RS-Flipflop, und Abb. 6.9 c) ein D-Flipflop mit asynchronen Setz- und Rücksetzeingängen (PR = preset / CL = clear). Das zugehörige Impulsdiagramm steht darunter. Der Setz- und der Rücksetzeingang sind statisch; sie dominieren gegenüber dem Triggersignal T.

6.2.3 MASTER-SLAVE-FLIPFLOPS

In vielen Fällen werden Flipflops benötigt, die gleichzeitig an den Eingängen eine Information aufnehmen, jedoch an den Ausgängen eine andere abgeben können. Es sind daher Flipflops mit **Zwischenspeicher** nötig. Zur Zwischenspeicherung dient ein zusätzliches Flipflop. Das taktflankengesteuerte Flipflop besteht dann aus dem **Ausgangsflipflop**, dem **Zwischenspeicher-Flipflop** und der **Eingangssperrschaltung** (die Eingänge sind hier nur während der Taktflanke wirksam). Das Ausgangsflipflop und das Zwischenspeicher-Flipflop sind jeweils ein Grund-Flipflop.

Zur Erzielung der o.g. Funktion muß das Zwischenspeicher-Flipflop seinen Takt zu einer anderen Zeit erhalten wie das Ausgangs-Flipflop. Das läßt sich z.B. durch eine einfache Negation des Taktsignals erreichen. Die Information wird zuerst dem Zwischenspeicher-Flipflop zugeführt; man nennt diesen Teil auch **Master**-Flipflop. Das Ausgangs-Flipflop führt nur "Befehle" des Master-Flipflops aus; es wird deshalb **Slave**-Flipflop genannt. Master-Slave-Flipflops sind aus 2 Auffangflipflops aufgebaut.

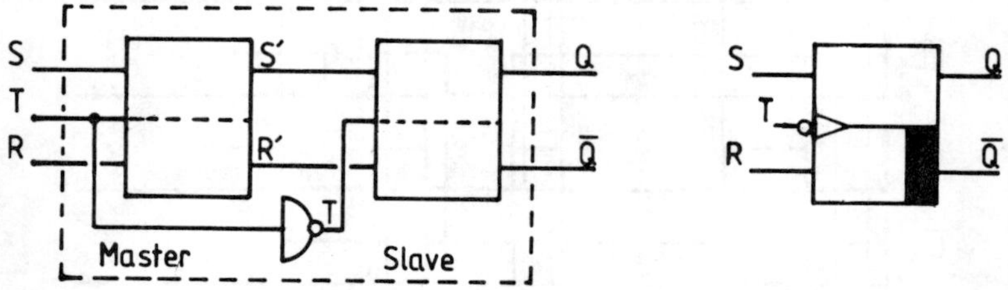

Abb. 6.10 RS-Master-Slave-Flipflop

Funktionsweise:

Während des Taktimpulses (T="1") nimmt der Master die Eingangsinformation auf. Im Verlauf der fallenden Flanke des Taktimpulses werden dann die Eingänge des Masters gesperrt. Um die Verzögerungszeit des Taktinverters später übernimmt der Slave die Information des Masters, die dann auch am Ausgang Q erscheint. Dadurch ist gewährleistet, daß die Eingänge gesperrt bleiben, wenn der Ausgang Q schaltet. Beim nächsten Taktimpuls wird der Slaveteil gesperrt, ehe die neue Information am Ausgang des Masterteils erscheint, weil die Signal-Verzögerung des Taktinverters kleiner ist als die Verzögerung des Master-Flipflops.

Hinweis: Auch bei RS-Master-Slave-Flipflops ergibt sich bei der Eingangsinformation R="1" und S="1" eine undefinierte Flipflop-Stellung. Der Nachteil wird vermieden, wenn die Ausgänge Q und $\bar{Q}$ an die Eingänge R bzw. S zurückgeführt werden. Die Rückführung wird durch zwei UND-Verknüpfungen realisiert. Die Eingänge heißen dann J und K.

Die folgende ausführliche Schaltung (s. Abb. 6.11) zeigt, wie dieses Flipflop mit einfachen RS-Basis-Flipflops aufgebaut werden kann.

Funktionsweise:

1. Wenn an den beiden Eingängen J und K "0" vorhanden ist, bleiben beim Eintreffen des Taktes die Eingangs-NAND-Glieder in ihrem ursprünglichen Zustand. Der vorhergehende Zustand bleibt erhalten.

2. Bei J="0" und K="1" bleibt die J zugeordnete NAND-Verknüpfung gesperrt. Für die K zugeordnete NAND-Verknüpfung ist jedoch beim nächsten Takt die NAND-Bedingung erfüllt. War vorher am Ausgang Q="1", so kippt das Flipflop. War vorher Q="0" vorhanden, so ändert sich nichts. Der vorherige Zustand bleibt erhalten.

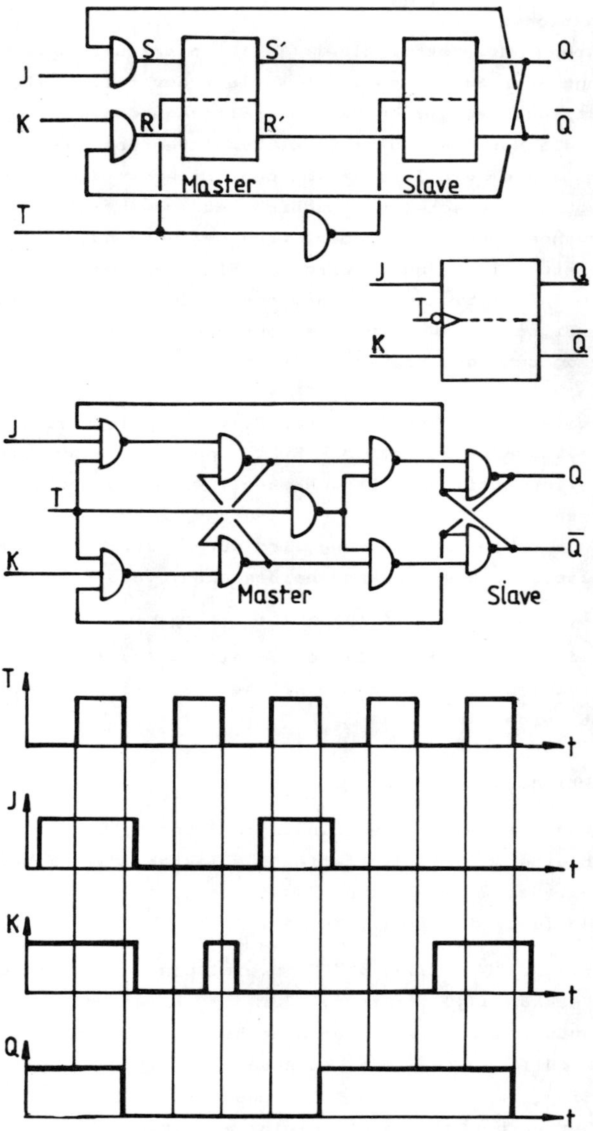

Abb. 6.11 JK-Master-Slave-Flipflop

3. Bei J="1" und K="0" bleibt die K zugeordnete NAND-Verknüpfung gesperrt. Für die J zugeordnete NAND-Verknüpfung ist beim nächsten Takt die NAND-Bedingung erfüllt. War vorher der Ausgang Q="0", so entsteht jetzt Q="1". War vorher Q="1" vorhanden, so ändert sich nichts.

4. Für J="1" und K="1" kippt das Flipflop bei jedem Takt. Durch die gekreuzte Rückführung der Eingänge wird stets ein Eingang vorbereitet, der andere dagegen gesperrt. Ist Q="1" , so wird der Eingang K vorbereitet, bei $\bar{Q}$="1" der Eingang J. Das läßt sich mit folgendem Karnaugh-Diagramm darstellen:

		K	K	
	0	1	1	0
Q(t)	1	1	0	0
	J	J		

Funktion:

$Q(t+1) = \bar{K}\,Q(t) + J\,\bar{Q}(t)$

$\mathbf{Q(t+1) = \bar{K}\,Q + J\,\bar{Q}}$

Die meisten JK-Flipflops besitzen zusäztlich noch **direkt wirkende Setz- und Löscheingänge** (PRESET und CLEAR). Diese dominieren vor den J- und K-Eingängen. Damit kann der Ausgangszustand unabhängig vom Takt eingestellt werden.

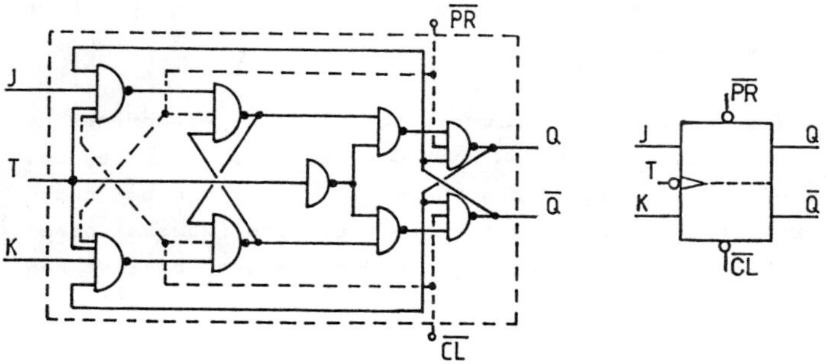

Abb. 6.12 JK-Flipflop mit Setz- und Rücksetzeingang

6.3 FLIPFLOP-ANWENDUNGEN

6.3.1 REGISTER

Eine Gruppe von Flipflops, die eine zusammengehörige Information (z.B. eine Dualzahl) speichern kann, bezeichnet man als **Register**. Durch Verwendung einer entsprechenden Anzahl von Flipflops kann jede beliebige Registergröße realisiert werden.

Beispiel 6.3-1: Ein Addierer bietet eine 4-stellige Summe an, die zur Weiterverarbeitung in einem Register gespeichert werden soll. Für jedes zu speichernde Bit (also für jede Stelle der Dualzahl) benötigt man ein Flipflop. Bevor der Addierer die Summe liefert, werden alle Flipflops durch das Signal R zurückgesetzt. Das Impulsdiagramm in Abb. 6.13 verdeutlicht die Arbeitsweise der Schaltung.

- Die Flipflops waren alle gesetzt. Sie wurden daher durch das R-Signal zurückgesetzt (t1).
- Das Übernahme-Signal UEB wird jetzt aktiv (t2). Der Addierer soll zu diesem Zeitpunkt die Summe 1001 bereitstellen. Flipflop S1 und S4 werden dadurch gesetzt, die Flipflops S2 und S3 bleiben zurückgesetzt.
- Dieser Zustand bleibt bis zum nächsten Rücksetzsignal bestehen und kann entsprechend ausgewertet werden. Es folgt dann ein erneutes Rücksetzen aller Flipflops (t3), da anschließend wieder eine neue Summe (0110) gespeichert werden soll (t4).

Außer dieser **parallelen** Übertragung über eine entsprechende Anzahl von Leitungen gibt es noch die **serielle** Übertragung. Die zu einer Information gehörenden Bits werden dabei **nacheinander** auf **einer** Leitung transportiert und müssen daher auch nacheinander abgespeichert werden. Hierzu bedient man sich eines speziellen Registers, eines sog. **Schieberegisters** (Shiftregister). In Schieberegisterschaltungen wird durch einen Impuls auf die gemeinsame Taktleitung die in den einzelnen Flipflops gespeicherte Information nach

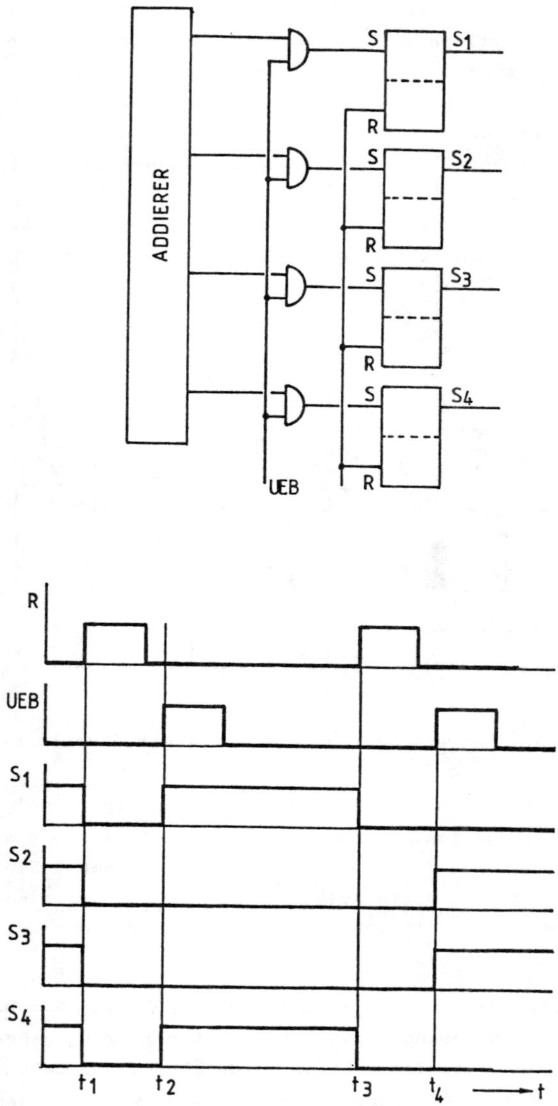

Abb. 6.13 Informationseinspeicherung in ein Register

links oder nach rechts verschoben. Dabei muß die von den einzelnen Flipflops zu übernehmende Information so lange zur Verfügung stehen, bis die Übernahme sicher erfolgt ist. Die Flipflops müssen also "gleichzeitig" Informationen aufnehmen und abgeben; deshalb müssen zum Aufbau von Schieberegistern Zwischenspeicher-Flipflops **(Master-Slave-Flipflops)** verwendet werden.
Besonders vorteilhaft sind solche MS-Flipflops, die sich sowohl dynamisch (durch den Takt) als auch durch statische Eingänge (PRESET und CLEAR) steuern lassen (Abb. 6.14 a).

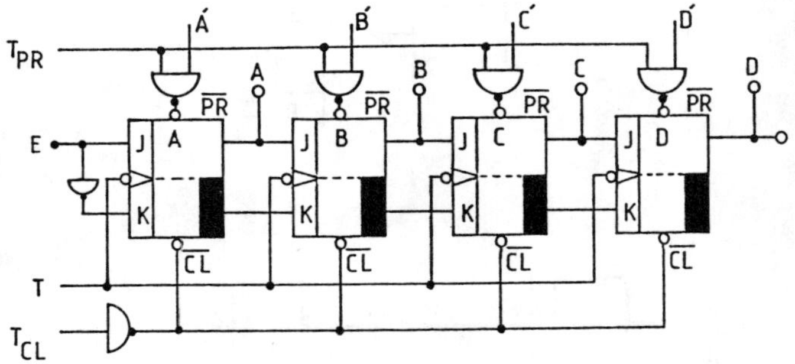

Abb. 6.14 a Universal-Schieberegister mit Paralleleingabe

Der Takt wird allen Flipflops gleichzeitig (synchron) zugeführt. Bei jedem Taktimpuls wird die Information eines jeden Flipflop um eine Stelle nach rechts verschoben. Eine dem Seriengang E zugeführte Folge von "1"-"0"-Signalen kann am Serienausgang D zeitlich um 4 Impulse verzögert entnommen werden (Abb. 6.14 b).

Nach dem 7. Takt führen alle Ausgänge "0"-Signal. Die am Eingang E eingegebene Information ist verlorengegangen bzw. weitergegeben. Die Information wurde seriell eingegeben und kann nach 4 Impulsen parallel abgenommen werden **(Seriell-Parallel-Umsetzer)**.

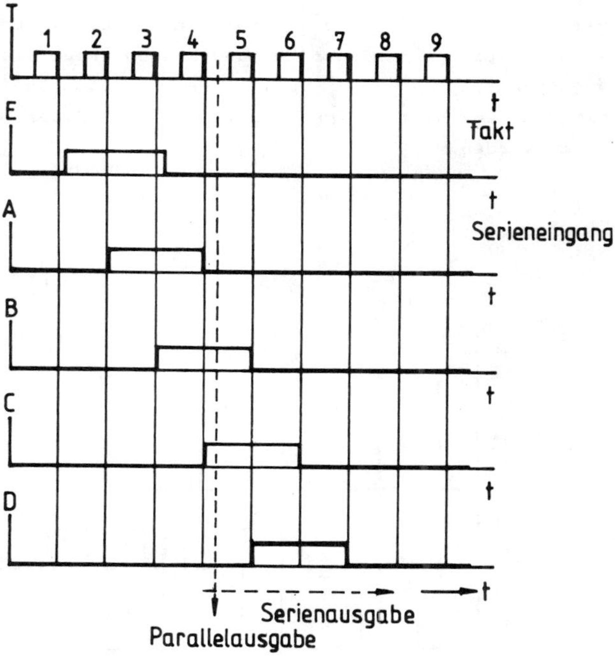

Abb. 6.14 b Impulsdiagramm zur Seriell-Parallel-Umsetzung

Mit dem gleichen Register (Abb. 6.14 a) kann auch eine **Parallel-Seriell-Umsetzung** vorgenommen werden. Das Impulsdiagramm hierzu zeigt Abb. 6.14 c.

- Mit einem Impuls auf die Setzleitung (T_{PR}) werden die Informationen an den Eingängen A' bis D' parallel in die Flipflops eingespeichert.
- Mit dem Takt T wird diese Information jeweils um eine Stelle nach rechts verschoben.
- Am Ausgang D kann die eingegebene Information seriell abgenommen werden.
- Der Serieneingang E des Registers muß mit "0" beschaltet werden, damit keine zusätzliche Information gespeichert wird.

- Nach 4 Impulsen ist die Information seriell weitergegeben. Alle Flipflops sind auf "0" und können neue Information aufnehmen.
- Mit dem Löschsignal T_{CL} können die Flipflops zurückgesetzt werden.

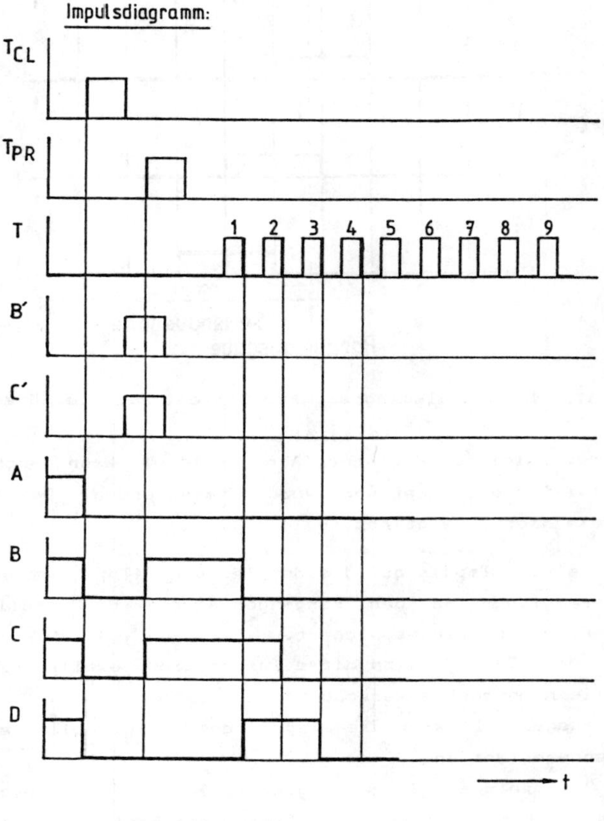

Abb. 6.14 c Impulsdiagramm zur Parallel-Seriell-Umsetzung

6.3.2 SERIENADDIERER

Mit Hilfe von Schieberegistern kann ein Serienaddierwerk aufgebaut werden, das folgende Funktionen ausführt:

- Abspeicherung der Summanden in den Schieberegistern SRA und SRB (Parallel-Eingabe).
- Bitweise Addition über einen Volladdierer (VA) in acht seriellen Taktschritten.
- Speicherung des jeweiligen Übertrages in einem Übertrags-Flipflop (Ü). Beim nächsten Taktschritt wird der Übertrag über den Carry-Eingang des Volladdierers zur nächsten Dualstelle hinzuaddiert.
- Nach acht Taktschritten steht die Summe der beiden Dualzahlen A und B im Schieberegister SRA zur Verfügung und kann dort parallel abgenommen werden.
  Der Operand B wurde im Kreis geschoben (Ringshift) und bleibt unverändert.

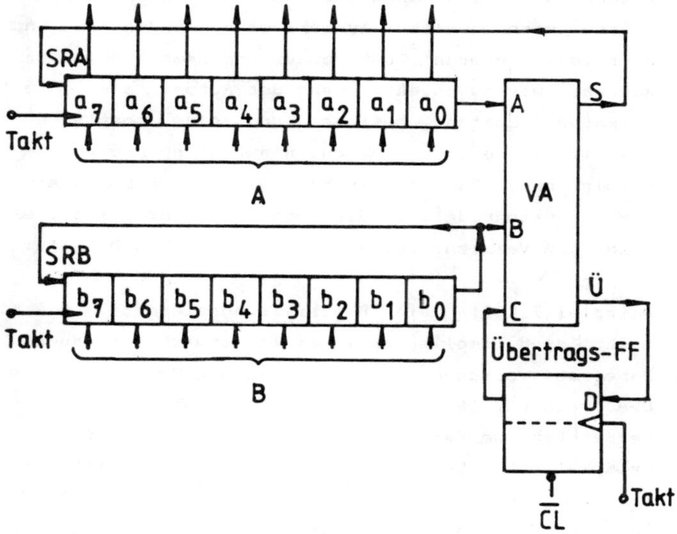

Abb. 6.15 Serienaddierwerk

7. AUTOMATEN

7.1 DER AUTOMATENBEGRIFF IN DER TECHNIK

Ein Automat ist in der Technik jede Maschine, die in der Lage ist, ihr Verhalten selbst, d.h. ohne unmittelbares Eingreifen des Menschen zu steuern. Unter Verhalten versteht man dabei die Menge der z.B. durch äußere Einwirkungen aufeinanderfolgenden Zustände eines Systems. Obwohl Änderungen des Verhaltens durch gewisse Einwirkungen aus der Umgebung ausgelöst werden, sind die innere Struktur des Systems, die Anzahl und Art seiner Elemente und die Beziehungsverhältnisse zwischen den Elementen ausschlaggebend für das Verhalten. Aus diesen Faktoren resultiert die Zahl der möglichen Zustände.
Ein- und Ausgabe ermöglichen die Kombination zwischen der Umgebung und dem "Innenleben" des Automaten. Umgebungssignale werden in innere Signale, innere Signale in Umgebungssignale transformiert. Zur Beschreibung eines Automaten muß also angegeben werden, welche **Eingabe** er aufnehmen kann, welche **Ausgabe** er aussenden kann und welche stabilen, inneren Zustände er annehmen kann. Dann ist zu klären, was geschieht, wenn der Automat sich in einem bestimmten Zustand befindet und eine bestimmte Eingabe erscheint. Welchen Zustand nimmt er an und welche Ausgabe erfolgt nun? Das relativ hohe Niveau der Beschreibung, das dem Automatenmodell in der Technik zugrundeliegt, ermöglicht dabei den Verzicht auf alle unwesentlichen Details.

Beispiel 7.1-1: Die Beschreibungselemente, die hier gesucht sind, sollen an einem Schaltwerk untersucht werden. Dabei sei vorausgesetzt, daß sich ein Schaltwerk als Automat beschreiben läßt. Hier soll nochmals das Schaltwerk betrachtet werden, das im vorangegangenen Kapitel im Beispiel 6.1-1 bereits behandelt wurde. Was ist hier Eingabe bzw. Ausgabe? Eingabe und Ausgabe sind hier Werte der Eingabe- bzw. der Ausgabevariablen. Diese Werte sollen jetzt als Eingabezeichen ($x1=0$, $x2=1$) und Ausgabezeichen ($y1=0$, $y2=1$)

interpretiert werden. Das "Innenleben" des Automaten "Schaltwerk" ist durch die 4 möglichen Wertekombinationen der internen Variablen Z1 und Z2 bestimmt. Den 4 Wertekombinationen der internen Variablen werden folgende 4 interne Zustände zugeordnet.

Z1	Z2	Zustand
0	0	z0
0	1	z3
1	0	z1
1	1	z2

Eingabe, Ausgabe und Zustände sind damit bestimmt. Zu klären ist jetzt, was geschieht, wenn der Automat sich in einem bestimmten Zustand befindet und eine bestimmte Eingabe erscheint. Es gibt 2 charakteristische Beschreibungsformen für das Verhalten eines Automaten:

1. Tabellarische Form (Zustandstafel)

Diese Tafel enthält für jeden internen Zustand eine Zeile und für jedes Eingabezeichen eine Spalte. Ein Eintrag besteht dann aus einem geordneten Paar. Das 1. Zeichen dieses Paares gibt den neuen Zustand an, das 2. Zeichen beschreibt die Ausgabe. Mit Hilfe der Wertetafel aus 6.1-1 können die folgenden Einträge festgestellt werden:

Eingabezeichen X	x1=0	x2=1
gegenwärtiger Zustand	nächster Zustand, Ausgabe	
z0	z0, 0	z1, 0
z1	z0, 0	z2, 1
z2	z2, 1	z2, 1
z3	z2, 1	z2, 1

Häufig werden die Einträge, getrennt nach Zuständen und Ausgabesignalen, auch in 2 Tabellen dargestellt.

2. Grafische Form (Zustandsdiagramm)

Für jeden Zustand wird ein Knoten gezeichnet. Von jedem Knoten gehen soviele gerichtete Kanten aus, wie es Eingabezeichen gibt. Die Kante führt zu dem Knoten mit dem Zustand, der beim Einlesen des Eingabezeichens erreicht wird. Mit diesem Eingabezeichen wird die Kante beschriftet. Hinzu kommt noch als 2. Zeichen dasjenige Ausgabezeichen, das bei dieser Eingabe und Zustandsänderung ausgegeben wird. Für

Beispiel 6.1-1 ergibt sich damit der folgende Zustandsgraph:

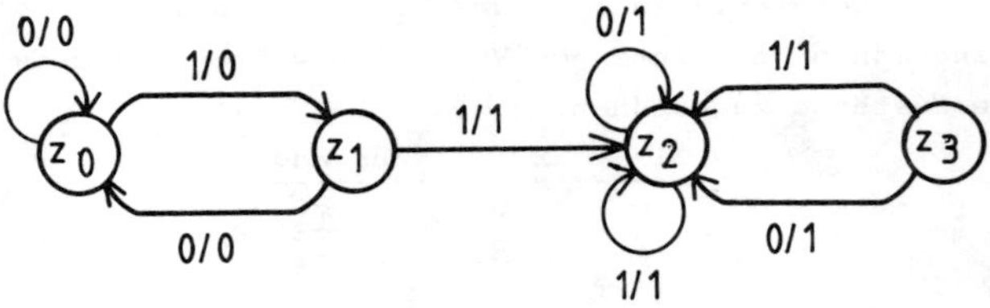

Abb. 7.1 Zustandsgraph eines Automaten

Mit Hilfe dieser Darstellung ist das globale Verhalten des Schaltwerks aus Beispiel 6.1-1 recht gut zu erkennen. Wird als Anfangszustand z0 vorausgesetzt, so ist für alle Eingabezeichen das zugeordnete Ausgabezeichen 0. Sobald die Zeichenfolge ....11... auftritt, ist das Ausgabezeichen 1 und behält diesen Wert für alle weiteren Eingabezeichen.
Zu Beginn dieses Beispiels wurde vorausgesetzt, daß sich ein Schaltwerk als Automat behandeln läßt. Jetzt kann man präzisieren: Die allgemeine Funktion eines Schaltwerks ist ein Automat, seine Zustände sind die Zustände eines Schaltwerks, seine Eingangszeichen die Wertekombinationen an den Schaltwerkseingängen. Ein Schaltwerk ist schon ein recht komplizierter Automat. Merkwürdigerweise zählt aber auch ein so simples Gerät wie eine Mausefalle zu den Automaten.

Beispiel 7.1-2: Eine Mausefalle ist entweder gespannt oder nicht gespannt (Zustand 0 oder 1). Eingabe ("Die Maus kommt in die Reichweite der Falle" bzw. "Die Maus kommt nicht in Reichweite der Falle") und Ausgabe ("Die Maus wird erschlagen" bzw. "Die Maus wird nicht erschlagen") werden durch 1 bzw. 0 charakterisiert. Es gibt also die Eingabe X={ 0,1} , die Ausgabe Y={ 0,1} und die Zustandsmenge Z={ 0,1} .
Zustandstafel und Zustandsdiagramm dieses Automaten A1 ergeben sich dann zu:

	0	1
0	0,0	0,0
1	1,0	0,1

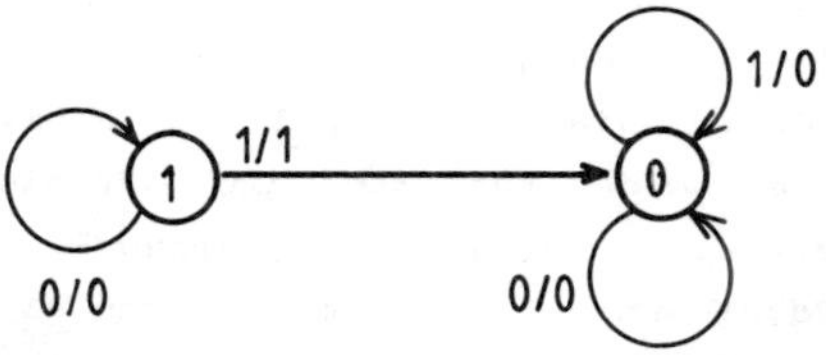

Abb. 7.2 Zustandsgraph des Automaten A1

Mit Speck fängt man bekanntlich Mäuse. Der Versuch, dieses Sprichwort in den vorliegenden Automaten mit einzubeziehen, führt zur folgenden Erweiterung der möglichen Zustände:

0 ...... Speck nicht vorhanden, Falle nicht gespannt
1 ...... Speck nicht vorhanden, Falle gespannt
2 ...... Speck vorhanden, Falle nicht gespannt
3 ...... Speck vorhanden, Falle gespannt

Die Zustandsmengen werden zweckmäßig mit Z = 0,1,2,3 kodiert. Damit ergibt sich für Zustandstafel und Zustandsdiagramm des Automaten A2:

	0	1
0	0,0	0,0
1	1,0	0,1
2	2,0	0,0
3	3,0	2,1

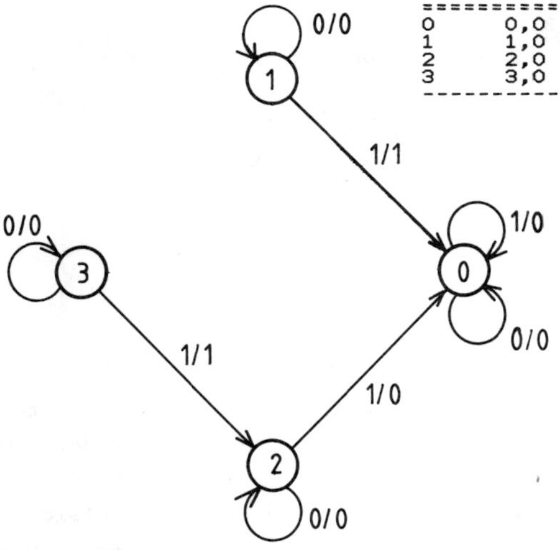

Abb. 7.3 Zustandstabelle und Zustandsgraph des Automaten A2

Hier ist bemerkenswert: A1 und A2 sind aequivalent. Begründung: Ist A1 im Anfangs- oder Initialzustand 1 bzw. 0 und der Automat A2 im Anfangszustand 1 oder 3 bzw. 0 oder 2, so reagieren die beiden Automaten mit der gleichen Ausgabezeichenfolge, wenn auf sie die gleiche Eingabezeichenfolge einwirkt. Da die Anzahl der Zustände von A1 kleiner ist als die von A2, A1 außerdem die kleinstmögliche Anzahl von Zuständen besitzt, nennt man A1 eine **reduzierte Form** von A2. Das Reduktionsproblem für Automaten, d.h. das Aufsuchen der reduzierten Form, ist eines der zentralen Probleme der Automatentheorie (vgl. 7.2.2).

Das letzte Beispiel zeigt auch: Es ist häufig sehr zweckmäßig, einem Automaten einen Anfangszustand zA und einen Endzustand zE zuzuordnen. Eine Eingabezeichenfolge (Wort), die der Automat akzeptiert, führt dann von zA nach zE, eventuell auch über eine Kette von Zwischenzuständen. Es kann sein, daß nur ein einziges Wort, eine endliche oder gar eine unendliche Menge von Worten akzeptiert wird, wie die Zustandsdiagramme des folgenden Beispiels zeigen:

Beispiel 7.1-3:

1. Automat mit einem einzigen akzeptierten Wort

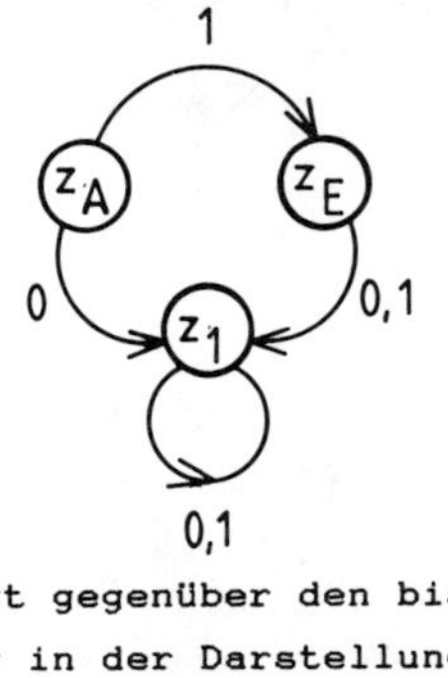

Abb. 7.4

Dieses Diagramm zeigt gegenüber den bisherigen Vereinbarungen eine Erweiterung in der Darstellung. Zur Übersichtlichkeit der Darstellung ist die Anzahl der Kanten auf ein Mindestmaß zu beschränken. Eingaben, die auf gleiche Zustände verweisen, werden deshalb hier nur einer Kante zugeordnet. In der Beschriftung der Kante sind diese Eingaben durch Kommata getrennt. Ausgaben wurden hier weggelassen, da sie in diesem Fall völlig uninteressant sind.

2. Automat, der genau 2 Worte akzeptiert:

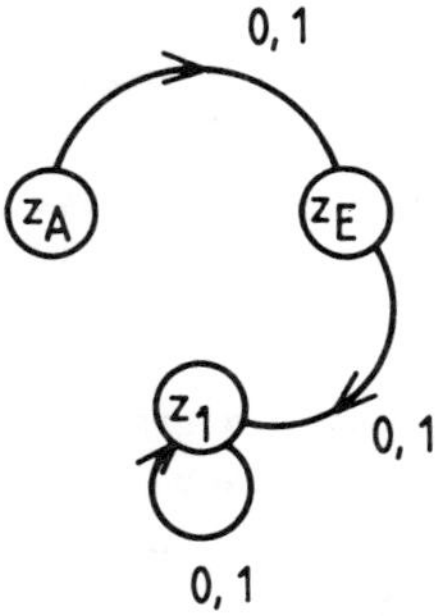

Abb. 7.5

3. Automat, der unendlich viele Worte akzeptiert

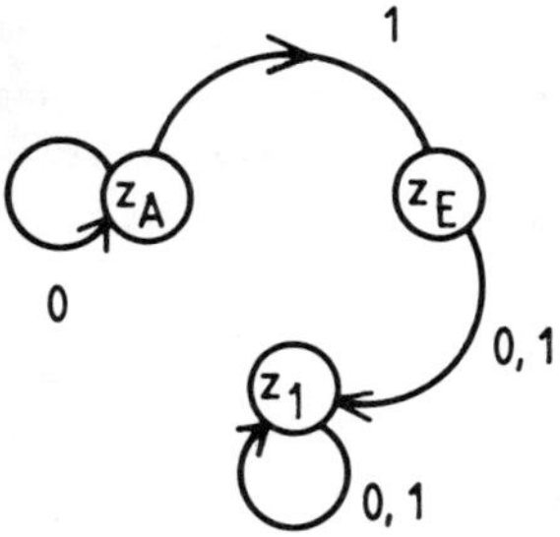

Abb. 7.6

Die Menge von Worten, die durch einen Automaten A akzeptiert wird, heißt der durch (A, zA, zE) akzeptierte **Sprachschatz.** In der Technik gibt es, wie die beiden Beispiele zeigen, ein sehr weitreichendes Spektrum an Automaten. Es reicht offenbar von der Mausefalle, dem Zigarettenautomaten, Wasch-, Wechselautomaten, dem Automaten zur Produktion von Maschinenteilen bis zum Rechenautomaten. Hier könnte allerdings der Gedanke, einen Rechner auf der Ebene von Bits mit Hilfe eines (endlichen) Automaten zu beschreiben, schnell scheitern. Schon ein einfacher Taschenrechner ist bereits hier zu komplex. Bei nur 1000 Register- und Anzeigezellen, die je-

weils die Worte 0 oder 1 annehmen können, wären schon 2^{1000} innere Zustände möglich.
2^{1000} ist größer als 10^{300}; das ist eine Dezimalzahl mit 300 Nullen. Eine solche Beschreibung eines Rechners ist aber überhaupt nicht notwendig, da ganze Klassen von Zuständen hier in ihrem Verhalten identisch sind und zusammengefaßt werden können. Unabhängig von der konkreten Aufgabenstellung und Komplexität eines Automaten sind bei der Behandlung von Automaten folgende Dinge wesentlich:

1. Die Eingabe
Jeder Automat muß mit Eingabedaten versorgt werden. Die Eingabedaten gehören zu einer bestimmten, zugelassenen Menge von Eingabezeichen. Für jeden Automaten gibt es eine für ihn typische Menge von Eingabezeichen (das Eingabealphabet), mit dem die Umwelt auf den Automaten einwirken kann und die der Automat akzeptiert. Ein Automat filtert somit aus der Menge aller beliebigen Eingabefolgen (Eingabeworte) diejenigen heraus, die "korrekt" gebildet sind. Die Menge aller Eingabefolgen, die von einem Automaten akzeptiert werden, nennt man die Sprache des Automaten.

2. Interne Zustände
Jeder Automat befindet sich immer in einem bestimmten Zustand. Unter Einwirkung der Eingabe kann er eine Reihe von Folgezuständen durchlaufen.

3. Ausgabe
Es gibt eine Menge von Ausgabezeichen, das Ausgabealphabet. Der gegenwärtige Zustand des Automaten und das anliegende Eingabezeichen sind bestimmend für das Ausgabezeichen. Sind die Mengen der Eingabezeichen, die Menge der internen Zustände und die Menge der Ausgabezeichen endliche Mengen, so spricht man von **endlichen Automaten**.

7.2 ENDLICHE AUTOMATEN

7.2.1 DAS AUTOMATENMODELL

Ein anschauliches Modell eines Automaten besteht aus einem Eingabeband mit einer Lesevorrichtung, einem Ausgabeband mit einer Schreibvorrichtung und einer Steuereinheit. Ein- und Ausgabeband sind in Zellen (vgl. Abb. 7.7) eingeteilt. Jede Zelle kann ein Zeichen aus dem **endlichen** Eingabevorrat X = x1,x2,...,xn bzw. dem endlichen Ausgabezeichenvorrat Y = y1,y2,...,ym aufnehmen. Die Steuereinheit verfügt über eine Anzahl von internen Zuständen Z = z1, ... , zk . Sie bilden die **Zustandsmenge** des Automaten. Durch Eingabe und Zustand im gegenwärtigen Zeitpunkt wird der Folgenzustand im nachfolgenden Zeitpunkt bestimmt. Die Ausgabe im gegenwärtigen Zeitpunkt wird durch Eingabe und Zustand im gegenwärtigen Zeitpunkt determiniert. Diesen Sachverhalt beschreibt man präziser durch die Abbildungen:

(7.2-1) g = fy : X x Z --> Y (Ausgabefunktion, Ergebnisfunktion)

(7.2-2) f = fz : X x Z --> Z (Zustandsfunktion, Überführungsfunktion)

Aufgabe der Steuereinheit ist es, diese beiden Abbildungen zu realisieren. Die Zustandstafel beschreibt die Überführungsfunktion; das Zustandsdiagramm ist ein bewerteter, gerichteter Graph zur Beschreibung der Überführungsfunktion.

Für dieses Modell kann die Arbeitsweise des Automaten durch das Ablaufdiagramm (Struktogramm) in Abb. 7.8 beschrieben werden. Der Parameter t bedeutet die Zeit. Das zeitliche Verhalten des Automaten ist, wie schon in Beispiel 7.1-1 festgelegt, synchron zu einem Grundtakt. Die Ausgabe- und die Zustandsfunktion sind eindeutig bestimmt und bleiben zeitlich unverändert. Ein endlicher Automat ist daher ein diskreter, synchroner, determinierter und zeitlich unveränderter Automat.

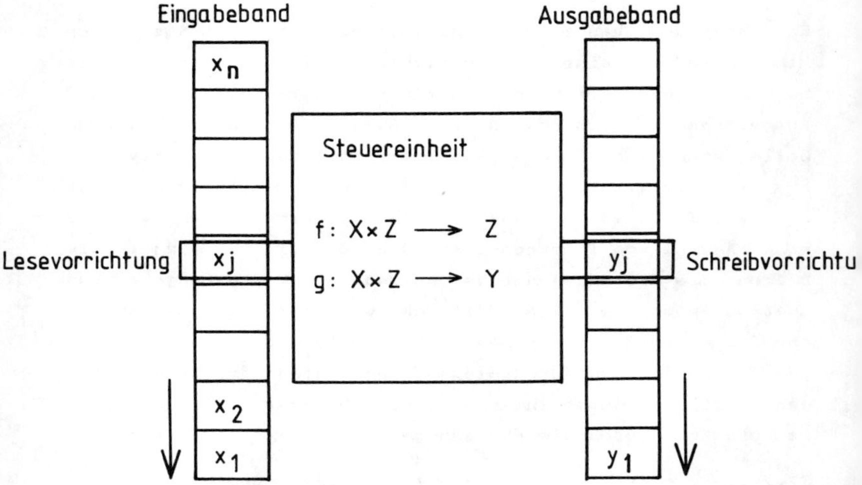

Abb. 7.7 Modell eines endlichen Automaten mit Ausgabe.

- Anfangszustand setzen
- Lesekopf auf das 1. Zeichen der Eingabe setzen
- Die folgenden Sequenzen sind solange zu wiederholen, bis die gesamte Eingabezeichenfolge eingegeben ist oder gestoppt wurde
    - Eingabezeichen unter Lesekopf lesen
    - Auf Ausgabeband

      $y(t) = g\ (x(t),\ z(t))$

      schreiben (Ausgabefunktion, Ergebnisfunktion)
    - Ausgabeband um ein Feld weiterrücken
    - Der Automat geht in den Zustand

      $z\ (t+1) = f\ (x(t),\ z(t))$

      über (Überführungsfunktion)
    - Eingabeband um ein Feld weiterrücken

Abb. 7.8 Arbeitsweise eines endlichen Automaten mit Ausgabe

Formal wird ein endlicher Automat beschrieben durch:

(7.2-3) $A = \{X, Z, Y, f, g\}$

Durch X, Z, Y, f, g ist der Automat **abstrakt** beschrieben. Alles was man in der abstrakten Automatentheorie über einen zu untersuchenden Automaten wissen muß, ist in diesen 5 Angaben enthalten. Die abstrakte oder reine Automatentheorie ist Teil der mathematischen Grundlagenforschung. Hier wird untersucht: der Zusammenhang von Algorithmen und Automatentheorie, die Komplexität von Algorithmen und Automaten sowie der rekursiven Funktionen und der mathematischen Logik.

Das Automatenmodell des endlichen Automaten weist aber eine Reihe von Beschränkungen auf:
- Es sind nur endliche Mengen zugelassen.
- Die auf dem Eingabeband gespeicherte Zeichenfolge wird nur **einmal** gelesen und bereitgestellt. Es besteht keine Möglichkeit, Zwischenresultate abzuspeichern und zu einem späteren Zeitpunkt wieder abzurufen.

7.2.2 DIE REALISIERUNG ENDLICHER AUTOMATEN DURCH SCHALTWERKE

Hier soll exemplarisch beschrieben werden, wie ein endlicher Automat mit logischen Bauelementen und Verzögerungsgliedern (Laufzeit) aufgebaut werden kann.

Beispiel 7.2-1: Es ist ein endlicher Automat zu entwerfen, der 2 Dualzahlen addieren kann und deren Summe ausgibt. Zunächst stellt sich hier folgendes Problem: Der Automat müsste eigentlich 2 Eingänge für die beiden Summanden haben. Bereits bei der Bestimmung der Zustandsmenge von Beispiel 7.1-1 wurden die Werte der internen Variablen paarweise zusammengefaßt. Diese Vorgehensweise wird hier auf Eingabevariable angewendet und führt zu der folgenden Zuordnung:

X0	X1	xi
0	0	0
0	1	1
1	0	2
1	1	3

Die Eingabe umfaßt demnach X = {0,1,2,3} . Für eine Folge der Eingabevariablen kann man dann beispielsweise angeben: "201320". Damit ist die folgende Summenbildung beschrieben:

```
  1 0 0 1 1 0
+ 0 0 1 1 0 0
-------------
```

Wegen des Übertrags, der hier entstehen kann, ist die Summe von rechts nach links zu bilden. Das Eingabewort ist also: "023102". Welche Zustände spielen hier eine Rolle? Im Innenleben eines Addierers ist lediglich interessant, ob die Summenbildung zu einem Übertrag in die folgende Stelle führt oder nicht. Es gibt also 2 Zustände Z = {s,ü} .
Damit ergibt sich folgende Zustandstafel (unter Beachtung der Regeln für die duale Addition):

	0	1	2	3
s	s,0	s,1	s,1	ü,0
ü	s,1	ü,0	ü,0	ü,1

Das zugehörige Zustandsdiagramm ist:

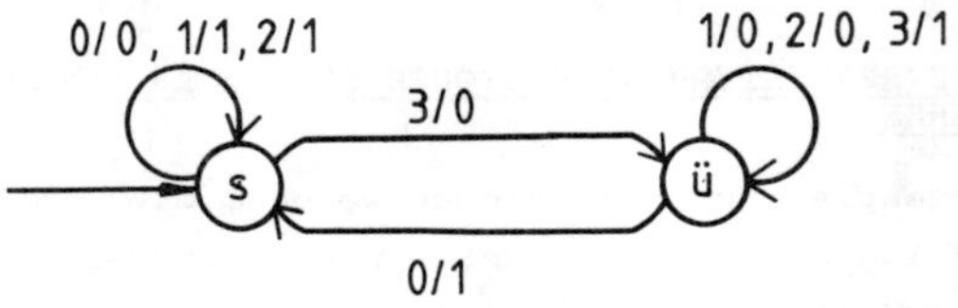

Eine spezielle Markierung durch einen Pfeil "⟶" zeigt auf den Anfangszustand. Er ist hier identisch mit s, da an der untersten Stelle nie ein Übertrag vorhanden ist. Anfangszustände festzulegen, ist insbesondere immer dann wichtig, wenn untersucht werden soll, welche Folge von Eingaben (Worte) auf einen zugelassenen Endzustand führen. Solche Untersuchungen sind mit die wichtigsten Anwendungen der Automatentheorie. Im vorliegenden Beispiel kann jetzt die Summenbildung anhand des Eingabewortes "023102" am Zustandsgraph vollzogen werden. Die Ausgabe ist 010011. Wird das Ausgabewort von rechts nach links gelesen (110010), so ist das schließlich die korrekte Summe.

Das vorliegende Beispiel beschreibt also einen Addierautomaten. Wie ist ein derartiger Automat durch ein Schaltwerk mit logischen Bausteinen und Verzögerungsgliedern darzustellen? Prinzipiell kann ein Schaltwerk durch das folgende Blockschaltbild beschrieben werden (vgl. dazu auch 6.1.2):

```
                          ------------------
Eingangs-    X     ---I                    I--- Y    Ausgangs-
variable              I   digitale         I         variable
                      I   Schaltkreise     I  Z'
interne      Z     ---I                    I---
Variable           I  I                    I  I
                   I  ------------------      I
                   I                          I
                   I  ------------------      I
                   I  I Laufzeitglieder I     I
                   ---I                 I---
                      I   (Speicher)    I
                      ------------------
```

Abb. 7.9 Modell eines Schaltwerkes

Schaltkreise arbeiten nur mit binären Eingangsgrößen. Die Mengen X,Y,Z bestehen im allg. aus irgendwelchen Zeichen (vgl. Bsp. 7.2-1). Sie sind also geeignet zu codieren, z.B.:

- die r Eingabezeichen durch X1,X2,...,Xn ($2^n > r$)
- die q Ausgabezeichen durch Y1,Y2,...,Ym ($2^m > q$)
- die s Zustände durch Z1,Z2,...,Zk ($2^k > s$)

Damit hat die Realisierung eines endlichen Automaten folgende Form:

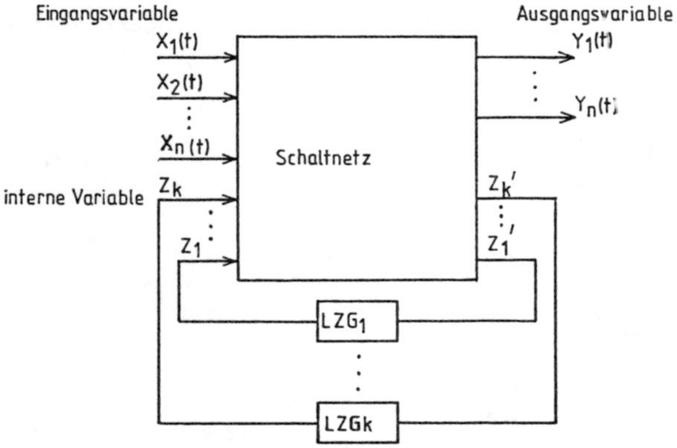

Abb. 7.10 Realisierung eines endlichen Automaten

Zur Realisierung sind folgende Tätigkeitsschritte notwendig:

1. Codierung der Zeichen von X, Y und Z
2. Aufstellen der Wahrheitstafel für die Ausgabefunktion g und die Ausgabesignale aus der Zustandstafel
3. Aufstellen der Wahrheitstafel für die Überführungsfunktion f aus der Zustandstafel
4. Aufstellen der Schaltfunktion für f und g in der disjunktiven Normalform
5. Vereinfachung der Schaltfunktionen
6. Aufbau des Schaltnetzes

Beispiel 7.2-2: Eine Anwendung dieser Schritte auf den Addierautomaten (Beisp. 7.2-1) führt zu folgendem Ergebnis:

1. Codierung der Zeichen von X,Y,Z

   $X = \{0,1,2,3\}$, $Y = \{0,1\}$, $Z = \{s, ü\}$

   Die Eingabezeichen sind aus Eingabevariablen entstanden, auf die zweckmäßigerweise hier wieder zurückgegriffen wird. Es gilt:

X :

X1	X2
0	0
0	1
1	0
1	1

Z :

Z1
0
1

Y :

Y1
0
1

2. Aufstellen der Wahrheitstafel für die Ausgabefunktion g:

X1	X2	Z1	Y1
0	0	0	0
0	0	1	1
0	1	0	1
0	1	1	0
1	0	0	1
1	0	1	0
1	1	0	0
1	1	1	1

3. Aufstellen der Überführungsfunktion f:

X1	X2	Z1	Z1′
0	0	0	0
0	0	1	0
0	1	0	0
0	1	1	1
1	0	0	0
1	0	1	1
1	1	0	1
1	1	1	1

4. Aufstellen der Schaltfunktion für f und g in disjunktiver Normalform:

   $Y1 = \bar{X}1\ \bar{X}2\ Z1 + \bar{X}1\ X2\ \bar{Z}1 + X1\ \bar{X}2\ \bar{Z}1 + X1\ X2\ Z1$

   $Z1' = \bar{X}1\ X2\ Z1 + X1\ \bar{X}2\ Z1 + X1\ X2\ \bar{Z}1 + X1\ X2\ Z1$

5. Vereinfachen der Schaltfunktionen:

   $Y1 = Z1\ (X1\ X2 + \bar{X}1\ \bar{X}2) + \bar{Z}1\ (\bar{X}1\ X2 + X1\ \bar{X}2)$

   $\quad = Z1\ (\overline{\bar{X}1\ X2 + X1\ \bar{X}2}) + \bar{Z}1\ (\bar{X}1\ X2 + X1\ \bar{X}2)$

   $Z1' = Z1\ (\bar{X}1\ X2 + X1\ \bar{X}2) + X1\ X2$

6. Aufbau des Schaltnetzes

   Die Realisierung derartiger Schaltwerke wurde in 6.3 eingehend beschrieben.

   Ein Schaltwerk läßt sich demnach durch 3 Mengen X,Y,Z und 2 Funktionen beschreiben:

```
                I-------------------------I
          ---->I                         I----->
          ---->I                         I----->
X            .  I     Z = {z1,z2,...,zk}  I  .          Y
             .  I                         I  .
          ---->I                         I----->
                I_________________________I
```

   Eingabemenge $X = \{x1,x2,...,xm\}$

   Ausgabemenge $Y = \{y1,y2,...,yn\}$

   Zustandsmenge $Z = \{z1,z2,...,zk\}$

   Ausgabefunktion $g : X \times Z \rightarrow Y$

   Überführungsfunktion $f : X \times Z \rightarrow Z$

Diese Darstellung gilt für den sogenannten **Mealy-Automaten.** Eine andere Darstellungsform hat der **Moore-Automat.** Er unterscheidet sich aber nur in der Ausgabefunktion vom Mealy-Automaten. Die Ausgabefunktion ist beim Moore-Automaten nur von der Zustandsmenge abhängig.

$$g : Z \rightarrow Y \qquad y = g(z)$$

$$f : X \times Z \rightarrow Z \qquad z = f(x,z)$$

Setzt man f(x,z) in y=g(z) ein, so erhält man y=g(f(x,z)). Die beiden Modelle sind im wesentlichen gleichberechtigt. Unterschiede bestehen jedoch hinsichtlich der Definition der Zustandsmenge und der zeitlichen Betrachtung des

Ausgabezeichens. Beim Moore-Automat ist das Ausgabezeichen nur abhängig vom gegenwärtigen Zustand des Automaten. Mealy-Automaten bzw. die dazugehörigen Zustandsdiagramme werden häufig bei der Analyse von Schaltwerken benötigt, Moore-Zustandsdiagramme werden mehr bei der Synthese gebraucht.

7.2.3 NICHT VOLLSTÄNDIG DEFINIERTE UND NICHTDETERMINIERTE AUTOMATEN

Nicht vollständig definierte Automaten

Die Überführungsfunktion ist hier nicht auf der ganzen Menge X x Z erklärt.

Beispiel 7.2-3: Für X = 1,2,3 ist das Zustandsdiagramm eines endlichen Automaten zu entwerfen, der vom Anfangszustand zA aus nur Eingaben der Form 123, 123123, 123123123, usw. akzeptiert. Es liegt nahe, die Periodizität der Eingabe durch folgenden Entwurf des Zustandsdiagramms wiederzugeben:

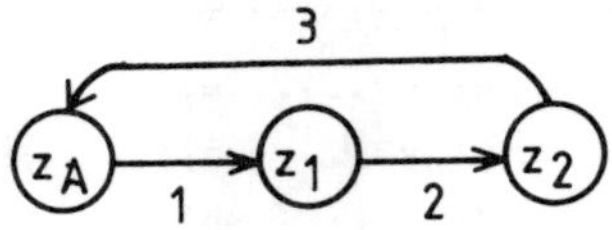

Abb. 7.11

Darf der Anfangszustand zA nicht mit dem Endzustand zE zusammenfallen, erhält man:

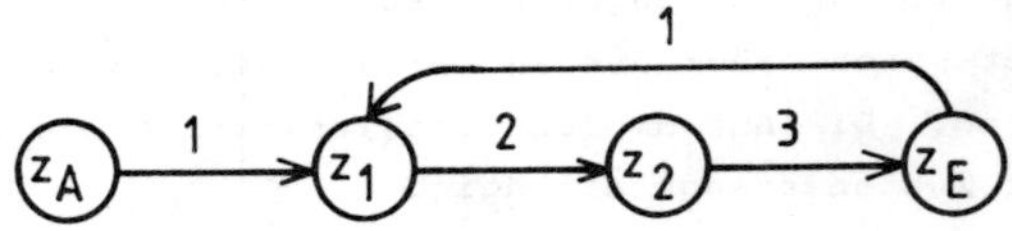

Abb. 7.12

Dazu gehört die Zustandstafel:

	1	2	3
zA	z1	-	-
z1	-	z2	-
z2	-	-	zE
zE	z1	-	-

Die in dieser Zustandstafel fehlenden Eintragungen (don't care positions) zeigen, daß die Überführungsfunktion f: X x Z --> Z nicht auf der ganzen Menge X x Z erklärt ist. Der Automat, dessen Zustandsdiagramm in Abb. 7.12 angegeben wurde, ist nicht vollständig definiert. Es ist hier leicht möglich, Beispiel 7.2-3 so zu ergänzen, daß ein vollständig definierter Automat vorliegt.

Beispiel 7.2-4: An jedem Knoten der Abb. 7.12 fehlen noch 2 Kanten. Sie bestimmen die Übergänge zum Zustand z3, einem "fehlerhaften" Zustand.

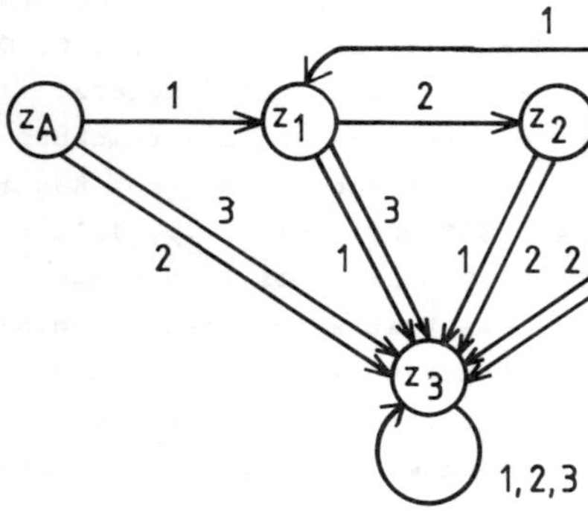

Abb. 7.13 Zustandsdiagramm eines vollständig definierten Automaten

Nichtdeterminierte Automaten

Hier gibt es keine Funktion von X x Z in Z mehr, sondern lediglich eine Übergangsrelation X x Z x Z. Ein Element (x,z,z') aus dieser Relation ist dann so zu interpretieren: "Bei Eingabe von x ist im Zustand z ein Übergang in den Zustand z' möglich".

Beispiel 7.2-5: Gegeben sei das folgende Zustandsdiagramm mit Anfangszustand zA und Endzustand zE.

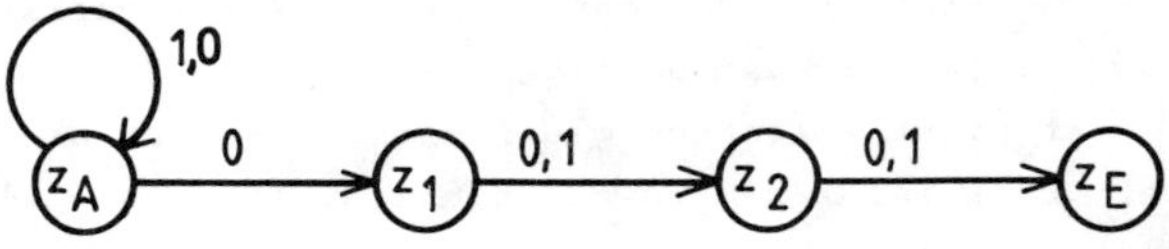

Abb. 7.14

Vom Knoten zA dieses Zustandsdiagramms gehen verschiedene Kanten mit gleicher Bewertung aus. zA und z1 sind bei der Eingabe einer 0 als Folgezustände möglich. Gibt es zu einem derartigen Automaten einen äquivalenten, determinierten Automaten? Offenbar führen die Eingabewörter 000, 001, 010, 011 auf Endzustände. So ist nur an den 3 zuletzt eingegebenen Zeichen erkennbar, ob ein Endzustand erreichbar ist. Die Zustände erhalten daher jetzt zur genaueren Kennzeichnung einen 3-stelligen Index: 000, 001, 010, ..., 111. Endzustände sind dann z000, z001, z010 und z011. Ausgangszustand sei z111. Eine **Konstruktion des Zustandsgraphen für den determinierten Automaten** ist jetzt möglich. Über jedes mögliche Eingabewort, so kann man sich als Konstruktionshilfsmittel vorstellen, wird ein Fenster, das über 3 Eingabezeichen reicht, geschoben.

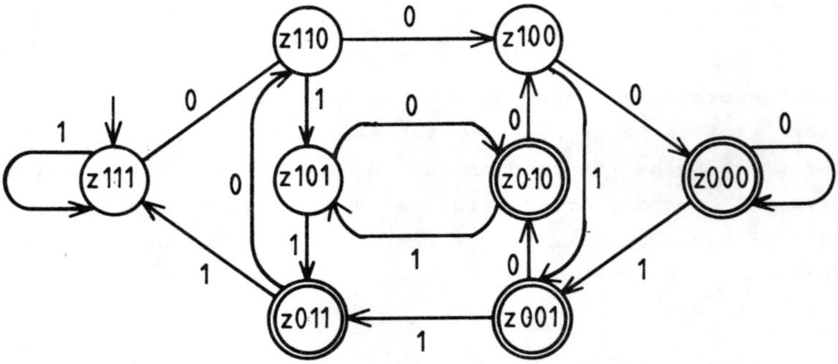

Abb. 7.15

Dieses Zustandsdiagramm enthält, wie künftig alle weiteren Diagramme dieser Art, eine besondere Kennzeichnung: Der Anfangszustand ist mit einem kleinen Pfeil markiert, der Endzustand durch einen doppelten Kreis. Eine Verallgemeinerung dieses Beispiels ist, nach einem endlichen Automaten über $\{0,1\}$ zu fragen, bei dem das i-te Zeichen ($i>1$) von rechts eine 0 ist. Die soeben angewendeten Konstruktionsprinzipien können bei der Beantwortung dieser Frage voll übernommen werden. Der zugehörige nichtdeterminierte Automat enthält $i+1$ und der determinierte Automat 2^i Zustände.

7.2.4 DAS VERHALTEN ENDLICHER AUTOMATEN

7.2.4.1 ZEICHENFOLGEN ENDLICHER AUTOMATEN

Das Verhalten eines Automaten wird über alle Eingabezeichenfolgen (bzw. auch Ausgabezeichenfolgen) beschrieben, die ein Automat verarbeiten kann. Die Eingabezeichenfolge x1 x2 ... xk löst in einem vollständig definierten Automaten A aus:

1. die Zustandsfolge z1 z2 ... zk+1

Sie ist bestimmt durch die Überführungsfunktion $z_j+1=f(x_j,z_j)$

2. die Ausgabebezeichenfolge y1, y2,..., ym

Sie ist bestimmt durch die Ausgabefunktion $y_j=g(x_j,z_j)$.

Das Verhalten eines Automaten bei Eingabe einer Zeichenfolge zeigt dann die Tabelle 7.1, in der z1 der Anfangszustand und zk+1 der Endzustand des Automaten ist.

Tab. 7.1 Beschreibung des Verhaltens eines Automaten

Eingabe-zeichen	gegenwärtiger Zustand	nächster Zustand	Ausgabe-zeichen
x1	z1	z1'= z2	y1
x2	z2	z2'= z3	y2
.	.	.	.
.	.	.	.
.	.	.	.
xk	zk	zk'= zk+1	ym

Die beiden einführenden Beispiele (7.1-2 und 7.1-3) haben bereits auf die Bedeutung des Anfangs- und Endzustands und der dazugehörigen Eingabezeichenfolge (Eingabewörter) hingewiesen. Geht ein Automat bei der Verarbeitung eines Eingabewortes in einen Endzustand über, dann hat der Automat dieses Wort akzeptiert.

7.2.4.2 WICHTIGE DEFINITIONEN ZUM VERHALTEN ENDLICHER AUTOMATEN

Aus den vorstehenden Beispielen kann entnommen werden, daß das Verhalten eines endlichen Automaten wesentlich durch die Übergangsfunktion bestimmt ist. Weiterhin spielen Anfangs- und Endzustand eine wesentliche Rolle. Es ergeben sich daher für endliche Automaten die folgenden Festlegungen:

(1) Ein endlicher, determinierter Automat A ist bestimmt durch:
- eine endliche Menge X von Eingabezeichen
- eine endliche Menge Z von Zuständen
- eine Übergangsfunktion f: $X \times Z \longrightarrow Z$
- einen Anfangszustand $z0 \in Z$
- eine Endzustandsmenge $F \subseteq Z$

(2) Ein endlicher, nichtdeterminierter Automat besteht aus:
- einer endlichen Menge X von Eingabezeichen
- einer endlichen Menge Z von Zuständen
- einer Übergangsrelation $R \subseteq X \times Z \times Z$
- einer endlichen Menge $Z0 \subseteq Z$ von Anfangszuständen
- einer Menge $F \subseteq Z$ von Endzuständen

Determinierte endliche Automaten sind nach (2) nichtdeterminierte endliche Automaten mit einer ein Element umfassenden Menge von Anfangszuständen und rechtseindeutiger Übergangsrelation R, d.h. wenn (x,z,z'), (x,z',z'') in R enthalten sind, dann ist $z' = z''$.

Da das Gewicht bereits auf die Verarbeitung ganzer Zeichenfolgen gelegt wurde (vgl. 7.2.4.1), ist es auch zweckmäßig, die Definition zur Überführungsfunktion Gl.(7.2-2) entsprechend zu erweitern:

(3) Für ein Alphabet X ist X* die Menge aller Zeichenfolgen über X. X* umfaßt alle Worte über dem Alphabet (also zunächst auch das leere Wort λ). Die Erweiterung einer Übergangsfunktion f: X x Z --> Z zu einer Funktion f: X* x Z wird durch wiederholte Anwendung der ursprünglichen Funktion erreicht. Das Lesen der leeren Eingabezeichenfolge erzeugt keine Zustandsänderung (Hinweis: λ gehört nicht zu X*, falls Anfangszustand und Endzustand nicht identisch sein dürfen). Allgemein läßt sich dann der Vorgang zur Bestimmung der Übergangsfunktion, wenn ein Wort w mit dem Anfangssymbol x eingelesen wird, wie folgt beschreiben:

Für alle $x \in X$, $w \in X^*$, $z \in Z$ ist f: f(w,z) = f(w(f(x1,z)))

7.2.4.3 SPRACHEN ENDLICHER AUTOMATEN

Determinierte Automaten

Die Menge aller Eingabeworte, die der endliche Automat akzeptiert, nennt man die Sprache L(A) des Automaten A.

(7.2-4) $L(A) \subset X^*$

Beispiel 7.2-6: Gegeben ist ein endlicher Automat durch das folgende Zustandsdiagramm:

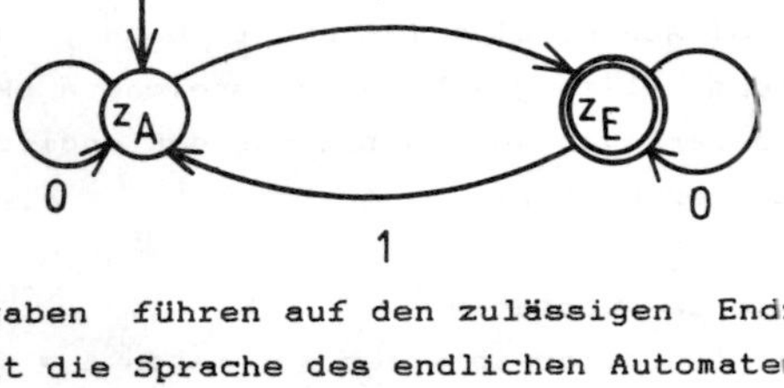

Welche Eingaben führen auf den zulässigen Endzustand und bilden damit die Sprache des endlichen Automaten? Es sind alle Eingaben, die eine ungerade Anzahl an Einsen enthalten.

Die von einem endlichen Automaten A = (X,Z,f,z0,F) akzeptierte Menge von Worten ist die Sprache

(7.2-5) $L(A) = \{ w \in X^* \mid f(w,z0) \in F \}$

Beispiel 7.2-7: Ein endlicher Automat habe n Zustände. Auf den Eingang wirke das Eingabewort 111111... . Es handelt sich um p>n gleiche aufeinanderfolgende Zeichen eines Alphabets X = { 1 } , die mit 1^p bezeichnet werden sollen. Spätestens zum Takt n+1 muß einer der Zustände zum zweitenmal auftreten. Ist zum Zeitpunkt t=ti der Zustand zi aufgetreten, dann bedeutet dies: Die Zustandsfolgen von zi bis wieder zi (n-i Takte) werden periodisch durchlaufen.

Dieses Beispiel läßt sich verallgemeinern: Hat ein endlicher Automat A (X,Z,f,zO,F) n Zustände und besteht ein Eingabewort aus p (p>n) gleichen Zeichen, dann muß die durchlaufene Zustandsfolge periodisch werden.

Beispiel 7.2-8: Ein endlicher Automat über dem Eingabealphabet X = {0,1} soll Wörter akzeptieren, die binäre Zeichenketten darstellen. Eine solche Zeichenkette bestehe immer aus einer geraden Anzahl von Zeichen. Die Zeichen sind bis zur Mitte dieser Zeichenkette beliebig aus { 0,1 } wählbar. Danach (ab der Mitte) sollen sie sich (gespiegelt) wiederholen. Solche Wörter sind beispielsweise:

```
0 1 1 0 0 1 | 1 0 0 1 1 0
          0 | 0
          1 | 1
      1 1 1 | 1 1 1
```

Wie sieht ein endlicher Automat aus, der solche Worte akzeptiert? Auch dieses Problem ist nicht lösbar, da endliche Automaten nicht beliebig zählen und speichern können. Die Mitte eines derartigen Wortes ist für den endlichen Automaten somit nicht erkennbar.

Nichtdeterminierte Automaten

Die von einem nichtdeterminierten Automaten A = (X,Z,R,zO,F) akzeptierte Menge von Worten ist die Sprache

(7.2-6) L(A) = { w ε X* | es existiert eine Folge (x1,zO,z1),(x2,z1,z2), ... ,(xn,zn-1,zn) von Elementen aus R mit zO ε ZO, zn ε F und w = x1 x2 x3 ... xn}

Für den Fall des leeren Wortes ist $\lambda \in$ L(A), wenn ZO $\cap$ F<>O ist. Zu jedem nichtdeterminierten Automaten A kann man einen determinierten Automaten A' konstruieren, der genau diesselbe Sprache akzeptiert (d.h. L(A) = L(A')).

Beispiel 7.2-9: Der endliche Automat soll hier über das Verfahren der Teilmengenkonstruktion aus dem bereits von Beispiel 7.2-5 her bekannten nichtdeterminierten endlichen Automaten (vgl. Abb. 7.14) ermittelt werden.

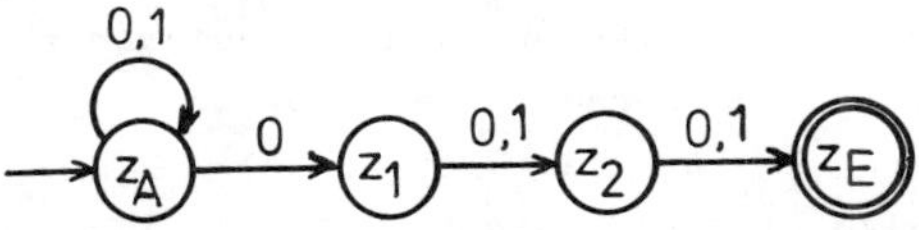

Die Konstruktion besteht im Aufstellen einer Zustandstafel, in der anstatt Zuständen jetzt Zustandsmengen eingetragen werden. Vom Anfangszustand zA werden jetzt die im weiteren Verlauf auftretenden neuen Zustandsmengen durch Nachverfolgen der Pfade im Zustandsdiagramm bestimmt, solange bis keine neuen Zustandsmengen mehr erscheinen.

Für die Konstruktion des determinierten Automaten, der die gleiche Sprache versteht, sind nur die unter der Spalte "Zustandsmenge" der Tabelle 7.2 angegebenen Teilmengen notwendig (vgl. dazu auch Beispiel 7.2-5).

Tab. 7.2 Zustandstafel (Verfahren der Teilmengenkonstruktion)

Zustandsmenge	Eingabe 0	1
{zA}	{zA,z1}	{zA}
{zA,z1}	{zA,z1,z2}	{zA,z2}
{zA,z1,z2}	{zA,z1,z2,zE}	{zA,z2,zE}
{zA,z2}	{zA,z1,zE}	{zA,zE}
{zA,z1,z2,zE}	{zA,z1,z2,zE}	{zA,z2,zE}
{zA,z2,zE}	{zA,z1,zE}	{zA,zE}
{zA,z1,zE}	{zA,z1,z2}	{zA,z2}
{zA,zE}	{zA,z1}	{zA}

7.2.4.4 DIE ÄQUIVALENZ VON ZUSTÄNDEN UND AUTOMATEN

Äquivalente Zustände

Das Äquivalenzproblem zweier Automaten kann sehr vereinfacht folgendermaßen beschrieben werden: Automaten sind dann äquivalent, falls bei gleicher Eingabe die gleiche Ausgabe bzw. der gleiche Endzustand (endliche Automaten ohne Ausgabe) beobachtet werden. Gibt es mehrere solcher äquivalenter Automaten, dann stellt sich die Frage, welcher der beiden Automaten die geringste Anzahl von Zuständen besitzt. Den Ausgangspunkt zur Erläuterung der Äquivalenz bildet die formale Definition des endlichen Automaten (vgl. 7.2-3):

$$A = (X, Z, Y, f, g)$$

Betrachtet wird hier auch die Ausgabefunktion, deren Verhalten ähnlich wie das der Überführungsfunktion auf Zeichenfolgen erweitert wird. Das Eingabewort $e \in X^*$ erzeugt über g das Ausgabewort $a \in Y^*$.

(7.2-7) $a = g(e, zA)$

zA ist der Anfangszustand. Besteht e bzw. a aus k Zeichen, so schreibt man ek bzw. ak. Zwei Zustände zi und zj heißen **k-äquivalent**, wenn für alle $ek \in X^*$ die Beziehung $g(ek,zi) = g(ek,zj)$ gilt.

(7.2-8) $zi \overset{k}{\sim} zj$

Sie heißen allgemein **äquivalent**, wenn für **alle** $e \in X^*$ gilt:

(7.2-9) $g(e,zi) = g(e,zj)$

Sind zwei Zustände zi und zj k-äquivalent, so führt jedes Eingabewort ek zum gleichen Ausgabewort ak, wenn man einmal zi und das andere mal zj als Anfangszustand nimmt. Falls die Zustände zi und zj nicht k-äquivalent sind, heißen sie k-unterscheidbar. Die Relation $zi \sim zj$ ist **symmetrisch, reflexiv** und **transitiv**. Es handelt sich somit um eine Äquivalenzrelation. Für k=1 ergeben sich alle diejenigen Zustände als 1-äquivalent, die auf gleiche Eingabezeichen identische Ausgabezeichen ergeben. Dadurch sind sie auch unmittelbar aus der Zustandstafel zu erkennen. Die untereinander äquivalenten Zustände werden in einer Äquivalenzklasse zusammengefaßt. Die durch die Äquivalenzrelation $\sim$ erzeugte Einteilung der Zustandsmenge Z nennt man π (Partition, Einteilung), die durch die Äquivalenzrelation $\overset{k}{\sim}$ erzeugte Einteilung π_k. Sind zwei Zustände z_i und z_j k-äquivalent, so sind sie auch r-äquivalent für $r < k$. Das folgt unmittelbar aus der Beziehung $g(e_r\ e_{k-r}, z_i) = g(e_r\ e_{k-r}, z_j)$. Die Einteilung von Z in Äquivalenzklassen wird mit π_1, π_2, ..., π_r,..., π_k,... immer feiner. Die Endklasse π der Zustandsmenge eines vollständig definierten Automaten stellt die Zerlegung der Zustandsmenge in maximal äquivalente Zustandsklassen dar. Die Zustände in einer Äquivalenzklasse können durch einen Repräsentanten ersetzt werden. Der Automat ist dann am einfachsten (d.h. reduziert), wenn jede Äquivalenzklasse von π nur einen Zustand enthält.

Die Grundlage zur **Reduktion eines endlichen Automaten** bilden folgende Überlegungen:

- Sind 2 aufeinanderfolgende Unterteilungen identisch, dann kann man sie nicht mehr verfeinern.

(7.2-10) $\pi = \pi_k = \pi_{k+1} = \pi_{k+m} \quad (m>0)$

- Der Einteilungsprozeß ist für $k \leq n-1$ zu Ende. Jede Äquivalenzklasse muß wenigstens ein Element enthalten, so daß die Zahl der Äquivalenzklassen nicht größer als n sein kann. Für jede Einteilung $\pi_i <> \pi_{i+1}$ muß die Einteilung π_{i+1} wenigstens **eine** Äquivalenzklasse mehr haben als die Einteilung π_i.

Für die **Durchführung der Reduzierung** ist die Anwendung der Relation $f(e_1, z_i) \overset{k}{\sim} f(e_1, z_j)$ zweckmäßig. e_1 ist das erste Zeichen der Eingabezeichenfolge. Die Beziehung folgt aus $\pi_k = \pi_{k+1}$ über folgende Ableitungsschritte:

- $e_{k+1} = e_1\ e_k$ (d.h.: e_{k+1} besteht aus e_1 und der Zeichenfolge e_k)

  Somit ist $g(e_1\ e_k, z_i) = g(e_1\ e_k, z_j) = a_{k+1}$.

- $a_{k+1} = a_1\ a_k$

Dann kann man aber auch schreiben:

g(e1,zi) · g(ek,f(e1,zi)) = g(e1,zj) · g(ek,f(ek,zj))

- Aus zi $\overset{k}{\sim}$ zj folgt f(e1,zi) $\overset{k}{\sim}$ f(e1,zj)

Äquivalente Automaten mit Ausgabe

Zwei Automaten A1 = (X,Z1,Y,f1,g1) bzw. A2 = (X,Z2,Y,f2,g2) sind äquivalent, wenn A1 wie A2 aus demselben Eingabewort dasselbe Ausgabewort erzeugen. Mit dieser Aussage sind eine Reihe von Definitionen verbunden, die hier (ohne Erläuterungen) die Äquivalenzbetrachtungen zu endlichen Automaten mit Ausgabe abschließen:

1. 2 Zustände zi_1 ε Z1 und zj_2 ε Z2 sind äquivalent, wenn für jedes e ε X* g(e,zi_1) = g(e,zj_2).

2. A1 und A2 sind äquivalent, wenn es zu jedem Zustand zi_1 ε Z1 einen Zustand zj2 ε Z2 gibt, so daß zi_1 ~ zj_2 ist (und umgekehrt).

3. Ein endlicher Automat A und seine Reduktion A' sind äquivalent.

4. A1 und A2 sind 2 endliche Automaten, A1' und A2' sind die dazugehörigen reduzierten Automaten. A1 ~ A2, wenn A1' ~ A2' ist. Die reduzierten Automaten A1' und A2' besitzen dieselbe Anzahl von Zuständen.

Beispiel 7.2-10: Prüfbitgenerator für die Serienverarbeitung binär codierter Zeichen.

Aufgabenstellung: Binär codierte Zeichen werden seriell in einen Automaten eingegeben. Jedes Zeichen ist durch 4 binäre Stellen bestimmt, die in 4 aufeinander folgenden Zeitpunkten t1, t2, t3, t4 an den Automaten angeliefert werden. Nach Eingabe der 4 Positionen eines Zeichens gibt der Automat zum Zeitpunkt t4 ein Prüfbit aus. Die Bildung des Prüfbits hat durch Ergänzen auf eine ungerade Zahl von Einsen für die Gesamtkombination (Zeichen und Prüfbit) zu erfolgen.

Wertetafel:

Zeichen zu den Zeitpunkten t4	t3	t2	t1	Prüfbit zum Zeitpunkt t4
0	0	0	0	1
0	0	0	1	0
0	0	1	0	0
0	0	1	1	1
0	1	0	0	0
0	1	0	1	1
0	1	1	0	1
0	1	1	1	0
1	0	0	0	0
1	0	0	1	1
1	0	1	0	1
1	0	1	1	0
1	1	0	0	1
1	1	0	1	0
1	1	1	0	0
1	1	1	1	1

Spezifikation des Automaten:

1. Ein- und Ausgabezeichenvorrat

Eingabe: $X = \{ 0,1 \}$

Ausgabe: y1 = - (kein Prüfbit während t1 bis t3)

y2 = 0 (Prüfbit 0 zum Zeitpunkt t4)

y3 = 1 (Prüfbit 1 zum Zeitpunkt t4)

$Y = \{ -, 0, 1 \}$

2. Zustandsdiagramm und Zustandstafel

Tab. 7.3 Zustandstafel

Zustand	Eingabe X=0	X=1
zA	z0,-	z1,-
z0	z00,-	z10,-
z1	z01,-	z11,-
z00	z000,-	z100,-
z01	z001,-	z101,-
z10	z010,-	z110,-
z11	z011,-	z111,-
z000	zA,1	zA,0
z001	zA,0	zA,1
z010	zA,0	zA,1
z011	zA,1	zA,0
z100	zA,0	zA,1
z101	zA,1	zA,0
z110	zA,1	zA,0
z111	zA,0	zA,1

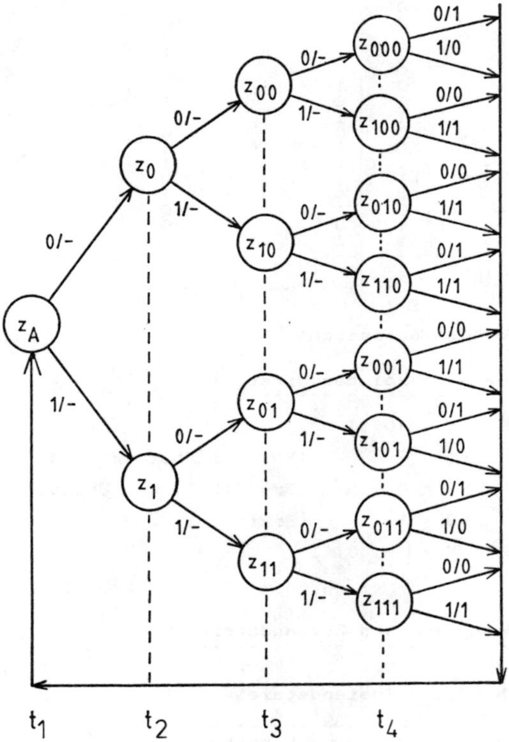

Abb. 7.16 Zustandsdiagramm

Zustandsreduzierung

Die Einteilung $\pi 1$ ergibt sich sofort aus der Zustandstafel. Alle Zustände mit gleichen Ausgaben bilden jeweils eine Äquivalenzklasse von $\pi 1$. Es ist:

$\pi 1$ = { (zA, z0, z1, z00, z01, z10, z11),
(z000, z011, z101, z110), (z001, z010, z100, z111)}
= { p11, p12, p13 }

Mit p_{ij} sei die j-te Äquivalenzklasse der Einteilung $\pi1$ bezeichnet.

Tab. 7.4 Einteilung von $\pi1$

$\pi1$		0	1
p11	zA	z0,1	z1,1
	z0	z00,1	z10,1
	z1	z01,1	z11,1
	z00	z000,2	z100,3
	z01	z001,3	z101,2
	z10	z010,3	z110,2
	z11	z011,2	z111,3
	z000	zA,1	zA,1
	z011	zA,1	zA,1
	z101	zA,1	zA,1
	z110	zA,1	zA,1
	z001	zA,1	zA,1
	z010	zA,1	zA,1
	z100	zA,1	zA,1
	z111	zA,1	zA,1

Es ist zweckmäßig, in der Tabelle 7.4 zu $\pi1$ festzuhalten, in welcher Äquivalenzklasse der Folgezustand liegt. Aus $z_i \overset{k+1}{\sim} z_j$ folgt bekanntlich die Relation $f(e1,z_i) \overset{k}{\sim} f(e1,z_j)$. So bedeutet für f(0,z0) der Eintrag "z00,1", daß z00 in der Äquivalenzklasse $\pi1$ liegt. Man kann damit sehr einfach die Tabelle für $\pi2$ gewinnen, indem man Zustände (Zeilen) zusammenfaßt, bei denen die Nummern der Folgezustände gleich sind. Das führt zu

$$\pi2 = \{ (zA, z0, z1), (z00, z11), (z01, z10), (z000, z011, z101, z110), (z001, z010, z100, z111)\}$$
$$= \{ p21, p22, p23, p24, p25 \}$$

Tab. 7.5 Einteilung von $\pi2$

$\pi2$		0	1
p21	zA	z0,1	z1,1
	z0	z00,2	z10,3
	z1	z01,3	z11,2
p22	z00	z000,4	z100,5
	z11	z011,4	z111,5
p23	z01	z001,5	z101,4
	z10	z010,5	z110,4

p24	z000 z011 z101 z110	zA,1 zA,1 zA,1 zA,1	zA,1 zA,1 zA,1 zA,1
	z001 z010 z100 z111	zA,1 zA,1 zA,1 zA,1	zA,1 zA,1 zA,1 zA,1

p21 muß noch weiter verfeinert werden.

Tab. 7.6 Einteilung von $\pi 3$

$\pi 3$		0	1
p31	zA	z0,2	z1,3
p32	z0	z00,4	z10,5
p33	z1	z01,5	z11,4
p34	z00 z11	z000,6 z011,6	z100,7 z111,7
p35	z01 z10	z001,7 z010,7	z101,6 z110,6
p36	z000 z011 z101 z110	zA,1 zA,1 zA,1 zA,1	zA,1 zA,1 zA,1 zA,1
	z001 z010 z100 z111	zA,1 zA,1 zA,1 zA,1	zA,1 zA,1 zA,1 zA,1

In jeder Äquivalenzklasse sind jetzt nur noch gleiche Paare für Folgenummern. Also ist $\pi 3 = \pi 4 = \pi$.
Der ursprüngliche Automat von Abb. 7.16 hatte 15 Zustände. Aus jedem Block pij der Endklasse $\pi 3 = \pi$ kann nun ein Vertreter bestimmt werden, z.B.:

$$\{zA, z0, z1, z00, z01, z000, z001\}$$

Die Zustandstafel für den **reduzierten Automaten** ergibt sich aus der für den **nicht reduzierten Automaten**, indem man die Zeilen für z11, z10, z011, z101, z110, z010, z100 und z111 streicht und (z10) durch z01, (z011, z101, z110) durch z000 sowie (z010, z100, z111) durch z001 ersetzt.

Tab. 7.7 Reduzierte Zustandstafel

Zustand	Eingabe X=0	X=1
zA	z0,-	z1,-
z0	z00,-	z01,-
z1	z01,-	z00,-
z00	z000,-	z001,-
z01	z001,-	z000,-
z000	zA,1	zA,0
z001	zA,0	zA,1

Äquivalenz von Automaten ohne Ausgabe

Für viele Untersuchungen zu endlichen Automaten ist die Ausgabefunktion nicht wesentlich. Hier interessiert mehr der Endzustand. Zwei endliche Automaten (ohne Ausgabe) A1 und A2 mit demselben Eingabealphabet X sind äquivalent, wenn für sie gilt: L (A1) = L (A2).

Besitzt ein Automat A1 beispielsweise **nicht erreichbare Zustände,** so kann man durch Entfernen dieser Zustände einen Automaten A2 erzeugen, der äquivalent zu A1 ist. A2 ist der zu A1 vereinfachte Automat. Ein Zustand zi Z heißt nicht erreichbar, wenn für kein Eingabewort zi $\in$ f(e,zA) ist. Es genügt also, alle Eingabewörter bis zu einer Länge von (n-1) Zeichen zu betrachten und festzustellen, ob dabei zi auftritt. Längere Worte führen bekanntlich auf periodische Zustandsfolgen (vgl. dazu Beispiel 7.2-7).

Reduktion endlicher Automaten ohne Ausgabe

Ist A' der zu A gehörende, reduzierte Automat, so ist A' der Automat mit der kleinsten Anzahl von Zuständen für den L(A') = L(A) ist. Die Konstruktion solcher reduzierter Automaten folgt der Vorgehensweise, die bei endlichen Automaten mit Ausgabe eingehend beschrieben wurde. Zuerst werden hier allerdings die nicht erreichbaren Zustände entfernt. Danach werden, wie bereits bekannt, die Aufteilungen vorgenommen. Man beginnt mit einer Aufteilung von Z in F und Z - F (vgl. Beispiel 7.2-4).

Beispiel 7.2-11: Gegeben ist ein endlicher Automat A durch das folgende Zustandsdiagramm.

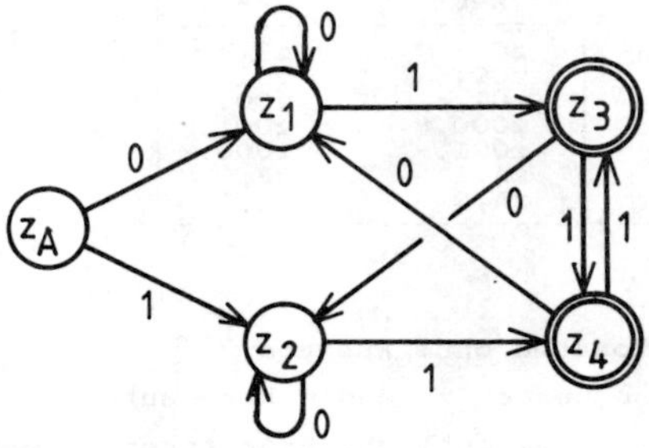

Abb. 7.17 Zustandsdiagramm des Automaten A

Gesucht ist der zu A reduzierte Automat A'!

Tab. 7.8

π1		0	1
p11	z3 z4	z2,p12 z1,p12	z4,p11 z3,p11
p12	zA z1 z2	z1,p12 z1,p12 z2,p12	z2,p12 z3,p11 z4,p11

Tab. 7.9

π2		0	1
p21	z3 z4	z2,p23 z1,p23	z4,p21 z3,p21
p22	zA	z1,p23	z2,p23
p23	z1 z2	z1,p23 z2,p23	z3,p21 z4,p21

A' ergibt sich zu:

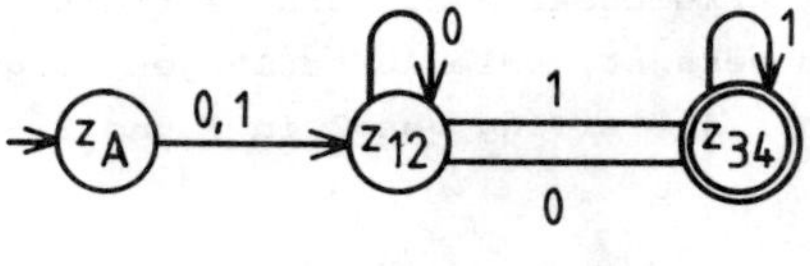

Äquivalenz determinierter zu nichtdeterminierten Automaten

Ist A ein nichtdeterminierter endlicher Automat, so läßt sich ein äquivalenter determinierter Automat mit der Zustandsmenge Z' konstruieren (vgl. dazu auch Beispiel 7.2-9).

Wegen	f : X x Z --> P (Z)	(P(Z) ist die Potenzmenge)
und	f': X x Z'--> Z'	ist Z' = P(Z)

Besitzt Z n Zustände, so enthält Z' dann 2^n Zustände. Von diesen sind allerdings dann häufig einige nicht erreichbar.

Beispiel 7.2-12: Konstruktion eines äquivalenten determinierten Automaten A' zu folgendem durch das Zustandsdiagramm wiedergegebenen nichtdeterminierten Automaten A (vgl. dazu auch die Beispiele 7.2-5 und 7.2-9).

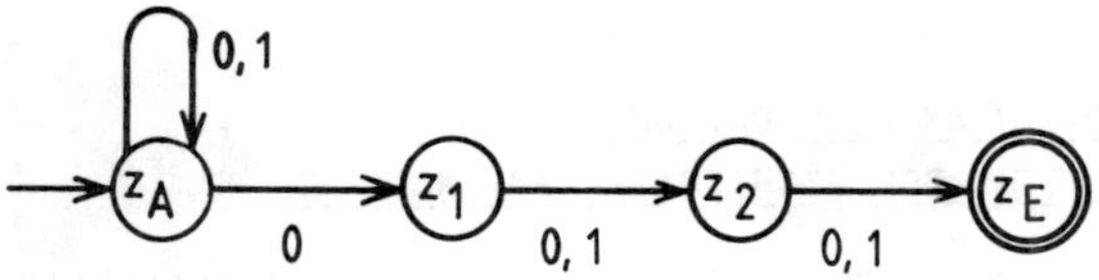

Zur Lösung der Aufgabe sind bestimmend:

- Z' = P(Z) (P(Z) ist die Potenzmenge)
- die Überführungsfunktion f bzw. f'

Zweckmäßig beginnt man die Konstruktion der Überführungsfunktion mit dem Anfangszustand zA.

f(0, { zA}) = { zA,z1}	f'(0, { zA}) = z'A1
f(1, { zA}) = { zA}	f'(1, { zA}) = z'A
f(0, { zA,z1 }) = { zA,z1,z2}	f'(0, { zA,z1}) = z'A12
f(1, { zA,z1}) = { zA,z2 }	f'(1, { zA,z1}) = z'A2
f(0, { zA,z1,z2}) = { zA,z1,z2,zE }	f'(0, { zA,z1,z2 }) = z'A12E
f(1, { zA,z1,z2 }) = { zA,z2,zE}	f'(1, { zA,z1,z2 }) = z'A2E
f(0, { zA,z1,z2,zE}) = { zA,z1,z2,zE}	f'(0, { zA,z1,z2,zE}) = z'A12E
f(1, { zA,z1,z2,zE}) = { zA,z2,zE }	f'(0, { zA,z1,z2,zE }) = z'A2E
f(0, { zA,z2,zE}) = zA,z1,zE	f'(0, { zA,z2,zE}) = z'A1E
f(1, { zA,z2,zE }) = { zA,zE}	f'(1, { zA,z2,zE }) = z'AE
f(0, { zA,z1,zE}) = { zA,z1,z2 }	f'(0, { zA,z1,zE }) = z'A12

f(1,{ zA,z1,zE }) = { zA,z2}	f'(1,{ zA,z1,zE }) = z'A2
f(0,{ zA,zE }) = { zA,z1}	f'(0,{ zA,zE }) = z'A1
f(1,{ zA,zE }) = { zA}	f'(1,{ zA,zE }) = z'A
f(0,{ zA,z2 }) = { zA,z1,zE}	f'(0,{ zA,z2}) = z'A1E
f(1,{ zA,z2 }) = { zA,zE}	f'(1,{ zA,z2}) = z'AE

Man kann hier 8 Zustände unterscheiden:

Z' = { z'A, z'A1, z'A2, z'AE, z'A12, z'A1E, z'A2E, z'A12E}

Man kann auch über f' leicht den Zustandsgraphen erzeugen. Er hat die gleiche Gestalt wie der Zustandsgraph der Abb. 7.15 im Beispiel 7.2-5. Außerdem kann die Tabelle 7.2 im Beispiel 7.2-9 aus der hier angegebenen Vorgehensweise abgeleitet werden.

7.3 ANWENDUNGEN ZU ENDLICHEN AUTOMATEN

7.3.1 ÜBERSICHT DER WICHTIGSTEN ANWENDUNGEN

Vorgestellt wurden bisher die Algorithmen zur Konstruktion

- eines determinierten Automaten zu einem gegebenen nichtdeterminierten Automaten
- des Minimalautomaten zu einem gegebenen determinierten Automaten.

Das naheliegendste Problem, das mit Hilfe endlicher Automaten gelöst werden sollte, ist jedoch das **Wortproblem:** Gegeben sei ein endlicher Automat (vgl. 7.2.4.2). Gehört das Wort w zur Sprache L(A) des Automaten? Für einen determinierten, endlichen Automaten A = (X, Z, f, z0, F) bedeutet dies: Gehört f(w,z0) zu F oder nicht? Wieviele Schritte sind zur Berechnung von f(w,z0) notwendig?

Es ist die Familie der sogenannten **regulären Sprachen,** die mit endlichen Automaten behandelt werden können. Welche Stellung die regulären Sprachen innerhalb der in der Informatik gebräuchlichen Sprachmengen haben, ist noch zu beschreiben. Hier sei vorweggenommen, daß es die folgenden wichtigen Anwendungen gibt:

- Das Pattern-Matching-Problem

  In einem Textstück sind alle Vorkommen eines bestimmten Stichwortes ausfindig zu machen.

  Beispiel 7.3-1: Es soll in dem vorliegenden Kapitel dieses Buches, jede Stelle gefunden werden, in der das Wort "Automat" auftritt.

- Die lexikalische Analyse

  Bei der Analyse von Quellprogrammen in höheren Programmiersprachen wird in der ersten Phase der Strom von Eingabezeichen zerlegt in primitive (syntaktische) Einheiten, z.B. in PASCAL:
  * Wortsymbole wie: begin, end, if, then, else, while, ...
  * Namen von Variablen, Prozeduren, Funktionen, Typen, ...
  * Interpunktionszeichen und Klammern

Die lexikalische Analyse wird von einem Baustein des Übersetzers ausgeführt: dem **Scanner**. Er faßt entsprechende Zeichenfolgen zusammen und sorgt dafür, daß die "nutzlosen" Teile des Quellprogramms (Kommentare, Folgen leerer Zeichen ("Blanks", Zwischenräume), Zeilenumschaltungen) eliminiert werden.

Endliche Automaten liefern Kontrollstrukturen zur Analyse von Zeichenreihen. Da sie nur durch Zustände gewisse Information über bereits gelesene Zeichen speichern können, ist natürlich die Komplexität der erkennbaren Strukturen begrenzt (Komplexitätsmaß: Zustandszahl eines minimalen deterministen Automaten). Beim Pattern-Matching-Verfahren und der lexikalischen Analyse liegen die Zustandszahlen auch für größere Aufgaben noch im Bereich von einigen hundert. Programmiersprachen weisen in der Regel komplexere Strukturen auf. Wie sie beschaffen sind und welche Stellung dazu die regulären Sprachen einnehmen, soll nun geklärt werden.

7.3.2 FORMALE SPRACHEN

Die natürliche Sprache ist als Ausdrucksmittel für Rechnerprogramme weitgehend unzureichend. Programmiersprachen beschreibt man besser **formal** mit Hilfe der Mathematik. Dadurch erhält ein schwer zu erfassendes Problem eine Form, die mit mathematischer Präzision behandelt werden kann.

Definition und Struktur formaler Sprachen

Jeder Sprache liegt ein Vokabular zugrunde. Die Menge der Regeln, die festlegt, welche Elemente zum Vokabular der Sprache gehören, ist die Syntax (Grammatik) der Sprache. Die Syntax legt fest, welche Zeichenketten (Symbole) zur Sprache gehören. Nur Mengen von Symbolfolgen (Sätze), die von der Syntax als "wohlgeformt" definiert sind, werden zur Sprache gerechnet. Damit ist aber noch nicht festgelegt, welche Bedeutung (Semantik) diesen Zeichenketten zuzuordnen ist. Syntax und Semantik sind weitgehend formal anzugeben, damit die Struktur von Programmtexten und Übersetzern erkannt und in Maschinensprache umgesetzt werden kann. Bisher sind die formalen Darstellungsmöglichkeiten der Syntax am weitesten ausgereift, die Semantik einer Sprache wird noch weitgehend verbal beschrieben. Ein nicht unbeträchtlicher Teil der Semantik einer Programmiersprache läßt sich aber schon aus der Analyse der Syntax gewinnen. Die Funktion der Syntax einer Programmiersprache besteht demnach aus:

1. der Beschreibung der Menge der Symbolfolgen (Sätze), die zur Sprache gehören.
2. der Definition der Satzstruktur.

Beispiel 7.3-2: "Studenten schlafen"

Die dazugehörige Syntax ist:

```
      Satz  =  Subjekt     Prädikat .
   Subjekt  =  Studenten I Dozenten .
  Prädikat  =  denken    I schlafen .
```

Bedeutung:

1. Ein Satz besteht aus Subjekt und Prädikat.
2. Das Subjekt besteht aus dem Wort Studenten oder dem Wort Dozenten.
3. Das Prädikat besteht aus dem Wort denken oder aus dem Wort schlafen.

Jeder Satz kann durch wiederholte Anwendung von **Substitutionsregeln** hergeleitet werden. Satz, Subjekt und Prädikat heißen **nichtterminale** Symbole. Die Substitutionsregeln heißen **Produktionen.** Sie werden so genannt, weil sie bestimmen, wie ein Satz produziert werden soll. "I" und "." sind sogenannte **Metasymbole.** In Beispiel 7.3-2 werden zur Definition beschreibende Worte verwendet. Dafür setzt man, wie das in mathematischen Formeln üblich ist, Buchstaben. Großbuchstaben bezeichnen die nichtterminalen Symbole, Kleinbuchstaben die Terminalsymbole.

Beispiel 7.3-3:

(1) S --> A B

(S besteht aus A gefolgt von B)

(2) A --> r I s

(A besteht aus r oder aus s)

(3) B --> x I y

(B besteht aus x oder aus y)

Jede der vorstehenden Zeilen dieses Beispiels ist eine Substitutionsregel oder Produktion. Alle 3 Zeilen bilden ein **Produktionssystem.** Alle Worte können durch Anwendung der Substitutionsregel aus dem **Startsymbol** hergeleitet werden.

Terminale Symbole sind: r, s, x, y
Nichtterminale Symbole sind: S, A, B

Die in diesem Beispiel beschriebene Sprache besteht aus 4 verschiedenen Symbolfolgen (rx, ry, sx, sy). Man kann aber auch eine unendliche Zahl wohlgeformter Symbolfolgen erzeugen.

Beispiel 7.3-4: R --> p A

A --> q I x A

In der letzten Zeile kommt das nichtterminale Symbol A sowohl im linken Teil als auch im rechten Teil der Regel vor. Die Regel ist **rekursiv**. Durch die endliche Menge der Produktionen wird eine unendliche Menge von Symbolfolgen (pq, pxq, pxxq, pxxxq, pxxxxq, ...) erzeugt.

Das bisher eingeführte Konzept zu einer formalen Sprache soll nun genau definiert werden:

1. Eine Sprache wird charakterisiert durch L(T,N,P,S)
   T ... Vokabular von Terminalsymbolen
   N ... Menge von nichtterminalen Symbolen
   P ... Menge von Substitutionsregeln (Produktionen)
   S ... Startsymbol, ein Element aus N

   Die Menge der Symbolfolgen, die aus Symbolen des Vokabulars aufgebaut werden können, ist T^*. Die leere Zeichenkette ist $\lambda \varepsilon T^*$.

2. P ist eine endliche, nichtleere Untermenge von

   (7.3-1) $(V^* \setminus T^*) \times (V^* \setminus \{\lambda\})$

   Das Vokabular V ergibt sich aus $N \cup T$. Elemente aus P sind Paare der Art (u, v):

   $$u \;\varepsilon\; V^* \setminus T^*$$
   $$v \;\varepsilon\; V^*$$

3. Auf eine beliebige Zeichenkette $\varphi = V^*$ läßt sich eine Regel $(u,v) \;\varepsilon\; P$ anwenden, wenn u eine Teilzeichenkette von φ ist (z.B. $\varphi 1 \;\; u \;\; \varphi 2$). Ist also $\varphi = \varphi 1 \;\; u \;\; \varphi 2$ und wird (u,v) auf φ angewendet, so erhält man eine einfache Erzeugung (Ableitung):

   $$\varphi 1 \;\; u \;\; \varphi 2 \quad \overset{(u,v)}{-->} \quad \varphi 1 \;\; v \;\; \varphi 2$$

Bei fortgesetzter Anwendung der Regeln ergibt sich eine Folge von Ableitungen: φ -->φ' -->φ'' --> ... -->φ'^n . Sie bricht ab, wenn in φ'^i keine Teilzeichenkette mehr auftritt, auf die sich noch irgendeine Regel anwenden läßt, also spätestens dann, wenn $\varphi'^i \varepsilon T^*$ ist. Nichtterminale Symbole kommen demnach nur in Zwischenschritten vor. Der letzte Schritt führt zu einer Folge, die nur terminale Symbole enthält. Eine Sprache ist dann die Menge aller Zeichenketten aus T*, die mit Hilfe der Produktionen aus dem Startsymbol S erzeugbar sind.

4. Es gibt keine Produktionen, bei denen ein Wort, in dem nur terminale Zeichen vorkommen, durch ein anderes ersetzt wird. Das ist die Ausgangssituation einer von dem Linguisten Noam Chomsky geschaffenen Typisierung (**Chomsky-Grammatiken**). Eine Chomsky-Granmatik A,B $\varepsilon V \setminus T$, a ε T, $\gamma \varepsilon V^*$ heißt:

   a) vom **Typ 1** oder **kontextintensiv** (kontextabhängig), wenn alle Regeln von P die Form $\varphi_1 A \varphi_2 \to \varphi_1 \gamma \varphi_2$ $(\gamma <> \lambda)$ haben. Eine hiermit erzeugbare Sprache gehört zu der Sprachfamilie der kontextintensiven Sprachen.

   b) vom **Typ 2** oder **kontextfrei**, wenn alle Regeln aus P die Form A --> γ haben. Erzeugungen sind nur aus nichtterminalen Symbolen möglich, der Kontext braucht nicht beachtet zu werden. Eine hiermit erzeugbare Sprache gehört zur Familie der kontextfreien Sprachen.

   c) vom **Typ 3** oder **regulär** (reguläre Grammatiken), wenn alle Regeln aus P von der folgenden Form sind:

      A --> a B, A --> B, A --> a

   Eine kontextfreie Grammatik wird dann regulär genannt, wenn alle Produktionen rechtslinear und terminal sind. Rechtslinear heißt, sie besitzen die Form:

      A --> a B (hier ist A ε V)

   bzw. etwas verallgemeinert A --> b B mit b ε T*

   Terminal heißt allgemein A --> b.

Es gilt der folgende Satz:
Der von einem endlichen Automaten akzeptierte Sprachschatz ist der einer Chomsky-3-Sprache /3/.

Beweis: Faßt man die Zustände Z eines endlichen Automaten als nichtterminale Zeichen auf, dann ist das Vokabular V zu bilden aus $X \cup Z$. Zustandsübergänge endlicher Automaten sind dann von der Form: A --> a B (mit $A, B \in Z = V \setminus T$, $a \in T$).

Beispiel 7.3-5: Eine Definition einer Typ-2-Grammatik G2 ist:

$$V = \{A, a, b\}$$
$$T = \{a, b\}$$
$$S = \{A\}$$

Regeln, Produktionen sind:

A --> a b

A --> a A b

Mit $P = (V^* \setminus T^*) \times (V^* \setminus \{\lambda\})$ gemäß Gl.(7.3-1) könnten die vorstehenden Regeln auch so ausgedrückt werden:

$$P = \{ (A, a\ b), (A, a\ A\ b)\}$$

Die Grammatik ist kontextfrei, aber nicht regulär. Sie erzeugt die Sprache $L(G2) = \{ a^n b^n \mid n>1 \}$
In dieser einfachen Sprache läßt sich a als öffnende und b als schließende Klammer interpretieren. Die Sprache L(G2) stellt dann gerade die Menge der (wohlgeformten) Klammerstrukturen beliebiger Tiefe dar. Fast jede höhere Programmiersprache erlaubt die Verwendung beliebig geklammerter Ausdrücke. Solche Ausdrücke können damit nicht unmittelbar mit endlichen Automaten analysiert werden. Ähnliches gilt übrigens auch bzgl. der blockorientierten Sprachen (PASCAL, ALGOL) bei der Klammerung der Blöcke durch "begin" und "end". Kontextfreie Sprachen eignen sich insbesondere zur korrekten Erzeugung derartiger klammerartiger Strukturen.

7.3.3 DAS ANALYSEPROBLEM IN KONTEXTFREIEN SPRACHEN

Produktionssysteme sind eine Methode für die formale Beschreibung der Syntax von Sprachen. Ein Produktionssystem erzeugt alle Symbolfolgen der Sprache, die es definiert. Aufgabe eines Übersetzers ist nicht die Erzeugung, sondern die Erkennung (Analyse) einer Symbolfolge und seiner Struktur. Sind Symbolfolgen durch eine reguläre Sprachdefinition bestimmt, dann kann ein Erkennungsalgorithmus folgende Forderungen erfüllen:

- Die Symbolfolge wird sequentiell, also ein Symbol nach dem anderen, gelesen, ohne je zurückzugehen.
- Jeder Analyseschritt wird bestimmt durch den jeweiligen Zustand der Analyse und das eben gelesene Symbol.

Solche Forderungen lassen sich mit Hilfe eines endlichen Automaten spezifizieren; das Analyseproblem ist damit auf eine Problemstellung endlicher Automaten zurückgeführt.

Programmiersprachen sind umfassender; Klammerstrukturen sind hier zu beachten. In der Regel zählen Programmiersprachen daher zu den kontextfreien Sprachen. Das Analyseproblem, das hier auftritt, fordert die Erweiterung des bisherigen Modells eines Automaten, das auch Wortprobleme ($w \in L$?) von Sprachen der Art $L = \{ a^n b^n \mid n > 1 \}$ analysieren kann. Solche Automaten müssen in der Lage sein, beliebig weit zu zählen. Dazu könnte sich beispielsweise der Automat jedes gelesene "a" merken und nach dem Lesen jedes "b" ein "a" streichen. Endliche Automaten sind hier auf die endlichen Zustände beschränkt. Deshalb war dieses Problem ja auch nicht mit endlichen Automaten lösbar. Gefordert wird daher ein Speicher, der wenigstens einseitig unbeschränktes Speichervermögen besitzt. Der hier angedeutete Automatentyp heißt Kellerautomat.

7.4 KELLERAUTOMATEN

7.4.1 DAS AUTOMATENMODELL

Ein Kellerautomat (Abb. 7.18) besteht aus einem Eingabeband, einer Steuervorrichtung und einem Speicherband (Keller). Auf dem **Eingabeband** kann in jedem Feld ein Eingabezeichen (xi) stehen. Dieses Zeichen kann von der Lesevorrichtung (Lesekopf) gelesen und das Eingabeband jeweils um ein Feld nach links bewegt werden.

Das **Speicherband** kann nach beiden Richtungen bewegt werden. In jedem Feld steht ein Kellerzeichen. Das Speicherband ist nach unten begrenzt, es hat ein unteres Ende. Der Schreib-Lesekopf der Steuervorrichtung kann auf das/vom Speicherband ein Zeichen schreiben/lesen. Das Zeichen befindet sich dabei immer direkt unter dem Schreib-Lesekopf und ist das **oberste** Kellerzeichen.

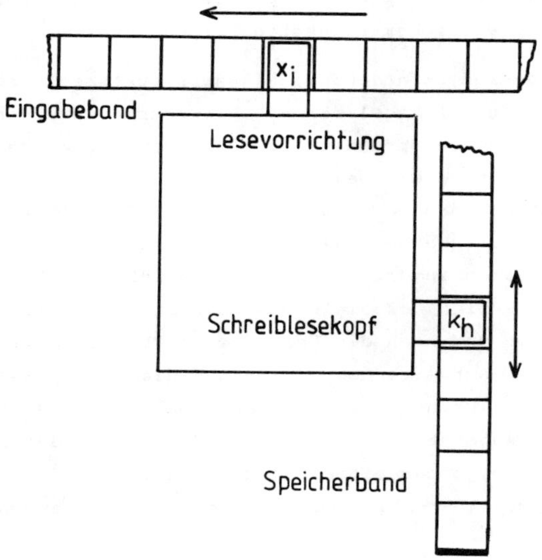

Abb. 7.18 Kellerautomat

7.4.2 DEFINITION, ARBEITSWEISE UND SPRACHEN DETERMINIERTER KELLERAUTOMATEN

Definition

Ein determinierter Keller-Automat KA = $\{X,Z,K,f,z0,k0,F\}$ besteht aus:

- einer endlichen Menge von Eingabezeichen

  $X = \{x1,x2,...,xm\}$, $\lambda \notin X$

  Das Zeichen λ auf dem Eingabeband bedeutet, daß dieses Feld nicht mehr zu den Eingabeworten e gehört.

- einer endlichen Menge von Zuständen

  $Z = \{z0,z1,...,zk\}$

- einer endlichen Menge von Kellerzeichen

  $K = \{k0,k1,k2,...,km\}$

- einer Übergangs-, Überführungsfunktion

  (7.4-1) $f : (X \cup \{\lambda\}) \times Z \times K \rightarrow Z \times K^*$

  Ein Tripel (xi,zj,kk) wird in ein Paar (zr,k) überführt. Dabei ist zr ein neuer Zustand und $k \in K^*$ ein Wort, das aus Kellerzeichen gebildet ist. Es ist hier auch die Kombination (λ,zj,kk) möglich. Sie bedeutet:

  -- keine Berücksichtigung des Eingabezeichens unter dem LesekoPf

  -- keine Bewegung des Eingabebandes

  Damit kann nur der Inhalt des Speicherbandes und der Zustand verändert werden.

- einen Anfangszustand
- einem Kellerstartzeichen $k0 \in K$
- einer Menge $F \subseteq Z$ von Endzuständen

Arbeitsweise

Den Anfangszustand eines Kellerautomaten zeigt Abb. 7.19. Im Laufe der Verarbeitung eines Eingabewortes e = x1x2...xi hat sich aus der obigen Anfangslage des Automaten durch Anwendung der Übergangsfunktion eine Situation gemäß Abb. 7.20 eingestellt. Dabei sind 5 Fälle zu unterscheiden. Sie können umfassend (vgl. dazu auch /15/) wie folgt ausgedrückt werden:

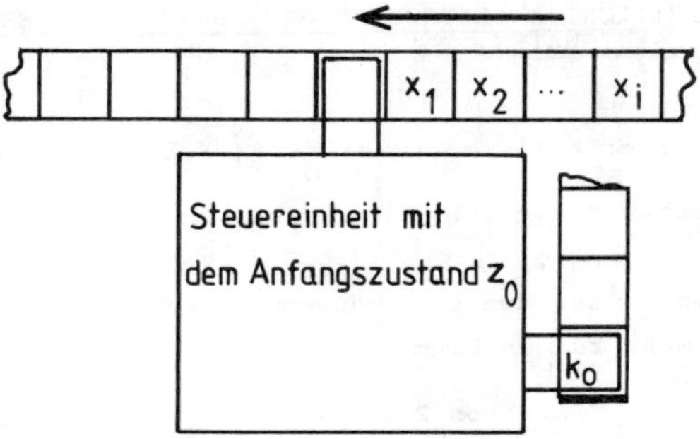

Abb. 7.19 Anfangszustand eines Kellerautomaten

Abb. 7.20 Situation im Laufe der Verarbeitung

(1) Gibt es in f kein Tripel mit (xi,zj,ka) oder (λ ,zj,ka), dann bleibt KA stehen.

(2) Gibt es eine Zuordnung (xi,zj,ka) --> (zr,k), (k<>λ), dann geht KA in den Zustand zr über; wird kk durch k ersetzt; wird das Eingabeband um ein Feld nach links bewegt und der Schreib-Lesekopf steht über dem letzten Zeichen von k.

(3) Gibt es eine Zuordnung (λ ,zj,kk) --> (zr,k), (k<>λ), dann wird wie in (2) verfahren.

(4) Gibt es in f eine Zuordnung (zr, λ), dann geht KA in den Zustand zr über; das Zeichen k wird durch λ ersetzt, das Speicherband bewegt sich um ein Feld nach oben, falls k nicht im untersten Feld stand.

(5) Ist ein Zustand zr ε F erreicht oder das Speicherband leer, dann bleibt KA stehen.

Sprache eines determinierten Automaten

Ein Eingabewort e gehört dann zu L(KA), wenn Anfangsgegebenheiten erfüllt sind, Verarbeitung erfolgt und Endebedingungen erreicht werden. Die Anfangsgegebenheiten sind:

- KA ist im Zustand z0
- der Schreib-Lesekopf ist über dem untersten Kellerfeld (Beschriftung k0) des ansonsten leeren Speicherbandes
- der Lesekopf befindet sich über dem linken Zeichen von e

Beim Verarbeiten von e durchläuft KA eine Folge von Situationen bis Endebedingungen erreicht werden. Die Endebedingungen sind:

- der Lesekopf steht rechts vom letzten Zeichen von e
- das Speicherband ist leer
- KA hat einen Endzustand erreicht.

Beispiel 7.4-1: Akzeptiert der Kellerautomat KA mit
X = { a,b,c } , Z = { zA,zC,f } , K = { kA,p, λ },
z0 = zA, k0 = kA,

```
f : (a, zA, kA)  -->  (zA, kA p)
    (a, zA, p )  -->  (zA, p p)
    (b, zA, p )  -->  (zA, λ  )
    (c, zC, p )  -->  (zC, λ  )
    (c, zC, kA)  -->  (zF, λ  )
```

genau die Wörter der Sprache L(KA) = { e I e = $a^n bc^n$, n>1 }?

Die Aufgabe soll durch die Analyse eines Eingabewortes a^3bc^3 gelöst werden.

Zustand	Eingabewort (restliche Eingabe)	Keller
zA	$\hat{a}aabccc$	$\hat{k}A$
zA	$a\hat{a}abccc$	$\hat{p}kA$
zA	$aa\hat{a}bccc$	$\hat{p}pkA$
zA	$aaa\hat{b}ccc$	$\hat{p}ppkA$
zc	$\hat{c}cc$	$\hat{p}pkA$
zc	$\hat{c}c$	$\hat{p}kA$
zc	$\hat{c}$	$\hat{k}A$
zF	^	^

7.4.3 NICHTDETERMINIERTE KELLERAUTOMATEN

Ein nichtdeterminierter Kellerautomat hat die Überführungsfunktion $f: (X \cup \{\lambda\} \times Z \times K \dashrightarrow P(S \times K^*)$
Tripel werden in die Potenzmenge von S x K* abgebildet. Bei Kellerautomaten ist die Menge der Sprache der nichtdeterminierten Kellerautomaten umfassender als die Menge der determinierten (bei endlichen Automaten bestand hier Identität).

(7.4-2) $L_d \subset L_n$

Beispiel 7.4-2: Das Beispiel 7.2-8 konnte mit einem endlichen Automaten nicht gelöst werden. Kann für die in Beispiel 7.2-8 gestellte Aufgabe ein nichtdeterminierter endlicher Automat entworfen werden? Die Antwort auf diese Frage besteht im Aufstellen der Regeln zur Überführungsfunktion.

Vereinbarungen

$X = \{0,1\}$, $Z = \{zA, z1, z2\}$, $K = \{kA, 0, 1, \lambda\}$, $F = \{z2\}$

Einkellern des ersten Zeichens:

(0,zA,ka) --> (zA,kA 0), (1,zA,kA) --> (zA,kA 1)

Behandlung der Wortmitte:

Da hier Worte der Art 011001 ¦ 100110 verarbeitet werden, ist das Erkennen der Mitte (gestrichelt) wesentlich. Vom

Vorgänger verschiedene Einzelzeichen können aber erst einmal abgekellert werden.

(0,zA,1) --> (zA,10)

(1,zA,0) --> (zA,01)

Stimmt ein Eingabezeichen mit dem Vorgänger überein, so kann die Mitte von e erreicht sein (oder auch nicht). Das ist ein Fall für einen nichtdeterminierten Übergang. Die Überführungsfunktion muß diese Unbestimmtheit ausdrücken (nichtdeterminiert). Entweder ist weiter das Einzelzeichen einzukellern oder der Vorgänger zu löschen (Zustand z1).

(0,zA,0) --> (zA,00), (z1,λ)

(1,zA,1) --> (zA,11), (z1,λ)

Endebehandlung:
Wurde z1 erreicht, ist die Übereinstimmung bis zum Wortanfang zu überprüfen.

(0,z1,0) --> (z1,λ), (1,z1,1) --> (z1,λ)

Mit der Zuordnung

(λ ,z1,kA) --> (z2,λ) ist der Übergang in den Endzustand z2 festgelegt. Der Keller wird gelöscht.

Äquivalenz und Minimierung

Auch bei Kellerautomaten gibt es die Möglichkeit, durch Äquivalenzbetrachtungen eine Minimierung zu erreichen. Zusätzlich ist hier für Kellerautomaten nur bedeutsam: Der Zusammenhang zwischen der Mächtigkeit der Zustandsmenge Z und der Kellerzeichen. Offenbar kann zu einem Kellerautomaten KA mit den Mengen Z und K ein äquivalenter Kellerautomat KA' mit Z' und K' gefunden werden, bei dem die Mächtigkeit von K' kleiner ist als die von K, aber die Mächtigkeit von Z' größer ist als die von Z. Interne Zustände können gespart werden und durch eine reichhaltigere Beschriftung des Speicherbandes ersetzt werden.

7.4.4 ANWENDUNGEN ZU KELLERAUTOMATEN

Beispiel 7.4-3: Es ist ein Kellerautomat für X ={ (,)} zu bestimmen, für den gilt: L(KA) ={ e I e ist eine richtige Klammerstruktur} . Unter richtiger Klammerstruktur ist die Möglichkeit des paarweisen Zusammenfassens von Klammern zu verstehen. Richtig geklammert sind z.B.: (), (()())(). Falsche Klammerausdrücke sind:)(, ())(, ()())(.

Der gesuchte Kellerautomat ist:
X = { (,)} , Z ={ zA,z1} , K = { kA,(, λ }, F ={ z1}

mit der Überführungsfunktion

f:	((,zA,kA)	--> (zA,kA ( )	(Einkellern der öffnenden Klammer)
	((,zA,( )	--> (zA,(( )	(Einkellern jeder folgenden, öffnenden Klammer)
	(),zA,( )	--> (zA,λ)	(Jede schließende Klammer löscht eine öffnende Klammer)
	(λ,zA,kA)	--> (z1,λ)	(Übergang in den Endzustand)

Das obige Beispiel 7.4-3 läßt sich auf die allgemeine Form $L = \{ a^n b^n \mid n>1 \}$ zurückführen. Diese einfache Sprache kann also mit Hilfe eines Kellerautomaten analysiert werden. In einer groben Verallgemeinerung läßt sich somit feststellen: Kellerautomaten können zur Spezifikation von Erkennungsalgorithmen für Symbolfolgen kontextfreier Sprachen dienen. Dies ist jedoch ein Untersuchungsgegenstand weiterführender Vorlesungen (Übersetzerbau, Formale Sprachen) bzw. auch des intensiven Studiums der hierzu recht umfangreichen Literatur (z.B. /15/,/2/).

8. MASCHINEN

8.1 DER BEGRIFF ALGORITHMUS UND SEINE PRÄZISIERUNG

Eine Hauptaufgabe in der Informatik ist die Konstruktion von Algorithmen. Studiert man den Inhalt dieses Buches bzw. ist man ein aufmerksamer Hörer der Vorlesung zum Programmieren, dann könnte leicht der Eindruck entstehen, daß fast alle Probleme algorithmisch formulierbar und lösbar sind. Tatsächlich ist das Anwendungsgebiet ja auch weit gesteckt. Von Verfahren zum Addieren, Dividieren bis zum Ausfüllen von Formularen nach bestimmten Gebrauchsanweisungen (Multiplan, Lotus 1-2-3) oder von Verfahren der Mustererkennung (Pattern-Matching) bis zur lexikalischen Analyse oder Syntaxanalyse für kontextfreie Sprachen reicht die Spannweite. Jedes auf einem Rechner ausführbare Verfahren ist in der Informatik ein Algorithmus. Der Einstieg in dieses Buch bestand darin, zu zeigen, daß der Einsatz digitaler Rechenanlagen eine Fülle von Problemen aus allen Lebensbereichen algorithmisch erschlossen hat. Daraus ergab sich überhaupt erst die Notwendigkeit, die Informatik als eigene Fachwissenschaft zu betreiben. Alle Probleme sind natürlich nicht algorithmisch formulierbar und lösbar. Doch so einfach läßt sich das nicht beweisen. Hierzu ist eine Präzisierung des Algorithmusbegriffes notwendig, wie er erstaunlicherweise schon vor ca. 50 Jahren aufgestellt wurde. Damals gab es noch keine programmgesteuerten, elektronischen Rechenanlagen. Man kann 3 Ansätze unterscheiden, die zur Präzisierung des Algorithmusbegriffes eine weitreichende Bedeutung haben.

1. Präzisierung des Algorithmenkonzeptes mit Hilfe von Maschinen. Mathematische Modelle solcher Maschinen sind Registermaschinen (vgl. 8.2) und Turing-Maschinen (vgl. 8.3). Reale Rechenanlagen sind zu komplex. Eine vollständige, exakte Beschreibung würde zu unübersichtlich und schwer verständlich. Betrachtet wird daher ein auf das Wesentliche beschränktes Modell eines Rechners. Hardware und Software eines solchen Rechners lassen sich in wenigen Worten beschreiben (vgl. 8.2.1).

2. Präzisierung des Algorithmenkonzepts über eine Klasse von Funktionen. Speicherinhalte von Rechnern sind Darstellungen natürlicher Zahlen (vgl. Kapitel 2.). Änderungen von Speicherinhalten sind dann nichts anderes wie Berechnungen von Funktionen mit Argumenten und Werten im Bereich der natürlichen Zahlen (sog. zahlentheoretische Funktionen). Man präzisiert daher den Algorithmenbegriff durch die Definition des Begriffs der zahlentheoretischen Funktion. Beispiele für solche Definitionen sind: allgemein rekursive und partiell rekursive Funktionen.

3. Präzisierung des Algorithmenbegriffs über Worte verarbeitende Kalküle. Im ersten Abschnitt dieses Buches wurde mit Eingabe, Verarbeitung und Ausgabe der Vorgang "Datenverarbeitung" erklärt. Eingabe- und Ausgabedaten sind, so wurde später gesagt, Worte über ein jeweils passendes Alphabet. Der Algorithmus (die Verarbeitung) ist dann eine Vorschrift (Kalkül) zur Manipulation dieser Worte (Zeichenreihen). Beispiele für solche Definitionen vom Algorithmenbegriff sind Markov-Algorithmen und Grammatiken (Chomsky-Sprachen).

Man hat zeigen können, daß alle genannten Präzisierungen des Algorithmenbegriffs äquivalent zueinander sind.

8.2 REGISTERMASCHINEN UND AUF REGISTERMASCHINEN BERECHENBARE FUNKTIONEN

8.2.1 ÜBERSICHT

Eine Präzisierung des Algorithmenbegriffs ist mit Hilfe von Maschinen bzw. über eine Klasse von Funktionen möglich (vgl. 8.1). Hier soll versucht werden, die beiden Möglichkeiten zu skizzieren. Eine unbedingt notwendige, weitere Vertiefung und Ergänzung der hier nur grob skizzierten Verfahrensweise ist mit Hilfe der angegebenen Literatur möglich (speziell sei hier auf /2/ verwiesen). Die Maschine, die hier betrachtet werden soll, heißt **Registermaschine**. Es läßt sich zeigen, daß die Klasse der partiell rekursiven Funktionen auf einer Registermaschine berechenbar ist. Bis heute hat man noch keine berechenbare Funktion gefunden, von der man **nicht** nachweisen konnte: Die Funktion ist partiell rekursiv und auf einer Registermaschine berechenbar. Mit dem Begriff der partiell rekursiven Funktion glaubt man den Begriff der berechenbaren zahlentheoretischen Funktionen erfaßt zu haben. Bereits 1936 hat das A. Church in dieser Weise formuliert. Heute ist die Church'sche These allgemein anerkannt.

8.2.2 DIE REGISTERMASCHINE

8.2.2.1 BESCHREIBUNG DER HARDWARE

Aus der Vorlesung Datenverarbeitungssysteme ist die Unterscheidung zwischen Registern und (adressierbaren) Speicherzellen bekannt. Arithmetische Operationen sind bspw. direkt nur mit Registern möglich. Inhalte von Speicherzellen werden verändert, indem man sie in Register lädt, dort verändert und zurückschreibt. Die Modellvorstellung, die der Registermaschine zugrunde liegt, vereinfacht diesen Sachverhalt erheblich. Hier nimmt man einfach an, daß auch Speicherzellen direkt verändert werden können, nennt diese Speicherzellen aber dann Register.

Die Hardware einer Registermaschine kann somit folgendermaßen beschrieben werden:

Eine Registermaschine (n-RM) besitzt n (n>1) Register zur Speicherung beliebig großer, nicht negativer ganzer Zahlen. Die Register sind der Reihe nach geordnet (1.,2.,3.,...,n. Register). Die Inhalte der Register können (programmgesteuert, schrittweise) verändert werden. Die Änderungsmöglichkeiten sind durch die Maschinensprache festgelegt.

8.2.2.2 BESCHREIBUNG DER SOFTWARE

Die Programmiersprache einer RM besteht aus 2 einfachen arithmetischen Operationen (Addition, Subtraktion) und einer speziellen "while"-Schleife (weitere Einzelheiten finden sich in /2/):

1. ai ist ein RM-Programm, das eine 1 zum Inhalt des i-ten Registers addiert.

2. si ist ein RM-Programm, das eine 1 vom Register i subtrahiert, aber nur dann, wenn der Inhalt des Registers von 0 verschieden ist.

3. Sind M1 und M2 RM-Programme, so auch M1 M2: Zuerst wird M1 ausgeführt und dann M2 (Hintereinanderausführung).

4. Ist M ein RM-Programm, so auch (M)i. Solange der Inhalt des i-ten Registers ungleich 0 ist, wird M ausgeführt.

5. RM-Programme setzen sich nur aus den in 1 ... 4 festgelegten Komponenten zusammen.

Eine Reihe von RM-Programmen des folgenden Beispiels soll das verdeutlichen.

Beispiel 8.2-1: Beispiele verschiedener RM-Programme

1. Leeren des Registers i: (si)i

2. Transferieren des Inhalts vom Register i in das Register j
   (si aj)i mit (i<>j)

3. Kopieren eines Registers:
   (s1 a2 a3)1
   Stand im Register 1 die Zahl m, so steht nach der Ausführung dieses RM-Programms im Register 1 der Wert 0, im Register 2 und 3 dagegen m.

   (s3 a1)3
   Der Inhalt von Register 3 wird in das Register 1 zurückkopiert. Die Wirkung dieser beiden RM-Programme kann folgendermaßen veranschaulicht werden:

```
m, 0, 0
        (s1 a2 a3)1
0, m, m
        (s3 a1)3
m, m, 0
```

4. Die Summe zweier Registerinhalte (Register 1 und 2) ist im Register 3 festzuhalten.

```
m, n, 0, 0
    A
m, n, m+n, 0
```

Die Lösung zur Aufgabe A besteht aus 2 Teilprogrammen

```
m, n, 0, 0
          (s1 a3 a4)1  (s4 a1)4
m, n, m, 0
          (s2 a3 a4)2  (s4 a2) 4
m, n, m+n, 0
```

A ist also: (s1 a3 a4)1 (s4 a1)4 (s2 a3 a4)2 (s4 a2)4

5. 2 Zahlen, die sich in Register 1 und Register 2 befinden, sollen multipliziert werden. Das Ergebnis soll Register 3 aufnehmen, die beiden Zahlen m und n sollen im Register 1 und 2 erhalten bleiben.

```
m, n, 0, 0̄
    M
m, n, m*n, 0̄
```

$\bar{0}$ ist eine Folge von Registern, die sämtlich den Wert 0 haben. Die Multiplikation zweier Zahlen ist bekanntlich eine wiederholte Addition.

Das folgende RM-Programm löst das Problem:

```
m, n, 0, 0, 0
           (s1 a4 a5)1   (s4 a1)4  =  K
m, n, 0, 0, m
           ((s2 a3 a4)2   (s4 a2)4 s5)5  =  (N)5
m, n, m*n, 0, 0
```

Dieses RM-Programm könnte auch mit K(N)5 bezeichnet werden.

6. Eine Untersuchung der Wirkung des folgenden RM-Programms a1 (a1 s1)1 führt zu der Feststellung: Das RM-Programm hält nie an. Das Nichtanhalten von RM-Programmen kann beispielsweise zur Berechnung partieller (d.h. nicht überall definierter Funktionen) genutzt werden. Einer partiellen Funktion f wird ein RM-Programm dann wie

folgt zugeordnet: Nichtanhalten bei Argumenten, für die f nicht definiert ist.

Die zuletzt im Beispiel 8.2-1 aufgeführte Möglichkeit führt zu folgender Definition: Eine (partielle) Funktion f (mit Argumenten und Werten im Bereich der nichtnegativen ganzen Zahlen) heißt RM-berechenbar, wenn es ein Programm M für eine RM mit wenigstens (n+1) Registern gibt, so daß für beliebige x1,x2, ...,xn gilt: M hält, angesetzt auf x1,...,xn,$\bar{0}$ genau dann - nach endlich vielen Schritten -, wenn f(x1,...,xn) definiert ist.

8.2.3 RM-BERECHENBARE UND PARTIELL REKURSIVE FUNKTIONEN

Eine exakte Ableitung des Begriffs "Partielle rekursive Funktion" würde den Rahmen dieses Buches sprengen. Hier soll nur grob skizziert werden, warum gerade rekursive Funktionen eine so wichtige Rolle spielen.
Zunächst kann man zeigen, wie durch einen einfachen Einsetzungsprozeß eine neue Funktion f auf bekannte (vgl. 8.2.2.2), RM-berechenbare Funktionen zurückzuführen ist. Es gilt allgemein für eine n Argumente (n-Stellen) umfassende Funktion f:
Sind h1,h2,...,hr bereits bekannte n-stellige Funktionen, und ist g eine bereits bekannte r-stellige Funktion, so ist

$$f(x1,...,xn) = g(h1(x1,...,xn), ... ,hr(x1,...,xn))$$

Ein weiteres, gebräuchliches Schema zur Definition neuer Funktionen ist die Rekursion. So entsteht die (n+1)-stellige Funktion f aus 2 bereits bekannten Funktionen g (mit n-Argumenten) und h (mit n+2-Argumenten) nach folgendem Konstruktionsprinzip (primitive Rekursion):

(8.2-1) $f(x1,x2,...,xn,0) = g(x1,...,xn)$

$f(x1,x2,...,xn,y+1) =$

$= h(x1,x2,...,xn,y,f(x1,x2,...,xn,y))$

Dieses Schema ist aus der Vorlesung "Programmieren" bereits bekannt, entspricht es doch der allgemeinen Beschreibung rekursiver Programme (wie sie z.B. in /29/ angegeben sind).

Im Falle einer durch primitive Rekursion definierten Funktion ist die Anzahl der zur Auswertung für bestimmte Argumente erforderlichen Schritte (d.h. die Anzahl der "rekursiven Aufrufe") durch den Anfangswert des letzten Arguments y beschränkt. Es gibt aber auch rekursive Funktionen, bei denen das nicht der Fall ist. Hier können eventl. nur Bereiche angegeben werden, in denen dann die partiell rekursive Funktion definiert ist. Man sagt f entsteht hier durch bedingte Iteration aus den beiden stets definierten Funktionen g und h.

$$f(x1,x2,...,xn,y) = \begin{cases} y, \text{ falls } h(x1,...xn,y) = 0 \\ f(x1,...,xn,g(x1,...,xn,y)) \\ \text{für alle Werte von } h <> 0 \end{cases}$$

Aus bekannten, einfachen Anfangsfunktionen läßt sich über Einsetzung, primitive Rekursion und bedingte Iteration zu einer Funktion f ein RM-berechenbares Programm bestimmen. Man kann auch zeigen, daß jedes RM-berechenbare Programm partiell rekursiv ist. Dazu muß man sich eine Übersicht über alle mit RM möglichen Rechnungen verschaffen und nachweisen, daß diese Rechnungen auch durch partiell rekursive Funktionen beschrieben werden können.

Der Kreis zur Church'schen These ist hiermit geschlossen. Berechenbar ist offenbar alles, was sich in die Form einer partiell rekursiven Funktion bringen läßt und somit RM-berechenbar ist. Probleme, die sich einer algorithmischen Lösung entziehen, heißen demnach **rekursiv unlösbar** (unentscheidbar).

8.3 TURING-MASCHINEN

8.3.1 DAS MODELL ZUR TURING-MASCHINE

Turing-Maschinen bilden das obere Ende einer Hierarchie von Maschinen, die mit endlichen Automaten beginnt und zu der auch der Kellerautomat gehört. Sie wurden bereits 1936 von dem englischen Mathematiker Alan Turing vorgeschlagen und tragen daher seinen Namen. Es sind Maschinen, die ihre Eingabe zeichenweise von einem Band lesen, eingelesene Zeichen mit Hilfe einer Kontrolleinheit verarbeiten und gegebenenfalls Zwischenresultate in einem Speicherband ablegen können. Endliche Automaten verfügen nicht über ein Speicherband. Kellerautomaten sind durch die spezielle Konstruktion des Speicherbandes begrenzt, weil jeweils nur das oberste Kellerelement zugänglich ist. Eine Turing-Maschine besitzt Zugriff auf alle Felder des Speicherbandes. Auch das Eingabeband kann nach allen Richtungen bewegt werden. Man unterscheidet bei diesem Automatentyp meistens erst gar nicht zwischen Eingabe- und Speicherband.

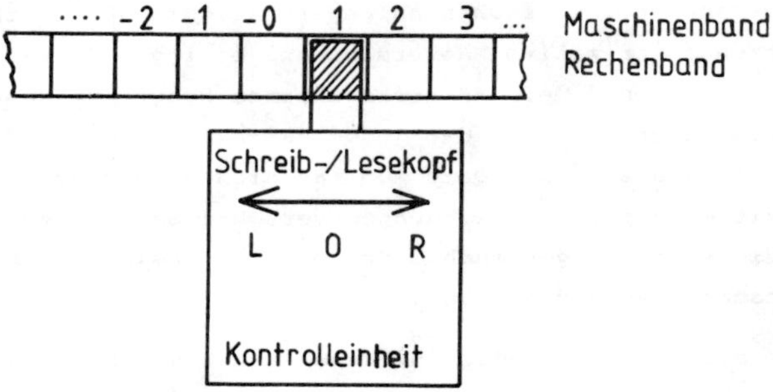

Abb. 8.1 Turing-Maschine

Die Abbildung 8.1 zeigt folgende Funktionselemente:

- ein offenes, nach beiden Seiten unbegrenztes Maschinenband. Es ist in einzelne, linear angeordnete Felder unterteilt. Jedes Feld kann mit den Zeichen des Bandalphabets x0,x1,...,xm beschriftet sein. x0 bezeichnet das Leerzeichen (unbeschriftet) und wird meistens durch das Zeichen "*" dargestellt.

- eine Kontrolleinheit zur Steuerng eines Schreib-Lesekopfes. Folgende Bewegungen des Schreib-Lesekopfes sind möglich:

  R .... ein Feld nach rechts

  L .... ein Feld nach links

  O .... keine Bewegung

- ein Arbeitsfeld AFELD (durch Schraffur hervorgehoben). Es ist das vom Schreib-Lesekopf gerade bearbeitete oder inspizierte Feld.

Die Aktionen einer Turing-Maschine sind auf Veränderung der Beschriftung des Arbeitsfeldes bzw. auf die Bewegungen des Schreib-Lesekopfes beschränkt. Trotz dieser elementaren Möglichkeiten einer TM kann der Nachweis erbracht werden, daß TM mindestens so leistungsfähig sind, wie Registermaschinen (siehe /2/). Allerdings ist nach der Church'schen These auch klar, daß jeder denkbare Algorithmus, also auch derjenige der TM, durch eine Registermaschine simuliert werden kann.

8.3.2 DEFINITION UND ARBEITSWEISE

Definition

Eine Turing-Maschine M = (X, Z, f, z0, F) besteht aus

- einer endlichen Menge X von Bandzeichen, unter denen auch das Leerzeichen vorkommt
- einer endlichen Menge Z von Zuständen
- einer Übergangs-/Überführungsfunktion

(8.3-1) $f : X \times (Z \setminus F) \rightarrow X \times Z \times \{L, O, R\}$ bzw. $f(x_i, z_j) = (x_k, z_l, b_i)$

mit $x_i, x_j \in Z$; $z_j, z_k \in Z$; $B = \{L, O, R\}$ u. $b_i \in B$

Die Übergangsfunktion legt das Verhalten der TM fest und kann mit einer Maschinentabelle beschrieben werden.

Tab. 8.1 Die Maschinentabelle der TM

	x0	x1	...	...	xi	...	...	...	xm
z0		...			...				...
z1	...								
.									
.									
.									
zj	...		...		x_kzlb_i				...
.									
.									
.									
zn	...	...	...	...	...	...	...	...	...

(xi,zj) --> (xk,zl,bi)   bedeutet:

M hat den Zustand zj, das Arbeitsfeld AFELD hat die Inschrift xi. M geht in den Zustand zk über, schreibt xk auf das Arbeitsfeld und verschiebt den Schreib-Lesekopf.

- z0 ist der Anfangszustand
- F ist die Menge der Endzustände
  In der Maschinentabelle erkennt man den Endzustand daran, daß in der ganzen zum Endzustand gehörenden Zeile sich die Tripel (xk,zl,bi), das Eingabezeichen und der Zustand wiederholen.

Arbeitsweise

Die Turing-Maschine TM befindet sich zu Beginn (z.B. zum Zeitpunkt t=0) in einem Anfangszustand. Der Schreib-Lesekopf steht über einem gegebenen Feld des Maschinenbandes. Das unter dem Schreib-Lesekopf (im AFELD) befindliche Zeichen und der gegenwärtige Zustand legen fest, welches Zeichen geschrieben wird, in welchen Zustand die TM übergeht und welche Bewegung vom Schreib-Lesekopf ausgeführt wird. Die in der Überführungsfunktion festgehaltenen Regeln bestimmen somit eine Reihe von Situationen (Schritten), bis das Auftreten eines Zustandes aus F einen Halt bewirkt.

8.3.3 TM-PROGRAMME

Das Nachverfolgen der Arbeitsweise einer Turing-Maschine mit einer Maschinentabelle bzw. das Aufstellen einer solchen Maschinentabelle ist recht umständlich. Daher definiert man häufig eine Reihe primitiver Instruktionen (wie es bspw. in /2/ oder /23/ vorgeführt wird), die eine Art Maschinensprache der Turing-Maschine darstellen. Ein solcher Satz von Instruktionen kann bspw. wie folgt aufgebaut sein:

<bewege>	Das in spitze Klammern gesetzte nichtterminale Symbol kann im TM-Programm ersetzt werden durch L,R bzw. O und beschreibt die Bewegung des Schreib-Lesekopfes
drucke (<Zeichen>)	Das Symbol <Zeichen> ist durch ein Zeichen des Bandalphabets zu ersetzen. Dann druckt diese Anweisung das soeben bestimmte Zeichen des Bandalphabets auf das Arbeitsfeld (AFELD).
if AFELD = <Zeichen> .... goto <Marke>	Diese einfache Abfrage prüft den Inhalt vom Arbeitsfeld. <Zeichen> ist dazu durch ein Bandzeichen zu ersetzen. <Marke> ist das Sprungziel und wird in der Regel durch eine natürliche Zahl ersetzt. Zweckmäßigerweise kennzeichnet man alle Zeilen eines Turing-Programms mit einer derartigen Marke. Eine Zeile eines Turing-Programms umfaßt genau den Schritt, der durch die Überführungsfunktion f festgelegt ist.

Eine Zeile eines TM-Programms hat dann folgendes Aussehen:

```
<Marke>                 if AFELD = <Zeichen>
                        drucke (<Zeichen>)
                        <bewege>
                        goto <Marke>
```

Beispiel 8.3-1: Das Programm einer TM mit dem Bandalphabet { *,1 }, das eine 1 auf das Arbeitsfeld druckt und anhält, ist :

```
  0  if AFELD = *
          drucke (1)  (* Ausgabe von 1 auf das Arbeitsfeld *)
          0           (* Halt *)
          goto 1      (* übergang in den Haltezustand *)
```

0 ist hier Anfangsmarke, d.h. auch der Anfangszustand
1 ist hier Endemarke, d.h. auch der Endzustand

Marken können demnach mit den Zuständen der Kontrolleinheit identifiziert werden. Man kann hier auch noch einen Schritt weitergehen und Programmzeilen mit stark verkürzter Tabellenform folgendermaßen schreiben:

Tab. 8.2 Schema für ein TM-Programm

<Marke>:	alte Marke, gegenwärtiger Zustand
<Zeichen>:	alter Inhalt des Arbeitsfeldes, gegenwärtiges Eingabezeichen
<Zeichen>:	auszugebendes Bandzeichen, neuer Inhalt des Arbeitsfeldes
<bewege>:	Bewegung
<Marke>:	neue Marke, neuer Zustand

Die Positionen der obigen Tabelle sind waagerecht nebeneinander angeordnet zu denken.

Beispiel 8.3-2: Nach dem vorstehenden Schema kann das TM-Programm von Bsp. 8.3-1 einfach so aussehen: 0 * 1 0 1
TM-Programme können nach diesem Schema mit vertretbarem Schreibaufwand aufgestellt werden.

Beispiel 8.3-3: Ein etwas umfangreicheres Beispiel soll die hier festgelegten Konventionen für das Schreiben von TM-Programmen erläutern. Folgende Aufgabenstellung liegt vor: Entwerfen Sie das Programm einer TM. Das Band dieser TM besitzt eine Anfangsbeschriftung, die abgegrenzt ist durch das Zeichen "*" und eine binäre Zeichenkette darstellt. Das

Bandalphabet besteht also aus $\{*,0,1\}$. Am Anfang steht der Schreib-Lesekopf über dem ersten Zeichen der binären Zeichenkette. Die Verarbeitung dieser binären Zeichenkette soll ergeben, ob hier eine gerade oder ungerade Anzahl von Einsen vorliegt. Ist die Anzahl der Einsen gerade, dann soll das der binären Zeichenkette unmittelbar folgende Zeichen * mit 0, andernfalls (die Anzahl der Einsen ist ungerade) mit 1 überschrieben werden. Die Zeichenkette selbst soll dann bereits gelöscht sein.

Die Lösung des Problems besteht aus 3 Teilen:

1. Ist das Zeichen unter dem Arbeitsfeld "*", dann ist die richtige Antwort (0 = gerade, 1 = ungerade) auszugeben und anzuhalten.

2. Ist das Zeichen unter dem Arbeitsfeld "0", lösche die 0 mit * und fahre fort.

3. Ist das Zeichen "1", dann kommt eine 1 hinzu, der Ablauf schaltet von gerade auf ungerade Anzahl von Einsen (bzw. von ungerade auf gerade), lösche die 1 und fahre fort.

TM-Programm

```
1   if  AFELD =  *
        drucke (0)        ( Anzahl 1  ist gerade )
        0                 ( Stop )
        goto 3            ( Haltezustand )
    if  AFELD =  0
        drucke (*)
        R
        goto 1
    if  AFELD = 1
        drucke (*)
        R
        goto 2            ( Umschalten auf ungerade Anzahl 1 )
```

```
2  if  AFELD = *
       drucke (1)          ( Anzahl 1  ist ungerade )
       O                   ( Stop )
       goto 4
   if  AFELD = O
       drucke (*)
       R
       goto 2
   if  AFELD = 1
       drucke (*)
       R
       goto 1              ( Umschalten auf gerade Anzahl 1 )
```

Schematische Darstellung

1	*	O	O	3
1	O	*	R	1
1	1	*	R	2
2	*	1	O	4
2	O	*	R	2
2	1	*	R	1

Test

Die Funktionsweise dieses Programms soll mit der Anfangsbeschriftung ...**110011**... gezeigt werden.
Falls "^" die jeweilige Stellung des Schreib-Lesekopfes markiert, kann schematisch die Überprüfung über folgende Schritte gezeigt werden:

```
Anfangslage                     ... * * 1 1 O O 1 1 * * ...
1. Schritt (Marke ist 1)                ^
2. Schritt (Marke ist 2)                * ^
3. Schritt (Marke ist 1)                  * ^
4. Schritt (Marke bleibt 1)                 * ^
5. Schritt (Marke bleibt 1)                   * ^
6. Schritt (Marke ist 2)                        * ^
7. Schritt (Marke ist 1)                          * ^
8. Schritt (Halt)                                   O
```

Unter den Pfeilen (^), die die Stellung des Schreib-Lesekopfes zeigen, ist die jeweilige Ausgabe angegeben.

Beispiel 8.3-4: Man kann mit einiger Übung TM-Programme auch direkt in schematischer Darstellung angeben. Das folgende Programm einer TM mit dem Bandalphabet { *,1} überführt

```
führt ... * 1...........1 * 1...........1 * ....
              n Einsen          m Einsen    ^

in    ... * 1...........1 1...........1 *   .
                  (n + m) Einsen        ^
```

Anfangs- und Endzustand sind durch einen Pfeil (^) markiert.

TM-Programm

0	*	*	L	0
0	1	1	L	1
1	*	1	R	2
1	1	1	L	1
2	*	*	L	3
2	1	1	R	2
3	*	*	0	4
3	1	*	0	4

8.3.4 ANWENDUNGEN

In der Einführung zu diesem Kapitel wurde bereits darauf hingewiesen, daß das Algorithmuskonzept auch mit dem Modell einer TM präzisiert werden kann. Ein solches Konzept wurde aber schon über die Klasse der partiell rekursiven Funktionen und der Registermaschine vorgestellt. Für TM soll das hier nicht geschehen. Eine Anwendung der TM soll aber besonders herausgestellt werden. TM ermöglichen es, die Komplexität von Programmen auszudrücken. Die Komplexität eines Programmes ist im wesentlichen durch die benötigte Rechenzeit und die Anzahl der Rechenschritte bestimmt. Es ist klar, daß bei der Vielfalt der Rechner und der Verschiedenheit der Operationen, die in den einzelnen Rechnern als Maschinenbefehle vorgesehen sind, eine Messung der Rechenzeit an irgendeinem realen Rechner wenig Aussagekraft hat. Für Vergleiche bietet sich hier die TM als neutrales Objekt an. In TM-Programmen kann ohne Schwierigkeit eine Zeitbetrachtung vollzogen werden. Die Ausführung einer elementaren Aktion (das ist: Eine Programmzeile im Turing-Programm)

bietet sich als grundlegende Zeiteinheit an.
Rechnungen sind in TM-Programmen die durch die Überführungsfunktion und die Anfangsbeschriftung des Bandes festgelegte Folge von Konfigurationen. Über eine Anfangskonfiguration (Zeitpunkt t=0) kann über bestimmte Folgekonfigurationen die Endkonfiguration (die TM "M" hält) erreicht werden.
Eine Konfiguration der TM "M" zum Zeitpunkt t ist festgelegt durch:

1. eine Funktion Band(t,...), die für jedes j den Inhalt des Bandfeldes mit der Nummer j zum Zeitpunkt t liefert.

2. Zustand(t)
   Das ist der Zustand der Kontrolleinheit zum Zeitpunkt t

3. AFELD(t)
   Das ist die Nummer des Bandfeldes, das zum Zeitpunkt t Arbeitsfeld ist

Ist das Eingabewort $x = xi_1 \ldots\ldots xi_r$ als Folge von Bandzeichen gegeben, so ist die zugehörige Anfangskonfiguration zum **Zeitpunkt t = 0** (s. Abb. 8.2):

- Band(t=0,j) = $\begin{cases} xi_j & \text{, falls } i \leq j \leq r \\ * & \text{, für alle sonstigen Werte von } j \end{cases}$
- Zustand(t=0) = z0
- AFELD(t=0) = 0

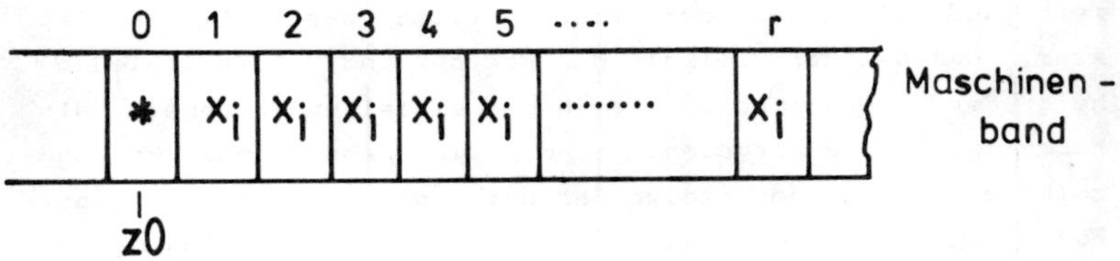

Abb. 8.2 Anfangskonfiguration zum Zeitpunkt t=0

Zum **Zeitpunkt t** ist die Konfiguration:
- Band(t,j)
- Zustand(t)
- AFELD(t)

Zum Zeitpunkt t+1 ist die Folgekonfiguration maßgebend bestimmt durch die Überführungsfunktion f(xi,z) = (y,z',b):

- Band(t+1,j)= { Band(t,j), falls j <> AFELD(t); y (neues Bandzeichen), falls j = AFELD(t) }

- Zustand(t + 1) = Z'

- AFELD(t+1) = AFELD + { -1, falls b = L; 0, falls b = 0; 1, falls b = R }

M hält, wenn ein Endzustand (Endkonfiguration) erreicht wurde. Somit ist t die Anzahl der Schritte oder die **Zeit**, die M zur Verarbeitung der Eingabe x braucht. Derjenige Teil des Rechenbandes, der dabei vom Schreib-Lesekopf inspiziert wurde, ist der Platz, den M zur Verarbeitung von x braucht.
Damit existieren präzise Maße für die zur algorithmischen Lösung von Problemen benötigte Zeit und den benötigten Speicherplatz.

Weitere Ausführungen über die praktische Berechenbarkeit von Programmen befinden sich in /2/ und sind Gegenstand weiterführender Vorlesungen.

Weiterführende Literatur

/1/ Aho, Alfred V.; Hopcroft, John E.; Ullmann, J.D.: The Design and Analysis of Computer Algorithms, Addison-Wesley Publishing Company, Reading, 1974

/2/ Albert, Jürgen; Ortmann, Thomas: Automaten, Sprachen und Maschinen für Anwender, Bibl. Inst., Mannheim, 1983

/3/ Bauer, Friedrich L.; Goos, Gerhard: Informatik, Teil 1, Springer, Berlin/Heidelberg/New York, 1982

/4/ Bauer, Friedrich L.; Weinhart, Karl: Informatik, Bayerischer Schulbuch-Verlag, München, 1974

/5/ Dworatschek, Sebastian: Einführung in die Datenverarbeitung, 6. Aufl., de Gruyter, Berlin/New York, 1977

/6/ Faure, R.; Kaufmann, A.: Theorie und Praxis der Boole'schen Algebra, Vieweg, Braunschweig, 1974

/7/ Flensberg, Karl; Zeising, Ilse: Praktische Informatik, Bayerischer Schulbuch Verlag, München, 1973

/8/ Furrer, Frank J.: Fehlerkorrigierende Block-Codierung für die Datenübertragung, Birkhäuser, Basel, 1981

/9/ Gössel, Michael: Angewandte Automatentheorie, 1. Grundbegriffe, Vieweg, Braunschweig, 1972

/10/ Hackl, Clemens: Schaltwerk- und Automatentheorie I, de Gruyter, Berlin/New York, 1972

/11/ Heim, Klaus; Schöftel, Klaus: Binäre Schaltwerke, 2. überarb. Auflage, Siemens AG, Berlin/München, 1971

/12/ Heise, Werner; Quattrocchi: Informations- und Codierungstheorie, Springer, Berlin/New York/Tokyo, 1983

/13/ Henze, Ernst; Homuth, Horst: Einführung in die Codierungstheorie, Vieweg, Braunschweig, 1974

/14/ Henze, Ernst; Homuth, Horst: Einführung in die Informationstheorie, 4. Auflage, Vieweg, Braunschweig, 1974

/15/ Herschel, R.: Einführung in die Theorie der Automaten, Sprachen und Algorithmen, Oldenbourg, München, 1974

/16/ Jehle, Franz: Boole'sche Algebra, Bayerischer Schulbuch-Verlag, 5. überarbeitete Auflage, München, 1978

/17/ Kameda, Tiko; Weihrauch, Klaus: Einführung in die Codierungstheorie, Bibl. Inst., Mannheim, 1973

/18/ Klar, Rainer: Digitale Rechenautomaten, 3. neub. Aufl., de Gruyter, Berlin/New York, 1983

/19/ Klaus, Georg: Wörterbuch der Kybernetik, Bd.1 u. 2, Fischer Bücherei, Frankfurt am Main/Hamburg, 1969

/20/ Koch, Günther; Rembold, Ulrich: Einführung in die Informatik, Teil 1 und 2, Hanser, München/Wien, 1980

/21/ Leonhardt, Erich: Grundlagen der Digitaltechnik, Hanser, 2. Auflage, München/Wien, 1982

/22/ Lin, Shu; Costello, Daniel J.: Error Control Coding, Prentice-Hall, Englewood Cliffs, 1983

/23/ Maly, Kurt; Hanson, Allen R.: Fundamentals of the Computing Sciences, Prentice-Hall, Englewood Cliffs, 1978

/24/ Peters, Johannes: Einführung in die allgemeine Informationstheorie, Springer, Berlin/Heidelberg, 1967

/25/ Shannon, Claude E.; Weaver, W.: Mathematische Grundlagen der Informationstheorie, Oldenbourg, München/Wien, 1976

/26/ Starke, Lothar: Mikroprozessorlehre, 2. erweiterte Auflage, Vogel, Würzburg, 1981

/27/ Tafel, Hans Jörg: Datentechnik, Hanser, München, 1978

/28/ Vorndran, Edgar P.: Entwicklungsgeschichte des Computers, VDE-Verlag, Berlin/Offenbach, 1983

/29/ Wirth, Niklaus: Algorithmen und Datenstrukturen, Teubner, 3. Auflage, Stuttgart, 1983

/30/ Wirth, Niklaus: Compilerbau, Teubner, Stuttgart, 1981

/31/ Woschni, Eugen-Georg: Informationstechnik, 2. Aufl., Verlag Technik, Berlin, 1981

Sachwortverzeichnis